UNDERSTAND IMPORT TRADE IN TEN DAYS

U0861600

十天搞懂进口贸易

进口贸易实战宝典，助你抓住进口贸易商机

编著 王耀宏

业务流程

办事指南

单证模板

文件规范

中国海关出版社有限公司

图书在版编目（CIP）数据

十天搞懂进口贸易 / 王耀宏编著 . —北京：中国海关出版社有限公司，2023.7

ISBN 978-7-5175-0702-4

Ⅰ. ①十… Ⅱ. ①王… Ⅲ. ①进口贸易—中国—通俗读物 Ⅳ. ①F752.61-49

中国国家版本馆 CIP 数据核字 (2023) 第 135087 号

十天搞懂进口贸易

SHITIAN GAODONG JINKOU MAOYI

作　　者：王耀宏
责任编辑：刘白雪
出版发行：中国海关出版社有限公司
社　　址：北京市朝阳区东四环南路甲 1 号　　邮政编码：100023
编 辑 部：01065194242-7521（电话）
发 行 部：01065194221/4238/4246/5127（电话）
社办书店：01065195616（电话）
https: //weidian.com/? userid=319526934（网址）
印　　刷：北京铭成印刷有限公司　　经　　销：新华书店
开　　本：170mm × 240mm　1/16
印　　张：21.75　　字　　数：365 千字
版　　次：2023 年 7 月第 1 版
印　　次：2023 年 7 月第 1 次印刷
书　　号：ISBN 978-7-5175-0702-4
定　　价：55.00 元

前言

PREFACE

自新冠肺炎疫情发生以来，国家的外贸形势、企业的经营模式、居民的生活方式等都在悄然发生变化。特别是新冠肺炎疫情伊始，对部分外贸行业影响冲击很大。在这种情况下，国家相继出台了一系列政策促使企业快速复工复产，并着力促进外贸保稳提质，以促进经济社会发展。

鉴于此，结合海关总署出台的最新政策，对《进口贸易十日通》进行更新优化，形成《十天搞懂进口贸易》，主要修订和增加了如下内容。

第一，进口贸易越来越合规，更注重企业的信誉度，国际合作也更看重企业的诚信度，AEO 认证作为企业的一张 VIP 通行证，故突出 AEO 认证内容。

第二，作为海关总署落实国务院“放管服”改革的重要内容、持续优化营商环境的重要举措，积极推进“两步申报”“两段准入”等通关模式，持续提高通关便利化水平，进一步压缩整体通关时间，降低企业通关成本。

第三，随着国家“一带一路”倡议的构建和推出，跨境电商行业进入战略发展期，跨境电商的交易规模明显增加，助力我国传统商贸结构转型升级，提升了供应链效率。

第四，为加强进口食品安全，《中华人民共和国进出口食品安全管理办法》颁布实施，同时也涵盖了《进口食品境外生产企业注册管理规定》等相关内容。

第五，逐步实行“一网一站”办事服务，简化各种办事流程。

本书对进口企业而言，可带来如下便利。

第一，书中紧跟最新政策，可作为企业进口贸易从业人员案头的工具书，用来随时查阅。

第二，对于刚入职场或刚进入此行业的从业者，可通过此书全面了解整个业务流程，做到胸有成竹。

第三，可以作为进出口企业的培训教材。对于国际贸易从业者而言，能够准确清晰地把控国际贸易的流程，不仅能体现出从业者的专业水平，代表一个企业的业务水准，同时也能促进与合作方的高效谈判，给合作方留下良好的印象。

进出口贸易与国家大政方针紧密相连，有些政策性内容在图书印刷之时可能已经过时。为了弥补这种缺憾，笔者在书中列举了很多在工作中常用的参考性网站。这些网站也是笔者实际工作中经常关注和使用的，读者可以登录并关注相关动态信息。

另外，书中还包括笔者在日常工作中积累的办事指南、业务流程、文件模板等内容，可以拿来急用。

本书的编写是笔者对自己多年工作经验的一次全面总结，力争做到结合实际、实事求是，以易上手操作为目标，以便每一位读者在阅读之后豁然开朗。

感谢本书的策划编辑刘白雪老师在图书的写作和编辑上给予的悉心指导！笔者在本书编写过程中参考了大量文献资料，对这些文献资料的作者，表示诚挚的谢意！最后感谢家人对我的工作的理解和支持，感谢他们给予我的生活上的照顾！

各位读者在阅读中如有任何意见或者建议，欢迎发送电子邮件（邮箱：yaohong1222@126.com）。读者的宝贵意见将是笔者继续前行的动力。

王耀宏

2023 年 3 月 30 日于北京通州

目　录

CONTENTS

第一天

THE

FIRST DAY

了解进口贸易流程

国际贸易业务周期长、风险大、环节多、涉及部门广，对一名准备从事国际贸易业务的人员而言，只有对每一环节的主要流程有充分了解，才能胸有成竹，遇到具体情况才能沉着冷静地应对和处理。本章以图示的方法对国际贸易进口环节的流程进行展示，并配以适当的文字解说，让读者对整个业务流程有全面的了解。

第一节　进口贸易整体流程

履行进出口合同涉及进出口公司、运输公司、保险公司、银行、海关、国家外汇管理局（以下简称外汇局）等多个机构，相关各方分工负责、紧密配合。本节以我国进口商（Importer）和欧洲出口商（Exporter）之间的交易为例，采用信用证（Letter of Credit，L/C）付款方式，以成本加保险费加运费（Cost Insurance and Freight，CIF）贸易术语及海运方式为基础，说明一般的进口贸易整体流程（如图 1–1 所示）。

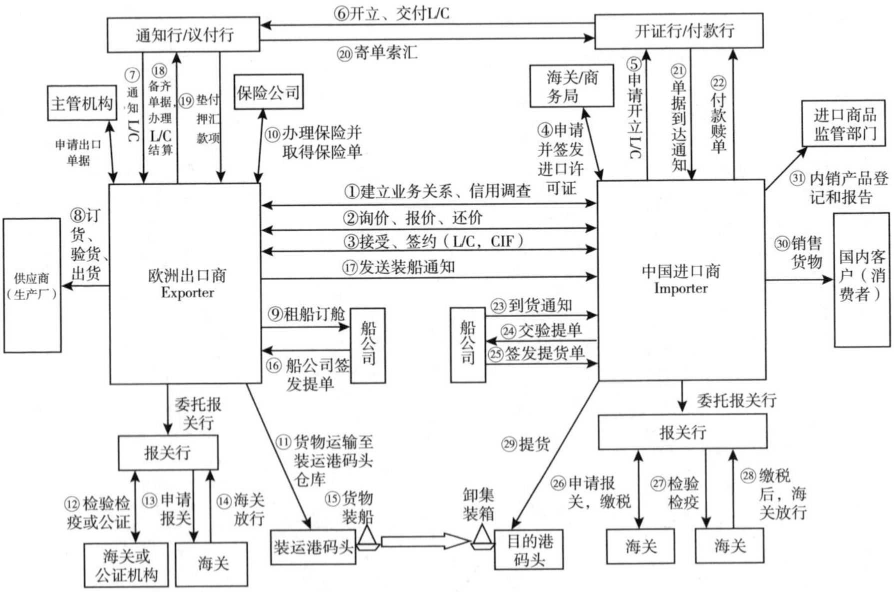

图 1–1　进口贸易整体流程（L/C 支付，CIF 条件，海运）

①进出口贸易双方建立业务关系，表示愿意进行交易，并调查对方信用情况。

②出口商推荐的商品适合进口商国内市场需求，则进口商进行询价、出口商进行报价，双方就主要交易条件讨价还价。

③进出口双方达成共识，接受并确认交易条件，签订进口采购合同，约定按 CIF 贸易术语成交，L/C 结算，通过海运方式运输。

④进口商根据进口商品的监管条件，到主管部门申领相关进口许可证，如：申领中华人民共和国进境动植物检疫许可证（向海关申请）和中华人民共和国自动进口许可证（向商务局申请）。

⑤进口商按合同条款约定时间向开证行申请开立 L/C。

⑥开证行开出 L/C 后寄交出口地通知行。

⑦通知行接到 L/C 审核并确认无误后转交受益人（欧洲出口商）。

⑧出口商（受益人）根据合同条款审核 L/C 无误后向其国内供应商订货。

⑨出口商自己或通过货代公司向船公司办理租船订舱手续。

⑩出口商向保险公司办理出口货物投保手续并取得保险单据。

⑪出口商备妥货物后亲自或委托货代公司将货物运至装运港指定地点存储。

⑫出口商品检验检疫，海关检验合格后签发检验证书。

⑬出口商自己或委托报关行向海关申请出口报关。

⑭出口国海关查验后在装货单上加盖放行章放行。

⑮欧洲出口商或货代公司凭加盖海关放行章的装货单将出口货物装船出运。

⑯货物装船后，出口商或货代公司凭大副收据交纳运费，船公司签发海运提单（Bill of Loading，B/L）。

⑰货物装船后出口商向进口商发出装运通知，以便买方做好接货准备。

⑱出口商按照 L/C 规定备齐各种单据后向议付行办理押汇手续。

⑲议付行审核单据与 L/C 条款一致后，向出口商垫付押汇款。

⑳议付行议付货款后向付款行或开证行寄单索汇。

㉑开证行或付款行向开证人（我国进口商）发出单据到达通知。

㉒我国进口商审单无误后付款赎单。

㉓货物抵达目的港后船公司向进口商发出到货通知。

㉔进口商向船公司提交海运 B/L 进行换单。

㉕船公司签发提货单（Delivery Order，D/O）。

㉖进口商自己或委托报关行向货物进口口岸所在地的海关申报进口货物并缴纳进口税费。

㉗对于部分商品或抽检商品，进口地海关进行检验，检验合格并签发检验检疫证明。

㉘进口地海关放行货物。

㉙进口商办理提货。

㉚进口商在国内市场销售货物。

㉛进口商将商品内销情况报告给相关进口商品监管部门（仅限部分进口商品的内销，如食品肉类）。

本章第二节将从进口商的角度一步步介绍进口货物的分项流程，这样可以更好地了解进口贸易的脉络。

第二节　进口贸易业务分项流程

在一般货物进口贸易业务中，货物从境外生产商进口到国内消费者手中，进口商通常需要经历进口准备、进口磋商签约、进口履约和进口善后四个阶段的工作，每个阶段的工作又包括若干个工作任务。

进口准备阶段的工作主要有开展市场调研，成立公司、组建团队，寻找供应商、建立业务关系，开展资信调查。

进口磋商签约阶段的工作主要有询价比价、讨价还价、签订合同。

进口履约阶段的工作主要有办理进口许可证、筹备付款、租船订舱、办理投保、进口付汇、换单接货、进口货物申报、办理提货。

进口善后阶段的工作主要有进口付汇核销、争议处理、资料归档、国内销售等。

一、进口准备

从事进出口贸易的企业，首先需向其所在地海关提交报关单位备案申请。此外，在进口特殊产品（如肉类产品、化妆品、危险化学品、原油、汽车等）前，进口企业需事先到有关政府部门登记备案。没有进行备案或获得批准的企业，不得作为境内收货人进口这类产品。

（一）开展市场调研

进口商只有熟悉商品和了解国内外市场行情，才能顺利开展商品进口工作。进口商经营进口贸易，首先需要进行市场调研，包括国内市场调研和国际市场调研。进口商经调研后，如果认为某项商品适合国内销售，则再估算其进口成本，确保有一定的利润，评估市场前景。通过对市场前景和市场饱和度等的调研，确定进口该商品的可行性后，即可开始调研境外货源。市场调研流程如图 1–2 所示。

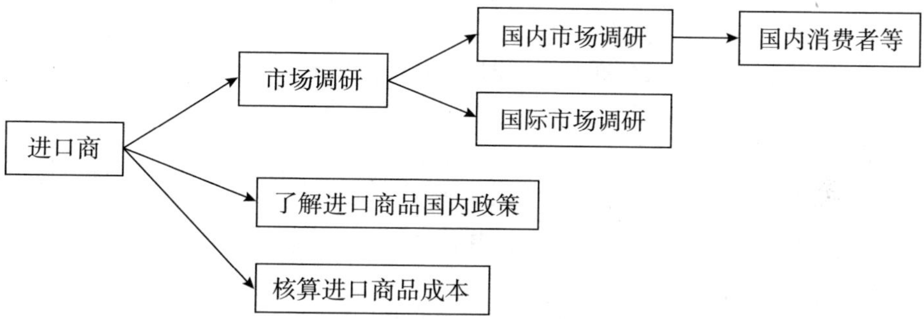

图 1–2　市场调研流程

（二）成立公司，组建团队

市场调研完成后，首先注册成立公司，取得企业营业执照，申请办理公司的各项资质，获得经营许可；同时招聘人员组建团队，搭建公司架构。注册公司及组建团队流程如图 1–3 所示。

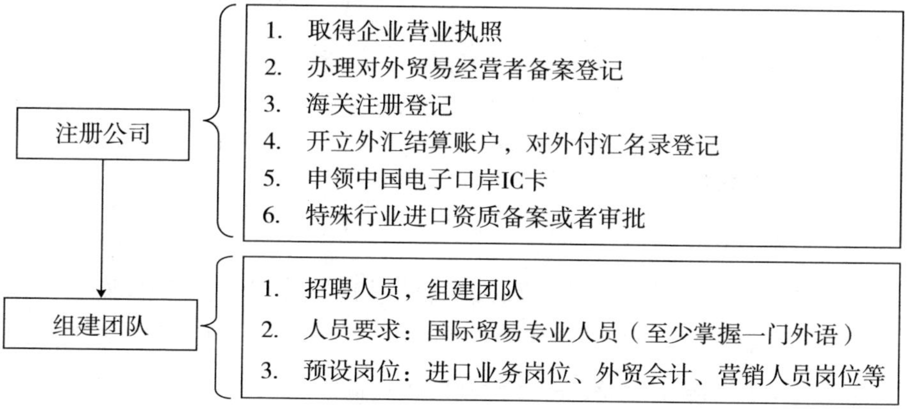

图 1–3　注册公司及组建团队流程

（三）寻找供应商，建立业务关系

进口商（进口业务员）可以借助国内外展销会、网络资源、第三方介绍、广告等途径寻找境外供应商或生产商，并针对其生产能力、产品质量、服务质量等方面进行调研，然后选择若干理想的境外供应商。同时，进口商还要寻找和选择境内有实力的经销商，以保障进口商品能顺利销售。确定合作对象后，就可以与之建立业务关系。建立业务关系流程如图 1–4 所示。

图 1–4　建立业务关系流程

（四）开展资信调查

进口商可通过国内开户银行（或第三方专业机构），向出口地的出口商往来银行查询出口商的信用状况，并将其作为是否继续来往的依据。开展资信调查流程如图 1–5 所示。

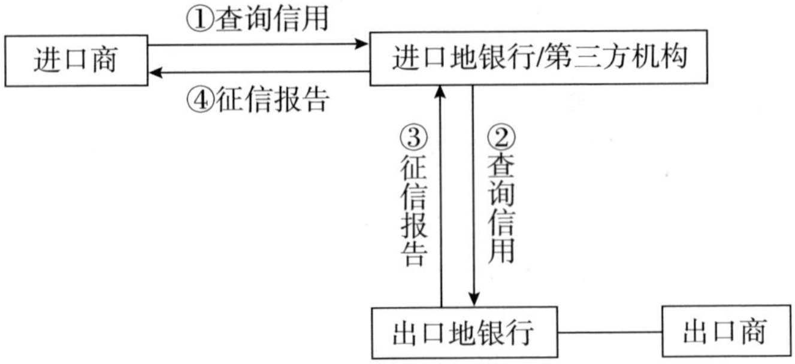

图 1–5　开展资信调查流程

二、进口磋商签约

（一）询价比价

一般来讲，国际贸易中出口商发送报盘的居多，但也有进口商主动询价的情况。进口商通常会收到许多同类商品的报价、目录、样品等，需要进行比价，并在其中选择若干有意进一步洽商的出口商予以回复，以期达成交易。询价、比价流程如图 1–6 所示。

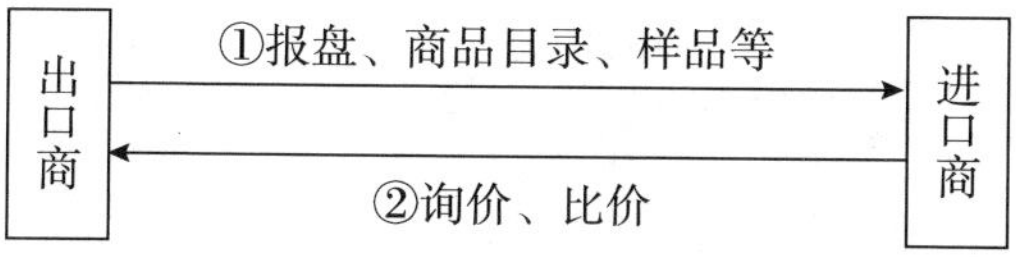

图 1–6　询价、比价流程

（二）讨价还价

品质和价格是交易基本条件中最主要的因素。进口商一般都要求物美价廉。随着消费者消费水平的提高和购买能力的增强，进口商应以品质作为交易的先决条件。一般情况下，买卖双方要经过几番讨价还价才能最终达成一致，确定交易条件。

（三）签订合同

买卖双方达成一致后，进口商需要与境外供货商签订国际货物买卖合同，与境内采购商订立销售合同。签订合同流程如图 1–7 所示。

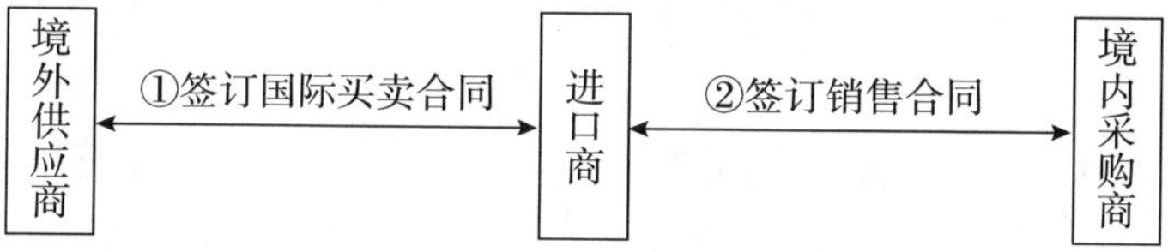

图 1–7　签订合同流程

签订合同常见的方式有两种：一是由买方向卖方发出订单（Purchasing Order）或采购合同（Purchase Contract）；二是由卖方制作签署销售确认书（Sales Confirmation）或销售合同（Sales Contract）。

三、进口履约

（一）办理进口许可证

《货物进口许可证管理办法》第二条规定："国家实行统一的货物许可证制度。国家对限制进口的货物实行进口许可证管理。"进口许可证由商务部及各省级地方商务主管部门签发，检验检疫许可证由海关签发。进口许可证申请流程如图 1–8 所示。

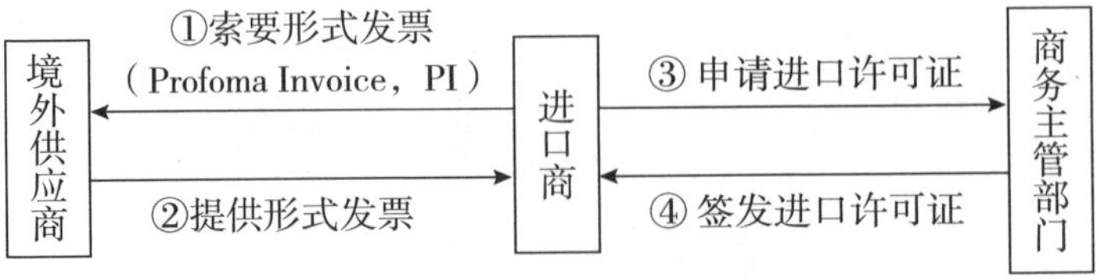

图 1-8　进口许可证申请流程

（二）筹备付款

签订合同后，进口商需准备资金，申请开立进口 L/C 或者办理对外预付款。

在 L/C 结算方式下，进口商取得进口许可证后，应该在合同规定的开证时间内，通过开户银行向供货商申请开立 L/C 或通过银行电汇（Telegraphic Transfer，T/T）办理付汇。申请开证时，进口商需持进口合同副本、L/C 开证申请书、进口许可证和其他有关进口证明文件，交纳保证金，并支付相应的开证手续费。通过 T/T 付汇时，进口商需携带合同、发票、购汇申请书、境外汇款申请书等文件。

船上交货（Free on Board，FOB）条件下，如果采用装运前 T/T 结算方式（买方先将货款以电汇方式汇入卖方账户，卖方收到货款后再发货），进口商通过银行向出口商电汇合同规定的预付款；如果采用装运后 T/T 结算方式（卖方发完货后，买方根据提单复印件付清余款）、付款交单（Documents against Payment，D/P）和承兑交单（Documents against Acceptance，D/A）结算方式，办理进口批件后直接进入租船订舱工作。筹备付款的方式如图 1-9 所示。

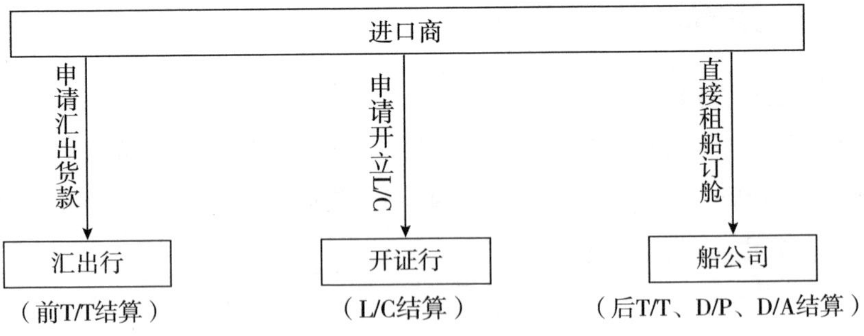

图 1-9　筹备付款的方式

（三）租船订舱

FOB条件下，根据境外出口商约定交货的时间，进口商通过货代公司向船公司办理租船订舱事宜。订舱成功后，向出口商发出装船指示，让出口商准备发货。按成本加运费（Cost and Freight，CFR），CIF，运费付至（Carriage Paid to，CPT），运费、保险费付至（Carriage and Insurance Paid to，CIP）术语成交的，进口商无租船订舱环节。租船订舱流程如图1–10所示。

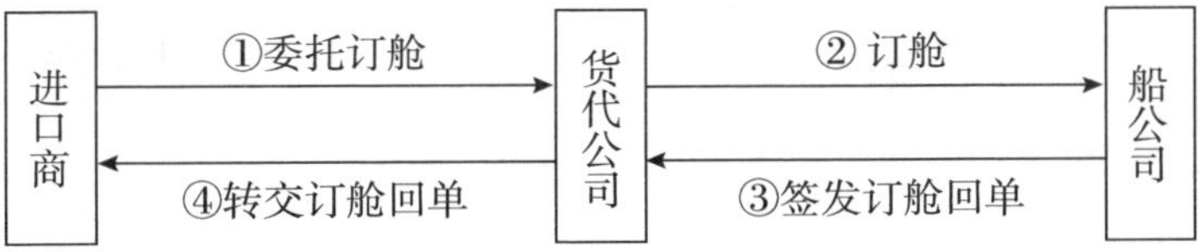

图1–10　租船订舱流程

（四）办理投保

FOB条件下，进口商收到境外出口商装运通知后，及时向保险公司办理投保手续。保险公司同意承保，进口商支付保险费用后，保险公司签发保险单据。进口商也可以在装运前与保险公司签订进口货物的预约保险单，等收到出口商装运通知后，再向保险公司正式投保。按CIF、CIP术语成交的，进口商无办理投保手续环节。办理投保流程如图1–11所示。

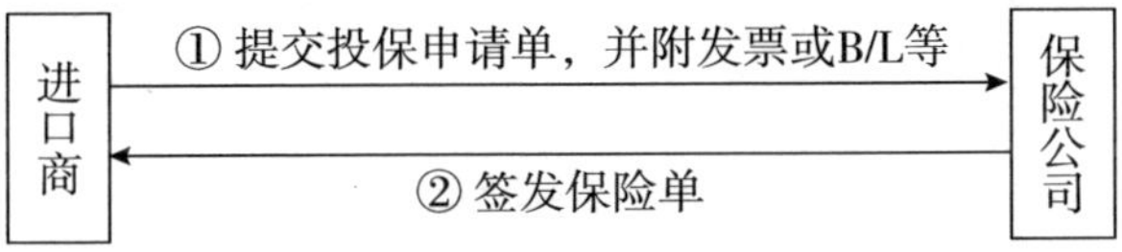

图1–11　办理投保流程

（五）进口付汇

在进口L/C结算方式下，出口地的押汇银行在出口商办理完押汇手续后，将汇票、货运单据及其所需文件寄交进口地的开证行。开证行在收到单据后向进口商发送到单通知。进口商审核单据无误、交清进口货款余额后，即可赎回货运单据，此步骤称为付款赎单。在D/P和D/A结算方式下，进口商向代收行付款或承兑后取单。在前T/T结算方式下，出口商直接邮寄货运单据给进口商；在后T/T结算方式下，进口商收到出口商邮寄的全套单据后付款。进口付汇流程如图1–12所示。

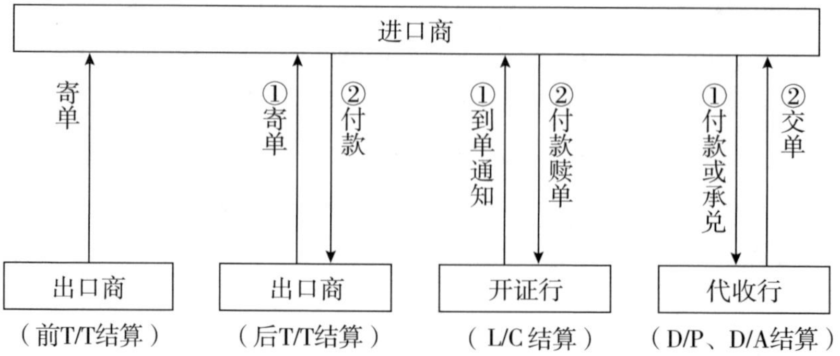

图 1-12　进口付汇流程

（六）换单接货

FOB 条件下，进口商收到船公司在目的港船务代理的到货通知后，凭运费支付凭条换取正本 B/L 或副本 B/L 加换单保函，或凭电放 B/L 保函至船公司代理处换取 D/O，进口商通常委托其在口岸的报关行办理。换单接货流程如图 1-13 所示。

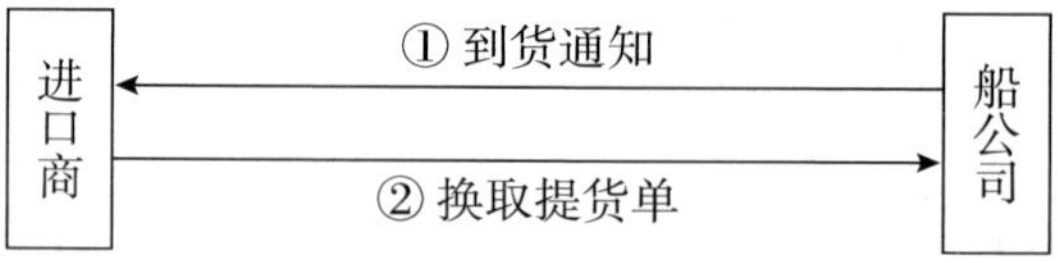

图 1-13　换单接货流程

（七）进口货物申报

进口商在货物到港或获知舱单信息后，可自行或委托报关行在中国国际贸易“单一窗口”标准版填写申报信息，并向海关传送报关单电子数据及随附单证；进口地海关对申报的信息进行核查，确定是否对货物进行实际检查。海关查验通过后，进口商可以通过海关电子缴税方式，向海关缴纳进口关税、进口消费税（部分商品）和进口增值税等税费。完税后，进口地海关将放行指令电子信息实时发送给进口商和港务部门，收到指令后港务部门即可放行货物，进口商可提取货物。未经海关放行的货物，任何人不得提货。进口货物申报流程如图 1-14 所示。

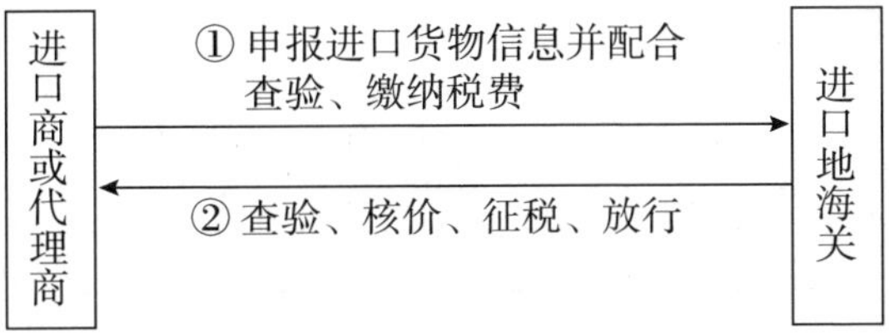

图 1-14　进口货物申报流程

（八）办理提货

进口货物在海关放行后，进口商即可委托运输公司持已放行的 D/O，向仓库、集装箱码头或场站办理提货。如果为代理进口，进口商也可通知最终用户自己安排提货。如果最终用户不在进口报关所在地，则须委托境内的运输公司根据需要用船、火车、货运汽车或飞机等发运至目的地。办理提货流程如图 1-15 所示。

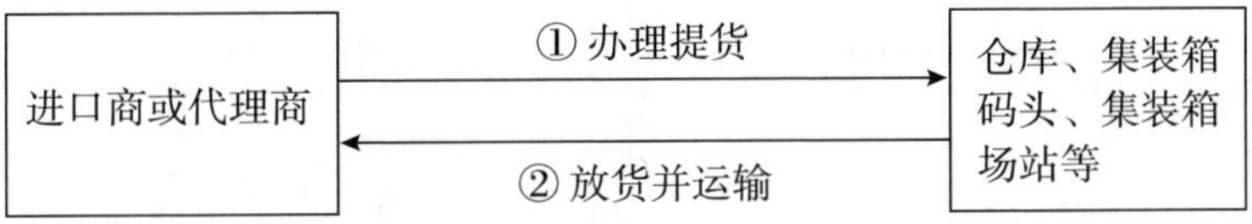

图 1-15　办理提货流程

四、进口后续工作

进口商提取货物入库后，准备做好市场营销及进口后续工作。

（一）进口付汇核销

外汇局已经取消进出口货物贸易外汇收支的逐笔核销，而对进出口物流、资金流实施非现场总量核查。在新制度下，企业收付汇无须办理核销手续，出口收汇无须联网核查，企业无须频繁往返于外汇局、银行之间。由此，企业的收付汇时间缩短，资金周转速度加快。银行为企业办理收付汇的单证和流程均大幅简化，银行柜台办理收结汇业务时间缩短，银行外汇业务服务效率和水平大大提高。

在 L/C、D/P、D/A 和前 T/T 结算方式下，外汇局对进口报关商品和付汇数据通过总量对比核查；在后 T/T 结算方式下，由付汇银行负责审查付汇单位提供的有关资料（如报关单），完成对外支付后，银行自动予以核销。进口付汇核销流程如图 1–16 所示。

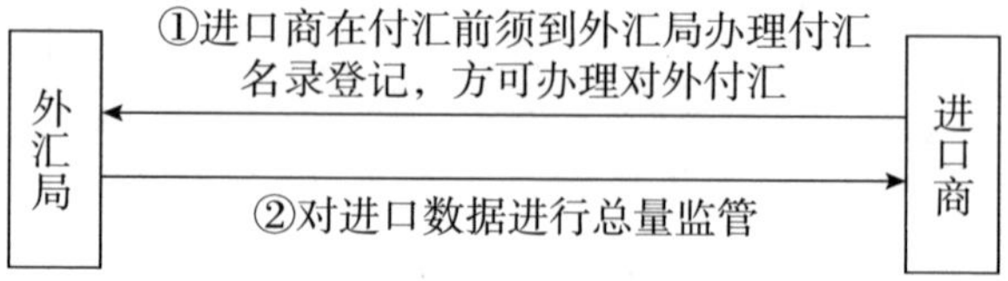

图 1–16　进口付汇核销流程

（二）争议处理

在进口业务中，若出现合同违约、货物遇险等意外事件，则进口商还需处理争议与索赔。争议点不仅包括进口合同的违约，还包括内销合同的违约。

争议处理的解决途径通常包括协商、调解、仲裁和诉讼。争议处理流程如图 1–17 所示。

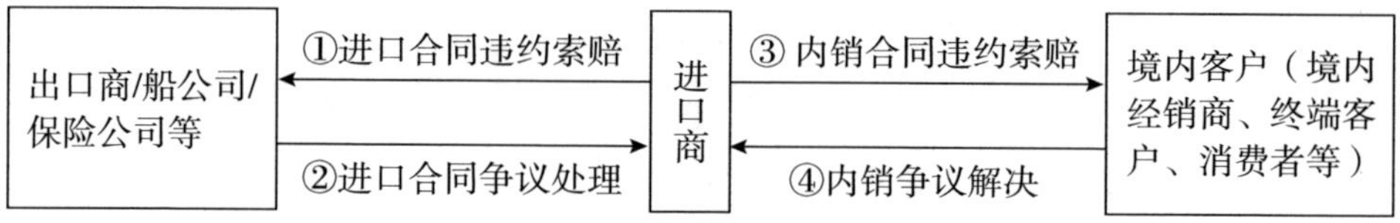

图 1–17　争议处理流程

（三）资料归档

进口业务结束后，进口商需要对单证、L/C、合同等资料进行归档。在进行归档整理的同时，也可以检查工作是否完善，防止遗漏事项。归档后，纸质单据与电子单据并存，以便日后查询。同时可以分析进口中所遇到的问题及处理办法，总结经验。资料归档整理流程如图 1–18 所示。

图 1–18　资料归档整理流程

（四）境内销售

进口商在境内销售商品，取得客户订单后，签订内销合同和开具销售出库单，通知客户付款，确认收到客户货款后，开具销售发票，同时附带进口报关证明文件（如报关单、检疫证明等），安排物流公司运输至客户指定地点。进口商品进入市场销售、变现后，进口商才能获利，进而带动资金周转。对销售情况定期进行跟踪了解，确定进口商品的时效性，有利于及时有效地调整进口策略。进口商品的境内销售流程如图 1–19 所示。

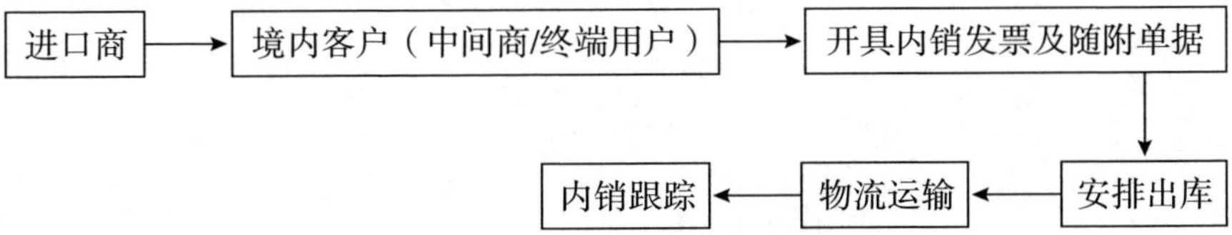

图 1–19　进口商品的境内销售流程

第二天

THE
SECOND DAY

做好市场调研，敏锐发现商机

进口商在签订进口贸易合同前，一定要充分了解拟进口商品的相关政策和市场情况。只有经过周详的调研，才能减少或者避免出现进口商遭遇诈骗或贸易纠纷等问题。准备工作做得好不好，直接关系到进口内销的成败和后期的市场拓展。进口前，进口商需要问自己：

你是否真正了解你从事的行业？

你是否真正了解你的供应商所在地？

你是否真正了解你的供应商的发展历史、资金规模、经营范围、组织情况、生产技术、库存情况、生产规模和成本？

你是否真正了解供应商的产品？包括产品的历史和设计理念，产品的变化趋势和未来发展方向，产品在同行业的竞争地位（成交价格、质量水平、包装情况、付款条件、客户评价等）。

如果你对上述问题心里没底，建议做好市场调研后再开始进口业务，以避免不必要的损失。

第一节　做好市场调研

进口商欲进口货物，首先需对市场进行调研，寻找可能往来的经销商和供货商，进行行业前景调查，锁定商机，以降低贸易风险。

一、市场调研的方法和技巧

市场调研是为了更好地把握市场脉搏、抓住商机。不同国家和地区的经济发展水平、文化、宗教信仰各不相同，资源分布情况也大相径庭，从而影响各个国家和地区的工业技术水平和出口品类，以及人力资源的成本、物价水平等。因此交易前，进口商需要对目标市场和供应商进行选择。为此，首先应做好相关资料的收集，然后进行调查研究。

（一）市场调研的方法

市场调研的流程如图 2–1 所示。

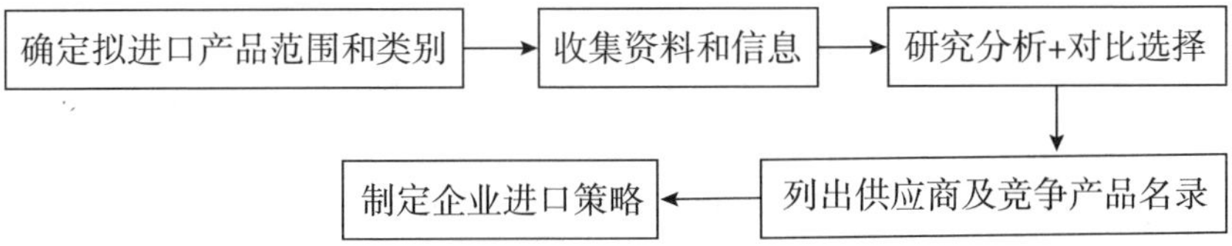

图 2–1　市场调研流程

市场调研是以收集市场信息为中心的调查研究活动。市场调研的主要方式有案头调研、实地调研和网络调研。这 3 种方式可以结合使用。

1. 案头调研

案头调研通常获得的是他人收集、整理的，已经公开过的二手资料。

案头调研一方面可以经济地获取许多有价值的信息，另一方面也可以为实地调研打下基础。成功地进行案头调研的关键在于发现并确定二手资料的来源。

小贴士

案头调研的信息来源有哪些？

案头调研的信息来源主要有：

1. 企业内部资料：如存货清单、财务报告、销售记录、顾客反馈等；

2. 政府机构信息：各国政府机构及驻外使领馆，国际组织如联合国、世界银行、国际货币基金组织、经济合作与发展组织等所提供的信息；

3. 行业组织信息：国内外行业协会，国际博览会、展会，海内外商业刊物，消费者组织等；

4. 调研机构数据：调研人员积累的材料，国内外市场调研公司的数据等。

2. 实地调研

（1）询问调查法（或称问卷调查法）

将所要调查的事项细化成若干个小问题，通过网络调查问卷、纸质调查问卷向潜在的目标客户群体提出询问，以获得所需资料。

相关链接

问卷网 http://www.wenjuan.com
问卷星 https://www.sojump.com

（2）访问法

调查人员根据事先确定好的访问形式，访问被调查人员，进行面对面交谈，获得企业所需资料，如被调查人员对商品价格的看法、关注焦点等。

（3）观察调查法

调查人员通过观察某行业的客流量、消费水平等，详细记录和统计企业所需资料。

（4）实验调查法

调查人员在特定的环境下，控制产品的某种因素（如价格、品质、包装等），观察市场现象，以获得相应的数据，待求证后再决定推广和销售。

（5）统计分析法

对公司内外现有的数据资料（如客流量、消费水平、购买力等），运用统计理论分析市场及销售变化情况，以使销售效果达到最佳。

3. 网络调研

（1）站点法或 App 端调查

调查人员将调查问卷的文件或者网页推送给电脑屏端或者以在 App 中插入广告等方式进行调查，调查对象通过在线回答提交的方式接受调查。

（2）电子邮件法

调查人员以电子邮件的形式将调查问卷发送给特定的网上用户，由用户在线填写调查问卷，调查人员汇总整理用户填写的数据得出企业所需资料。

（3）网络直播法

借助网络直播平台通过主播询问获得数据。

（二）市场调研的技巧

市场调研，可借助侨商和客户。

在世界各地，有很多华侨在做进出口贸易。长期住在当地的广大侨胞，是当地市场信息的重要来源。进口商应充分利用华侨在当地的资源优势，以便找到合适的供应商。

做过出口贸易同时开展进口业务的企业，可以委托境外的客户帮忙推荐或者介绍当地相关行业的出口商，这样更容易找到合适的供应商。

小贴士

向曾经的合作伙伴求助

笔者从事进出口贸易数年，跟数个国家的客户与合作伙伴都有过业务往来。当需要开展新业务时，可以委托这些曾经的合作伙伴帮助介绍和推荐合适的供应商。作为回报，可以向其支付一定的佣金。这样，合作伙伴不仅会全心全意为我们服务，也会提供很多实用的市场信息，后期还可以接受我们的委托在当地监督和催促供应商，协助处理发货、装运等事宜。

二、境内市场调研

一般而言，境内市场调研和境外市场调研相比，相对容易。进口商的市场调研应以境内市场销售为主，因为企业从境外进口商品的主要目的是在境内市场销售以赚取利润或通过再加工后销售获得利润。

进口商境内市场调研的内容可以根据拟进口商品的详情安排，同时根据潜在客户的需求适时调整。境内市场调研的内容主要有以下 3 个方面。

（一）调查潜在客户

确定进口某一商品后，进口商还需要对消费者做调研，了解谁是潜在的客户，使用这一类商品的消费者是谁、消费情况如何、购买力及购买水平如何，分析其对拟进口商品的消费水平和偏好、资金和支付能力状况等，观察消费群体的分布情况（包括年龄、区域等）。通过对潜在消费者需求进行调查和统计分析，可以确定商品的潜在客户群体。注意不仅要分析国内买方的共性，还要选择一些有代表性的买家分析其特殊要求和偏好，以寻求利用最有效的销售方式达到最好的销售效果。

（二）调查商品详细信息

充分了解拟进口商品的同行业领域，比照同行业内的领先产品或尖端产品，对比和分析拟进口商品的差异性，包括商品质量、规格、技术水平、价格水平、包装、季节需求特点、设计、生产周期、销售水平、品质及服务是否能满足消费者的需求等。

（三）调查不同品牌同类商品的境内市场推广情况

即对同行业竞争者的调查分析。了解本地商品及进口商品的竞争情况（包括同类商品的生产情况和市场供应情况），分析进口商品在本地市场的竞争力，这样才能有效推广。

对同业的调查主要包括如下部分：

（1）销售费用分析。如营业场所租金、（促销）费用、运费、交际费用等。

（2）销售情况调查。如商品在一定时间内的销售额、各地的销售情况等。

（3）销售渠道调查。如了解其销售渠道模式，是直接销售还是间接销售，以及各销售渠道的费用、收益、效果等。

（4）价格策略调查。如采取何种价格策略比较合适，是统一定价还是差别定价。

（5）广告和促销调查。如广告费、广告效果的测定，以及宣传、营销推广渠道、策略等。

（6）其他情况调查。如市场前景、经济波动、同行或相关行业的经营情况等。

相关链接

1. 中国信息协会市场研究业分会 www.cmra.org.cn
2. 国家统计局 www.stats.gov.cn
3. 中国报告大厅 www.chinabgao.com
4. 中国市场调查研究中心 www.cmrc.cn
5. 中国市场情报中心 www.ccidreport.com
6. 中国市场调查网 www.cmrn.cn

通过市场调研，了解境内客户的需求，才能进口到消费者需要的商品，保证企业的利润。但在决定进口某种商品之前，应对拟进口商品或不同品牌同类商品过去、现在的销售情况进行调查，预测未来的销售情况。

经过调研之后，如果认为该商品未来市场潜力较大，就可以按照计划进口；但如果认为该商品市场前景黯淡，很快会被其他新的商品取代或没有进口价值，则应该改变计划。

三、境外市场调研

进口商经过境内市场调研后，认为拟进口商品适合在境内销售，找到了合适的销售方式，预期能够获得可观收益，就可以开始调查境外市场情况。境外市场调研的主要内容包括：

（一）对拟进口商品境外市场情况的调研

1. 对出口国家（地区）及供应商的调查

因各国家（地区）市场的地理、政治、经济、社会发展水平等条件均不相同，进行市场调查可以比较、评定各国家（地区）市场的潜力与等级，作为开展业务的参考。

2. 了解贸易伙伴的市场和管制情况

贸易伙伴市场不仅受供应商影响，还受政府管制措施的影响。因此，需要了解贸易伙伴供应商能够提供什么样的产品，供应商的结构与习惯如何，相应的管制措施有哪些（如美国针对部分产品对华限制出口）。

3. 对出口国家（地区）特定商品的市场进行的调查

一般包括：（1）地理状况：位置、面积、地形、气候；（2）人文状况：人口、语言、宗教、风俗、收入；（3）交通状况：通信方式、港口运输设施；（4）政治状况：政治稳定程度；（5）商业情况：商业习惯、供需季节、国际收支、国民购买力；（6）产业结构：资源分布、开发程度、产量；（7）相关法令：外汇、贸易、关税法令；（8）金融汇兑：汇率、通货膨胀率等。

4. 对拟进口的商品和世界供求状况进行调研

针对拟进口商品，调查其主要生产国家（地区）、生产技术水平、工艺特点、生产周期、生产成本、产品在生命周期中所处的阶段、产品的质量特点和使用效能、产品的销售周期、产品的市场竞争程度、产品的世界消费水平及其特点、境内和境外市场价格状况等内容。

5. 对我国和商品出口国家（地区）的宏观经济状况进行调研

调查商品出口国家（地区）与我国的政治和贸易关系，是为了防范将来贸易中可能遇到的风险。在该阶段，进口商应当了解政治局势、总体经济状况、生产力水平、产业结构特点、国家的宏观经济政策导向、货币制度（特别是外汇管理制度）、经济法律和条约（特别是贸易政策和法规），以及进出口商品的结构、数量、金额等。通过调研，进口商应当对我国和出口国家（地区）的宏观经济环境有总体把握，评价国家和产业的市场潜力，选择合适的进口贸易对象，预估未来贸易中可能的风险和收益情况，并顺应宏观环境的发展趋势，提前做好防范风险的各种准备。

（二）对境外市场进口商品信息的调研

（1）与境内同类商品生产、上市情况的对比分析；

（2）对比各供应商商品的品质、规格、花色品种、包装、装潢、功能、设计等；

（3）对比商品的生命周期、所处发展阶段及发展趋势（过去、现在、未来）；

（4）商品的替代品和互补品的情况；

（5）商品的售前、售中、售后的服务情况；

（6）该类商品在当地的生产厂商名单；

（7）该商品及同类商品的资料，包括品质、价格、包装、设计资料；

（8）该商品在当地的出口数量、进口数量、目前以及潜在的消费量；

（9）该市场进口商以何种付款条件进口商品；

（10）该商品在当地的销售渠道及每一环节的利润率；

（11）在该市场做广告时，哪种广告媒体效果最好及费用标准。

（三）对境外市场价格的调研

（1）影响价格变动的因素，如生产成本、供求关系、垄断与竞争状况、经济周期、通货膨胀、自然灾害、季节变化等多种因素；

（2）商品的价格弹性和水平；

（3）其他同类商品的定价方法及每一环节的利润率；

（4）顾客对不同企业商品价差的反应；

（5）商品生命周期不同阶段中的价格变化与调整；

（6）商品从生产到消费过程中各层次中间商加价的幅度；

（7）出口国家（地区）在信贷条件、销售条件等方面的习惯做法；

（8）出口国家（地区）对进出口商品价格的具体规定和限制等；

（9）拟进口商品的国际市场价格走势及具体商品情况。

（四）对供应商的调研

对供应商的调研重在考察其供应能力，即其商品质量的可靠性、正常供货的可靠性、售后服务的可靠性以及金融资信的可靠性等。一般包括：

（1）资质、经营范围、生产能力和技术水平；

（2）业务状况、经营能力及未来发展前景；

（3）资产额和资产结构及财务状况；

（4）经营方针、手段、作风与商业道德记录；

（5）在货币市场上的融资地位（资信等级）及与银行的关系；

（6）年营业额的历史记录及购销渠道；

（7）与境内企业的业务往来情况；

（8）发展历史、组织结构、公司负责人的背景和能力；

（9）出口动机，供货地与我国距离的远近；

（10）所在国家（地区）与我国是否有优惠关税协定。

小贴士

关于供应商的代理身份问题

进口商除了要调查供应商的资信外，还应当对其身份进行调查和确认，若调查发现对方是某品牌产品的代理人，则需注意：

1. 弄清对方的代理身份；

2. 核实代理人的代理权和代理有效期限；

3. 必要时，进口商可以要求在进口合同中明确对方的代理地位及真正委托人的情况并进行相应的担保。

总之，在调研时，进口商一定要对境外卖方的真实身份、资金和信誉状况等有足够的把握，不可急于求成。在我国进口贸易实践中，常有因对对方身份情况掌握不清，匆忙与之进行交易而被诈骗货款或预付款的事件发生。

（五）境外市场调研的信息收集渠道

进口商利用各种渠道寻找并收集一些主要的境外供应商的资料，然后逐个分析这些供应商的具体情况，总结分析其贸易特点，以选出最有可能合作的供应商，并寻找和这些供应商沟通、合作的技巧，选择最适合的进货渠道。通常，拟进口商品主要供货地和供应商的信息，一般通过以下渠道收集。

1. 互联网

搜索国内外各种 B2B 网站的有关信息；查阅政府官方网站公布的国民经济总括性数据和资料，如国际收支状况、国际贸易商品结构和总量、国际贸易市场地理结构等。

2. 各种行业的展会

利用各种交易会、洽谈会和客户来华做生意的机会，进行洽谈、询价等，了解有关信息。

3. 国内外商会、行业协会

通过国内和国外的外贸行业公会、商业或者工业的民间组织，以及其刊物或者网站等，咨询或查询我国其他进口商已经完成的进口业务情况（进口商品的主要种类、商品来源地、价格）。

4. 驻外商务机构（商务参赞处）、领事馆

通过我国驻外领事馆、商务机构、外贸公司驻外分支机构、各银行在境外的分行或者代理行、中国出口信用保险公司等，调查供应商及市场情况。

5. 电视、报纸、专业杂志广告

通过财经新闻、最新报纸和专业期刊杂志获取行业资讯。

6. 人员调查

一是自行调查，派遣专门的代表团或者工作小组等进行国际市场调研，获得第一手资料；二是委托国内外咨询公司进行调查。

小贴士

进口贸易中如何了解境外公司的资信?

第一步，请境外公司提供其门户网站及其在当地的官方注册登记证书，核对其注册地址，通过官方核验注册证书；通过门户网站及官方信息可以了解其公司历史、规模、主营业务等。

第二步，请境外公司提供其银行信息，并委托自己的银行了解对方银行的资质和信誉。

第三步，如条件允许，亲自到境外公司进行实地考察，看其工厂、生产规模、人员配置等是否和签约金额相匹配，同时最好能对商品进行取样。

第四步，通过中国驻所在国家的大使馆经济商务参赞处了解该公司的经营状况和企业信息。

第五步，请境外公司到国内进行洽谈，看其是否愿意；与其探讨专业性问题，看其是否专业。

第六步，贸易都是相互的，通过和境外公司的接触、洽谈及会面等，注意从细节上观察其诚信度，如果有机会，可以了解查看其以往向中国出口的信息等。

相关链接

商务部驻外经商机构 http://www.mofcom.gov.cn/mofcom/shezhi.shtml

案例 2-1

进口牛肉市场调研报告框架

一、进口牛肉对企业资质的要求

二、牛肉国际市场状况

1. 哪些国家的牛肉可以出口到中国
2. 哪些国家的哪些厂号的牛肉可以出口到中国
3. 各个国家的牛肉分割部位及名称的区别
4. 全球牛肉供应商名录
5. 各个国家牛肉的市场价格比较
6. 各个国家的牛肉产量

三、牛肉国内市场情况

1. 国产牛肉市场状况

2. 国产牛肉价格与进口牛肉价格的比较
3. 国产牛肉、进口牛肉的市场份额
4. 牛肉经销渠道和各大牛肉批发商
四、进口牛肉的成本及后续推广
1. 进口牛肉的进口成本（进口关税、增值税等）
2. 进口牛肉的深加工等
3. 进口牛肉的推广渠道
五、其他进口牛肉的分析

进口交易前，进口商通过调查研究，对调研的情况进行分析，并结合我国的需求情况，尽量选择性价比高的商品。

第二节　摸清进口商品的国内相关政策

从事进口贸易的业务人员，案头需准备一本最新版《中华人民共和国进出口税则》（以下简称《进出口税则》）作为工具书，特别是进口商品类别众多时，更少不了此书。进口商品的关税、消费税、增值税的税目、税率等内容都可以在《进出口税则》中查阅。

一、熟知进口商品的税号及监管条件

（一）查询具体商品的税号和监管条件

查询产品税号的途径有：

（1）通过工具书《进出口税则》查询；

（2）登录海关总署官网（http://www.customs.gov.cn/）首页，进入“我要查”页面查询；

（3）通过其他第三方专门网站进行查询。

税号来源于《商品名称及编码协调制度的国际公约》（International Convention for Harmonized Commodity Description and Coding System，简称 HS）编码，是《进出口税则》中的商品分类号。

相关链接

检索商品 HS 编码的常用网站

1. 海关总署官网（我要查）（www.customs.gov.cn/）
2. 立刻查（www.likecha.com）
3. HS 编码查询（www.hsbianma.com）

（二）对部分商品进口企业资质的要求

进口商经营进出口贸易的业务范围一般与在市场监督管理部门登记的经营范围相同，因此不是所有进出口贸易业务都能做。另外，国家对特定行业的进口商做了一定的限制，只有在取得相关资质后才允许从事相关行业的进口，否则即使进口也无法申请报关，导致货物积压港口只能退运，或临时再修改单据，委托其他有资质的企业进口，造成港口的滞期费，得不偿失。例如，国家对核、生物、化学、导弹等各类敏感物项和技术的进出口制定了管制措施，一般的贸易公司是不能经营的，只有经过批准的公司才允许进出口。

二、搞清商品的原产地与我国的税收政策

进口商可通过海关总署、商务部、财政部、国家税务总局网站查询我国的进口税收政策。为完整、准确、全面贯彻新发展理念，支持构建新发展格局，继续推动高质量发展，财政部关税司（国务院关税税则委员会办公室）一般每年根据市场情况，对部分商品的进出口关税进行调整，并公布新一年的关税调整方案，同时会附上调整税率清单。另外，财政部官网每年末会公布下一年的进出口税则，可供查询、复制和打印。

（一）及时了解国家进口税收政策

关税税率分为进口税率和出口税率两种。其中进口税率又分为普通税率、最惠国税率、协定税率、特惠税率、关税配额税率和暂定税率。进口货物适用何种关税税率是以进口货物的原产地为标准的。

1. 普通税率

根据《中华人民共和国进出口关税条例》（以下简称《关税条例》）规定，对原产于未与我国共同适用最惠国待遇条款的世界贸易组织成员的进口货物，

未与我国签订含有相互给予最惠国待遇条款的双边贸易协定、含有关税优惠条款的区域性贸易协定和含有特殊关税优惠条款的贸易协定的国家或者地区的进口货物，以及原产地不明的货物，按照普通税率征税。

2. 最惠国税率

根据《关税条例》规定，原产于与我国共同适用最惠国待遇条款的世界贸易组织成员的进口货物，原产于与我国签订含有相互给予最惠国待遇条款的双边贸易协定的国家或者地区的进口货物，以及原产于我国境内的进口货物，按照最惠国税率征税。

3. 协定税率

对原产于与我国签订含有关税优惠条款的区域性贸易协定的国家或者地区的进口货物，按协定税率征税。适用协定税率的国家和地区可以到中国自由贸易区服务网查询。

相关链接

中国自由贸易区服务网 http://fta.mofcom.gov.cn/

4. 特惠税率

对原产于与我国签订含有特殊关税优惠条款的贸易协定的国家或者地区的进口货物，按特惠税率征税。

5. 关税配额税率

关税配额税率是指关税配额限度内的税率。关税配额是进口国限制进口货物数量的措施，把征收关税和进口配额相结合以限制进口。对于在配额内进口的货物可以适用较低的关税配额税率，对于配额之外的则适用较高税率。

6. 暂定税率

对一些国内需要降低进口关税的货物，以及出于国际双边关系的需要个别安排的进口货物，可以实行暂定税率。

7. 增值税税率

即海关代征的进口货物法定增值税税率。在《进出口税则》中，增值税税率栏目空白时为免征，其他分为 13% 和 9% 两种税率。

（二）国家对某些商品限制进口（区域和国别限制）

国家对某些商品的进口实行区域限制，并不是所有国家（地区）的所有产品都可以向中国出口。例如食品，只有经过注册登记备案的国家（地区）的出口生产厂号的产品才允许往中国出口。

案例 2-2

查询冷冻牛肉的 HS 编码和监管条件

工具书：《进出口税则》（当年最新版本）

步骤：

1. 寻找大类 02.02 冻牛肉
2. 找到“- 去骨肉”的分类，确定为大类“0202.3000”
3. 再找下级分类，“0202.3000.90”为其他冻藏的去骨牛肉

HS 编码	货品名称	最惠国税率	普通税率	增值税税率	出口退税税率	计量单位	监管证件代码	英文描述
0202.3000.90	其他冻藏的去骨牛肉	12%	70%	9%	9%	千克	47xAB	Other meat of bovine animals, boneless, frozen

同时需关注“进口协定税率”。经查询可以得知，进口牛肉的监管证件代码包括：

4：出口许可证

7：自动进口许可证（需办理自动进口许可证）

x：出口许可证（加工贸易）

A：入境货物通关单（法定商检的货物）

B：出境货物通关单

进口牛肉的检验检疫类别：

P：进境动植物、动植物产品检疫（需申请办理动植物检疫许可证）

R：进口食品卫生监督检验（需提供境外官方签发的卫生证书供国内官方核验）

第三节　预算进口商品成本

买卖双方洽谈交易时，最关心的就是成交价格。

进口商在从境外采购商品时，通常会向多家询价，对不同的报价进行必要的还盘，然后对比分析各家报价，确定最终的供应商。进口商比价的目的就是最大程度降低进口成本，节约外汇支出，提高企业经济效益。

进口商品的价格构成如图 2–2 所示。

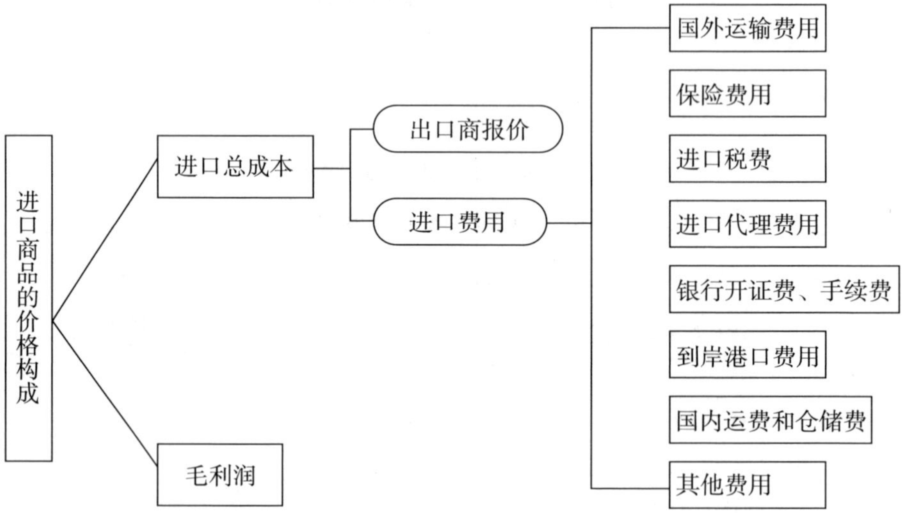

图 2–2　进口商品的价格构成

一、进口货物成本：出口商报价

进口合同签订前，以双方磋商的价格为准进行成本估算；合同签订后，则以合同中价格条款列明的价格为准。

常用贸易术语交易方式下进口货物的报价：

FOB 进口货物报价 = FOB 进口合同价（未包含运费及保险费）

CFR 进口货物报价 = CFR 进口合同价（已包含海运费，不含保险费）

CIF 进口货物报价 = CIF 进口合同价（已包含海运费和保险费）

小贴士

如何选择进口贸易术语

笔者常用的进口贸易术语是CFR或者CIF，因使用FOB存在进口商派船转运等衔接的问题，如果存在周期差异造成船期耽误、货物供应推迟或者交货逾期，会产生不必要的费用。通常由境外供应商自行租船订舱更便利。但合作之初最好不要为了图方便而让出口商直接安排运输，进口商最好让出口商报FOB、CFR、CIF三种价格，同时自己也向运输公司和保险公司询问海运费和保险费，二者进行对比，根据成本、便利性以及承担风险的能力来决定。

在进口业务中，特别是大宗货物进口时，外贸企业争取选用FOB术语，目的是通过由进口方指定承运人，避免出口方借指定承运人之便与承运人联手欺诈。

在实际业务中，一切都应以实际出发，综合考虑，灵活选择合适的贸易术语。

二、进口税费：进口境内费用的核算

进口税费包括进口关税、进口消费税（部分商品）和进口增值税。

（一）关税的计算

1. 进口货物完税价格

进口货物的完税价格通常以CIF价格为基础。若在交易中存在佣金或折扣，应从成交价格中扣除。若按FOB或CFR条件进口，需要掌握贸易术语之间的价格换算方法。计算公式如下：

按FOB进口时，CIF价格 =（FOB价格 + 运费）÷［1− 保险费率 ×（1+ 投保加成）］

按CFR进口时，CIF价格 = CFR价格 ÷［1− 保险费率 ×（1+ 投保加成）］

小贴士

进口关税计征办法主要分类

进口货物关税，以从价计征、从量计征或者国家规定的其他方式征收。

1. 从价计征：进口关税税率一般采用比例税率，实行从价计征，计算公式为：

应纳税额 = 完税价格 × 关税税率

2. 从量计征：少数货物如啤酒、原油等的进口关税采用从量计征，计算公式为：

应纳税额 = 货物数量 × 单位税额

关于无保险单的情况

在进口货物申报通关时，如果保险费无法确定或未实际投保（无法提供保险单），海关通常按照“货价加运费”两者总额的3‰计算保险费。其计算公式为：保险费 =（货价 + 运费）×3‰。

2. 进口货物应纳关税的计算

完税价格确定后，通过《进出口税则》查询进口商品所适用的关税税率，就可以计算进口关税了。关税计算公式为：

应纳关税额 = 应纳税进口货物数量 ×CIF 价格 × 适用关税税率

（二）应纳消费税的计算

进口环节缴纳的消费税，通常由海关代征。进口商只有从境外进口应税消费品，在向海关申报时才需要缴纳消费税。若进口非应税消费品，则不需缴纳消费税。

消费税的计征有3种方法，分别是从价计征、从量计征、按复合计税办法计征。

1. 从价计征的消费税的计算

组成计税价格 = 关税完税价格 + 关税 + 消费税

关税完税价格即CIF价格；消费税属于价内税。

故从价计征消费税的计算公式为：

组成计税价格 =（关税完税价格 + 关税）÷（1− 消费税税率）

应纳消费税额 = 组成计税价格 × 消费税税率

2. 从量计征的消费税的计算

从量计征的消费税以海关核定的进口商品应税消费税的数量为计税依据，计算公式为：

应纳消费税额 = 应纳税进口商品数量 × 适用定额税率

3. 按复合计税办法计征的消费税的计算

复合计税指既采用从价计征，又采用从量计征。如进口卷烟的应纳消费税，计算公式如下：

组成计税价格 =（关税完税价格 + 关税 + 进口数量 × 定额税率）÷（1−消费税税率）

应纳消费税额 = 组成计税价格 × 消费税税率 + 进口数量 × 定额税率

（三）应纳增值税的计算

增值税属于价外税，进口增值税税额由应纳增值税价格乘以适用的进口增值税税率计算而得。计算公式如下：

组成计税价格 = 关税完税价格 + 关税 + 消费税

应纳增值税 = 组成计税价格 × 增值税税率

三、进口业务境内费用

进口业务境内费用包括的内容有很多，就某一笔具体的进口业务而言，由于成交的条件不同，进口商所承担的费用是不同的。一般来讲，进口货物抵达目的港后产生的费用包括：

（1）换单费、卸货费、驳船费、码头建设费、集装箱堆场费等；

（2）进口商品的检验费、掏箱费、理货费等；

（3）报关提货费，委托报关行时的进口代理费、代理报关费用等；

（4）内陆运输费、境内仓储费等；

（5）集装箱货物涉及的费用（如拖车费、集装箱使用费等）；

（6）银行费用，如开证费、邮电费、境外汇款手续费等。

四、预期利润（境内销售毛利润）

这里的预期利润是指进口商的收益，是价格的重要组成部分。一般进口商品的毛利率需要达到10%~20%，部分行业需要更高的毛利率，才能覆盖企业的相关运营成本。

一般进口企业运营成本包括：

（1）人员工资成本（人员工资、社保、公积金等）及职工福利等；

（2）办公室费用（房租）；

（3）境内市场推广宣传费用；

（4）渠道搭建费用；

（5）仓储费用；

（6）二次包装、加工、物流等费用。

将上述（1）至（4）部分的费用汇总相加，即为进口货物的总成本。故进口货物总成本的计算公式如下：

进口货物总成本 = 进口货物 CIF 价格 + 进口税费 + 进口境内费用 + 预期利润

其中，进口税费 = 进口关税 + 消费税（部分商品）+ 进口增值税

进口货物总成本的核算，为进口商预测进口盈亏提供了参考数据。据此，进口商可以核算出进口商品的单位成本，结合境内市场的调研分析，就有了可靠的决策依据。

五、进口商品总成本的核算

小贴士

如何规避进口贸易中的汇率损失？

在进口贸易中，经常需要对外付汇，涉及各种货币之间的汇兑。为了规避汇率浮动带来的损失风险，进口商在确定进口商品价格条款时，应谨慎选择其计价货币并考虑汇率变化的因素。可选择利用国际金融市场上的一系列外汇保值交易来固定自己的成本。

如为避免汇率上涨，进口商可以提前购汇存入公司的外汇账户，当需要付汇时再根据实际金额从外汇账户直接汇出，这样就可提前锁定汇率。另外，对于进口商而言，从理论上讲，进口合同宜采用“软币”计价较为合算，因为“软币”在一定时期内汇价走跌，远期付汇时可以减少付汇的人民币金额。

但在实际业务中，采用何种货币计价，还应考虑双方的贸易习惯等各种因素。进口商还可以直接选择跨境贸易人民币结算，就不存在汇率风险了。

案例 2–3

进口成本核算案例

北京 XTD 食品公司欲从巴西进口牛肉（牛腱子），巴西出口商（肉类公司）的报盘如下：FOB 价格为每千克 4.5 美元，CFR 价格为每千克 4.8 美元，CIF 价格为每千克 4.9 美元。巴西出口港为巴拉那瓜港口（Paranagua Brazil），国内目的港为天津新港。每柜装 27 吨，每柜 1 100 箱，40 英尺冷冻集装箱（温度零下 18 摄氏度）。经查海运费为每柜 4 000 美元，每箱体积为 58 立方米，付款方式为 T/T 30% 预付 + 70% 装船后见提单副本付款。XTD 食品公司业务员王先生经过市场调研后，了解到最近一段时间牛腱子市场零售价为每千克 48 元。北京 XTD 食品公司欲进口一个 40 英尺集装箱的牛腱子，试分析巴西出口商的报价是否可行。

对于进口商而言，在进口价格核算时，需准确掌握并理解 FOB、CFR、CIF 等贸易术语，其中的关键是掌握各贸易术语中的价格构成部分。了解了各构成部分的内容及计算方法，在价格核算时就只需汇集增加其所需部分，这样就明确了各项成本、费用的计算依据，进行相加就很容易得出进口货物的总成本。确定了进口货物的总成本，结合境内市场行情，便有利于进口商确定是否接受询盘、还盘或接受出口商的报盘。

第一步：汇总整理进口商品资料

本案例中的相关资料汇总如下：

1. 商品品名：冷冻去骨牛肉（牛腱子）

2. 进出口税号：0202.3000.90

由《进出口税则》查询，确定冷冻去骨牛肉的进口关税税率为 12%、增值税税率为 9%。

3. 商品资料：27 吨，1 100 箱。每箱体积为 58 立方米。

4. 市场零售价：每千克 48 元。

5. 出口商报价：FOB 价格，每千克 4.5 美元；CFR 价格，每千克 4.8 美元；CIF价格，每千克4.9美元。

6. 海运费：40英尺冷冻集装箱（温度零下18摄氏度）从巴西巴拉那瓜港口到天津新港的海运费为每柜4 000美元。

7. 货运保险费：投保中国人民保险公司海运货物保险条款中的一切险和战争险，综合保险费率为3‰。

8. 进口费用（业务费用）：进口通关费用100美元，公司综合业务费500美元（含内陆运费及冷库仓储费等）。

9. 银行费用：以中国银行付汇为例，银行费用包括邮电费（企业国际电信费－国际发电，每笔150元人民币）和对公汇出境外汇款电汇费（手续费为汇款人民币金额的1‰）两部分。

10. 预期利润：进口成本的15%~20%。

第二步：核算进口成本价格

1. 确定进口数量

在本案例中，北京XTD食品公司欲进口牛肉的数量为27吨。实际业务中，进口牛肉非标码货物，需根据实际重量抄码，因冷冻牛肉非抛货，此处不考虑体积重量。

本案例数量：27吨＝27 000千克

2. 计算购货成本

FOB价＝4.5×27 000＝121 500（美元）

CFR价＝4.8×27 000＝129 600（美元）

CIF价＝4.9×27 000＝132 300（美元）

3. 计算进口保险费

在进口交易中，在以FOB、CFR术语成交的情况下，进口商需向保险公司询问保险费率，用以核算保险费。保险费计算公式为：保险费＝保险金额×保险费率。保险金额以进口货物的CIF价格为准，通常以加成10%为宜。若按CFR或FOB条件进口，无法提供保单，在此按照“货价＋运费”两者总和的3‰计算保险费：

FOB价格下的保险费＝（121 500+4 000）×（1+10%）×3‰

＝414.15（美元）

CFR价格下的保险费＝129 600×（1+10%）×3‰

＝427.68（美元）

4. 计算海运费

在进口交易中，只有在采用 FOB 贸易术语成交的条件下，进口商才需核算海运费。本案例中查得：海运费 = 4 000 美元 / 柜

5. 计算进口税费

查询确定美元汇率为：1 美元 =6.875 7 人民币

不同贸易术语成交条件下的价格核算

分类	单价	柜型	单价	海运费 + 保费		CIF 到岸价		进口税费		完税价格（人民币）
报价类别	美元 / 千克	40 尺柜（冷柜）	货值 FOB 价（美元）	海运费（40 英尺）	保险费	CIF（美元）	CIF 折人民币价格（美元汇率 6.875 7）	进口关税（税率 12%）	进口增值税（税率 9%）	
FOB 价格	4.5	27 000	121 500	$ 4 000	$ 414.15	$125 914.15	￥865 747.92	￥103 889.75	￥87 267.39	￥1 056 905.06
CFR 价格	4.8	27 000	129 600		$ 427.68	$130 027.68	￥894 031.32	￥107 283.76	￥90 118.36	￥1 091 433.44
CIF 价格	4.9	27 000	132 300			$132 300.00	￥909 655.11	￥109 158.61	￥91 693.23	￥1 110 506.95

6. 进口费用（业务费用）

进口通关费用 100 美元，公司综合业务费 500 美元（含内陆运费及冷库仓储费等）。

故本案例中的进口业务费用 = 600 美元，折合人民币 = 600 × 6.875 7 = 4 125.42（人民币）。

7. 银行费用（以 T/T 方式付汇）

银行费用 = 邮电费 + 手续费

邮电费：单笔 150 元人民币，汇款手续费为汇款金额的 1‰。

FOB 价汇款费用 = 121 500 × 6.875 7 × 1‰ + 150 × 2 = 1 135.40（人民币）

CFR 价汇款费用 = 129 600 × 6.875 7 × 1‰ + 150 × 2 = 1 191.09（人民币）

CIF 价汇款费用 = 132 300 × 6.875 7 × 1‰ + 150 × 2 = 1 209.66（人民币）

综合上述 1–7 步，汇总出进口总成本如下：

FOB 进口总成本 = FOB 价格 + 海运费 + 保险费 + 进口关税 +
进口增值税 + 通关费用 + 银行费用
=（121 500+4 000+414.15）× 6.875 7+103 889.75+
87 267.39+4 125.42+1 135.40
=1 062 165.88（人民币）

CFR 进口总成本 = CFR 价格 + 保险费 + 进口关税 + 进口增值税 +
通关费用 + 银行费用
= (129 600+427.68) × 6.875 7+107 283.76+90 118.36+
4 125.42+1 191.09
= 1 096 749.95 (人民币)

CIF 进口总成本 = CIF 价格 + 进口关税 + 进口增值税 + 通关费用 + 银行费用
= 132 300 × 6.875 7+109 158.61+91 693.23+4 125.42+
1 209.66
= 1 115 842.03 (人民币)

第三步：计算单位进口成本

1. 数量：本案例数量中进口总量为 27 吨，即 27 000 千克

2. 进口总成本：FOB 进口总成本为 1 062 165.88 (人民币)
CFR 进口总成本为 1 096 749.95 (人民币)
CIF 进口总成本为 1 115 842.03 (人民币)

3. 单位进口成本：

单位 FOB 进口成本 = 1 062 165.88 ÷ 27 000 = 39.34 元 / 千克

单位 CFR 进口成本 = 1 096 749.95 ÷ 27 000 = 40.62 元 / 千克

单位 CIF 进口成本 = 1 115 842.03 ÷ 27 000 = 41.33 元 / 千克

第四步：比较分析

本案例中，在北京 XTD 食品公司调研的时间内牛腱子市场零售价为每千克 48 元，计算得出：

FOB 进口毛利率 = (48−39.34) ÷ 48 ≈ 18.04 %

CFR 进口毛利率 = (48−40.62) ÷ 48 ≈ 15.38 %

CIF 进口毛利率 = (48−41.33) ÷ 48 ≈ 13.90 %

从上述核算的结果可以看出，三种报价对进口商都有一定的利润，都可以选择。进一步看毛利率，FOB 进口的毛利率最高，CIF 进口的毛利率最低。因为采用 FOB 进口，进口商负责的工作内容毕竟比 CFR 进口和 CIF 进口的工作内容多，不仅自己需要租船订舱，还需要安排投保等事宜，故进口成本相对较低，毛利率自然相对较高。故北京 XTD 食品公司最好选择 FOB 报价。

为方便计算，可以利用进口成本预算表、核算表（参见本书附录一），将各个费用项目列于表格之中。

上述深入的调研和案例，以及对进口商品的成本费用的核算，给进口商在进口决策方面提供了许多参考数据。

进口企业通过对外部环境和内部条件的调研分析，按照本企业的经营意图和要求，制定出最佳的经营策略，包括进口经营总策略和详细进口方案。总策略主要是针对进口企业总体经营思想和目标制定的，而详细进口方案则是具体的进口计划安排和实现计划的措施，如确定合适的货源地、合适的供应商、合适的进口商品、合适的贸易方式以及一些主要的成交条件（如订购商品的时间，商品的品质规格、数量、价格、运输、保险、报关等）。进口商需根据自己确定的商品拟定适合自己公司发展的商品进口策划书。

第 三 天

THE
THIRD DAY

设立公司，搭建团队

在开展进口贸易前，除了前面的市场调研外，企业还需在相关部门办理必要的资质手续和备案工作，如申领营业执照，办理食品经营许可证（限于经营食品行业），对外贸易经营者备案登记，海关进出口货物收发货人备案，外汇管理局备案登记，开立基本结算账户及外汇结算账户，中国电子口岸数据中心备案，税务局出口退税备案（如涉及出口业务）等。

第一节　申领营业执照

一、营业执照办理

（一）公司的基本构成条件（以有限责任公司为例）

注册公司，首先需确定公司名称、公司类型、法定代表人、经营范围、注册资本、股东及出资比例、公司住所等信息。

1. 公司名称

有符合要求的公司名称。关于公司名称，在申请公司注册前，可预先到当地市场监督管理局申请公司名称登记（即预核名登记），或在当地政务网上提交核名申请，核名审核通过后，会收到一张市场监督管理局出具的名称预先审核通知书。

公司名称应当由四部分组成：行政区划 + 字号 + 行业特点 + 组织形式。例如：

北京	××	国际贸易	有限公司
行政区划	字号	行业特点	组织形式

2. 股东（或法定代表人）

有符合要求的股东，如自然人股东或法人股东。

3. 注册资本

目前均为认缴资本额（非实缴资本，无须会计师事务所出具验资报告，特殊行业除外）。

4. 公司章程

有符合要求的公司章程。

5. 公司住所

有符合要求的公司住所。

6. 经营范围

从事的经营项目应符合国家的规定。

特别注意外贸企业和内贸企业的唯一区别就在于经营范围，外贸企业的经营范围需包含“货物进出口、技术进出口、代理进出口”字样，内贸企业则无此要求，二者其他办理流程和手续基本一样。

7. 公司类型

有限责任公司。此处关于股份有限公司及其他类型的公司不再介绍。

（二）营业执照办理的途径

一般而言，营业执照需到公司住所（或经营地址）所在地市场监督管理局申请办理，也可登录当地的政务网站（或网上政务服务大厅）进行在线申请办理。以北京市办理营业执照为例，流程如下：

登录北京市政务服务网（网址：http://banshi.beijing.gov.cn/），找到法人服务—企业开办—企业设立、变更、注销登记，选择办理区域“北京市 ×× 区”，选择办理事项“公司设立登记”，选择“网上办理”进入北京市市场监督管理局 / 北京市企业服务 e 窗通平台，选择“企业开办”即可。北京市营业执照在线申请一般流程如图 3–1 所示。

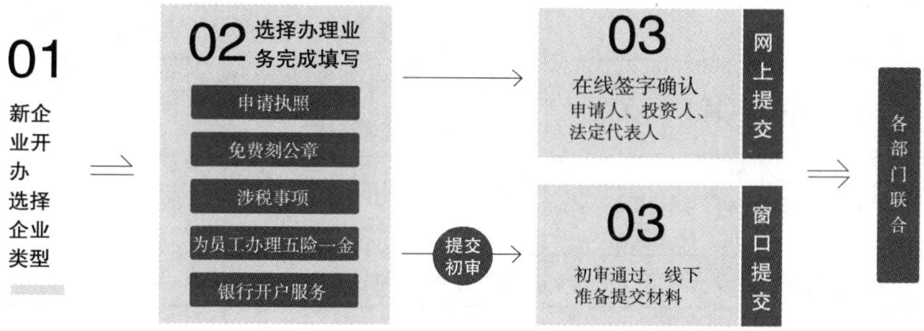

图 3–1　北京市营业执照在线申请一般流程

注：

1. 选择办理业务。进入办理业务主菜单，需先办理申请营业执照业务，同时可以选择是否同时免费刻制公章、领取发票、为员工缴纳五险一金，以及银行开户服务等相关业务。

2. 在线签字，申请填报并提交。业务提交前，身份证件类型为身份证的投资人、法定代表人/负责人都需要进行实名认证。

3. 获取审批结果，领取执照、公章、发票。业务提交后各部门联合审批，审批结果在详情—办理进度中查看，并根据系统提示领取执照、公章、发票等相关材料。

（三）办理营业执照需要准备的材料

办理营业执照所需材料见表 3–1。

表 3–1　办理营业执照所需材料

序号	材料	提示说明
1	公司登记（备案）申请书	由法定代表人亲笔签署，具体填写要求详见申请书注释
2	公司章程	全体股东共同签署，其中自然人股东亲笔签字，法人股东加盖公章
3	企业名称预先核准通知书	通过市场监督管理局网站申办名称预先登记的，可以不领取纸质企业名称预先核准通知书
4	股东资格证明文件	自然人股东提交身份证复印件，企业法人股东提交加盖公章的营业执照复印件
5	指定（委托）书	应由全体股东共同签署
6	法定代表人、董事、监事和高级管理人员的任职文件	相关人员由股东决定或股东会议决议产生
7	住所（经营场所）合法使用文件	产权人签字或盖章的房产证复印件。产权人为自然人的应亲笔签字，产权人为法人的应加盖公章
8	批准文件（许可证件）	仅限经营项目涉及前置许可时，如危险化学品经营、快递业务等
9	市场主体登记告知承诺书	目前北京市实施市场主体登记告知承诺制，按照承诺制办理的，一并提交承诺书
10	补充信息登记表	如果需要其他资料

注：

1. 上述第 1、5、9 项材料应提交登记机关制式格式的申请文件，可以到附近市场监督管理局领取或登录市场监督管理局网站下载。

2. 所有提交的材料均需使用 A4 纸打印。

3. 未明确提示可提交复印件的，应当提交文件原件。提交复印件时，应在复印件上注明与原件一致，并由申请人签字确认。

4. 所提交的房产证的房产用途应与实际经营用途一致。

5. 关于企业登记前置审批事项的目录—详情可查阅国家市场监督管理总局发布的《市场监管总局关于调整企业登记前置审批事项目录的通知》(国市监注发〔2021〕17 号)。

（四）领取营业执照

提交资料时询问出证天数，到期后请携带准予设立登记通知书、办理人身份证原件，到市场监督管理局领取营业执照正、副本即可。营业执照示例如图 3-2 所示。

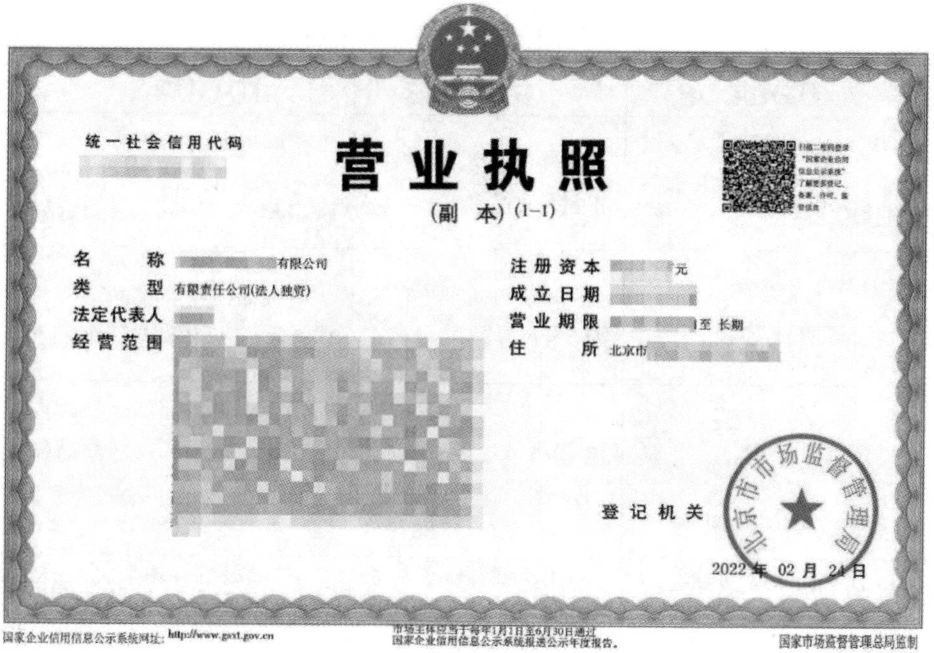

图 3-2　营业执照示例

小贴士

北京市营业执照办理网址及咨询电话

1. 登记业务和系统操作咨询电话：11616611（法定工作日：9:00–17:00）。
2. 社保政策咨询电话：12333。
3. 税务咨询电话：12366。
4. 北京市企业服务 e 窗通平台：https://ect.scjgj.beijing.gov.cn/。
5. 手机用户也可以下载北京市企业服务 e 窗通平台 App。

二、特殊行业经营资质申请

有些后置审批许可的经营项目（如食品、药品、医疗器械等），经营者在领取营业执照后，根据相关规定，需要完成经营项目的行政审批许可后，才能开展经营。特殊行业经营资质列表见表 3–2。

表 3–2　特殊行业经营资质列表

经营者（经营项目）类型	资质名称	备注
仅销售预包装食品的食品经营者（简称“仅预包装食品经营者”）	食品经营备案（仅销售预包装食品）	企业取得的营业执照经营范围包含“食品经营（仅销售预包装食品）”的，视为已备案成功
销售预包装食品以外的食品（含保健食品）或者从事制售活动的食品经营者	食品经营许可证（有效期 5 年）	从事食品生产、食品销售、餐饮服务，应当依法取得此许可
医疗器械	医疗器械经营许可证（有效期 5 年）	经营第三类医疗器械实行许可管理，经营第二类医疗器械实行备案管理，经营第一类医疗器械不需要许可和备案
药品	药品经营许可证（有效期 5 年）	可参考《药品经营许可证管理办法》（国家食品药品监督管理局令第 6 号）

注：

1.“仅预包装食品经营者”，由“食品经营许可”改为“食品经营备案（仅销售预包装食品）”管理，只要此经营者取得市场监管部门核发营业执照的经营范围记载“食品经营（仅销售预包装食品）”的，即可开展预包装食品销售活动，不需要单独取得食品经营备案凭证。

2. 销售预包装食品以外的其他食品或者从事食品制售活动的企业，仍应按照“先照后证”的有关要求，依法取得食品经营许可。

第二节　取消对外贸易经营者备案登记

对外贸易经营者备案登记制度是商务部自 2004 年 7 月 1 日起实行的，于 2022 年 12 月 30 日停止办理。在此之前，企业取得营业执照后，从事货物进出口业务前，应当向商务部或商务部委托的机构办理备案登记，取得对外贸易经营者备案登记表，法律、行政法规和商务部规定不需要备案登记的除外。在此期间，对外贸易经营者未按照规定办理备案登记的，海关不予办理进出口的报关验放手续。

自 2019 年以来，国务院推动开展“证照分离”改革，全国人大常委会通过了关于授权国务院在自由贸易试验区暂时调整适用有关法律规定的决定，授权国务院在自由贸易试验区暂时调整适用《中华人民共和国对外贸易法》第九条的规定，取消对外贸易经营者备案登记，在三年内试行。经改革试点，对外贸易经营者备案登记取消后，企业通关流程得以精简，便利度显著提升，受到市场主体广泛认可，具备了在全国范围内复制推广的条件。

为精简对外贸易经营者相关手续办理流程，将自由贸易试验区相关改革试点经验在全国范围内复制推广，2022 年 12 月 30 日，第十三届全国人民代表大会常务委员会第三十八次会议决定对《中华人民共和国对外贸易法》作如下修改，删去第九条关于对外贸易经营者备案登记的规定，即日起从事货物进出口或者技术进出口的对外贸易经营者无须办理备案登记。

自 2022 年 12 月 31 日起，从事进出口业务的企业，不再办理对外贸易经营者备案登记手续。对于申请进出口环节许可证、技术进出口合同登记证书、配额、国营贸易资格等相关证件和资格的市场主体，有关部门不再要求其提供对外贸易经营者备案登记材料。

这是外贸经营管理领域的重大改革举措，是我国政府坚定推进贸易便利化的重要制度创新，有利于进一步优化营商环境，释放外贸增长潜力，推进贸易高质量发展和高水平对外开放。

一、营业执照增项

取消对外贸易经营者备案登记表后，企业从事进出口贸易，其营业执照的经营范围仍需包含“货物进出口”“技术进出口”“代理进出口”等内容，如果没有，应当先到企业注册地市场监督管理局给营业执照的经营范围做增项，使经营范围包含“货物进出口”“技术进出口”“代理进出口”等内容。

新企业注册登记时，在经营范围直接加入“货物进出口”“技术进出口”“代理进出口”等内容及相关项目的经营范围。

二、企业英文名称及英文地址

结合企业中文名称，给企业取一个英文名称，可音译或直译，尽可能易读易记，方便交流。此企业英文名称将作为企业开展国际业务的法定英文名称，经常出现在合同、发票等业务相关单据的抬头上，与中文名称具有同等法律效力，同时需准确翻译公司的英文通信地址。

小贴士

北京××国际贸易有限公司；地址：北京市××区××路××号。英文名称为：Beijing××International Trading Co.，Ltd；英文地址为：No.××，××Street，××District，Beijing，China。

三、企业信息备案方式

（一）办理方式

企业可以通过中国国际贸易“单一窗口”（以下简称“单一窗口”）海关企业通用资质模块，或者通过“互联网+海关”直接在线填写相关企业的中英文信息，申请海关备案，上传加盖公章的报关单位备案信息表。

（二）多证合一

企业在办理营业执照的同时，如果有海关备案需求，可以同步申请海关备案，可免于提交附件。

（三）现场办理

企业也可在所在地海关办理备案手续，提交纸质报关单位备案信息表，并加盖公章。

以上备案方式，海关均不再验核对外贸易经营者备案登记表。

四、注意事项

不论通过何种方式办理海关备案，均应如实、准确、完整填写备案信息。

企业如果有海关备案需求，在提交备案申请后，务必保证联系方式畅通，海关需对企业填写不完整、不准确及其他存疑信息进行核实。

五、后续工作

从事进出口业务的企业，不再需要办理对外贸易经营者备案登记手续，企业自动获取进出口权。但企业仍需办理海关登记、电子口岸、外汇局登记（用于开通外汇账户）等事宜。

（1）不到海关办理备案登记，企业则无法办理相关进出口业务及报关等业务；

（2）不到中国电子口岸注册登记，企业未取得电子口岸 IC 卡（法人卡及操作员卡），则无法登入中国国际贸易“单一窗口”平台、中国电子口岸等平台办理相关业务；

（3）不到外汇局办理注册登记，企业未在付汇名录中，则在银行无法办理国际结算业务等；

（4）不到税务部门出口退税科登记，企业则无法办理出口退税业务。

六、相关法律法规及规章

（一）《中华人民共和国对外贸易法》

2022 年 12 月 30 日，第十三届全国人民代表大会常务委员会第三十八次会议决定删去该法规原第九条，并自当日起施行。

（二）《**对外贸易经营者备案登记办法**》

商务部令2004年第14号发布，根据商务部令2016年第2号《商务部关于废止和修改部分规章和规范性文件的决定》、商务部令2019年第1号《商务部关于废止和修改部分规章的决定》和商务部令2021年第2号《商务部关于废止和修改部分规章的决定》修订。

第三节　进出口货物收发货人备案登记

依据《中华人民共和国海关法》（以下简称《海关法》）第十一条，进出口货物收发货人、报关企业办理报关手续，应当依法向海关备案。报关企业和报关人员不得非法代理他人报关。

一、设定依据

《海关法》第十一条；《中华人民共和国海关报关单位备案管理规定》（海关总署令第253号，自2022年1月1日起施行）。

二、办理途径

（一）网上办理

企业用户登录“互联网＋海关”一体化平台（http://online.customs.gov.cn），进入“企业管理和稽查”版块办理，或者登录“单一窗口”标准版（网址：http://www.singlewindow.cn/）“企业资质”子系统办理。

（二）现场办理

企业注册地海关。海关咨询电话：12360。

三、办理指南

（1）申请人可以通过“多证合一”方式，在办理营业执照时直接提交申请。

（2）若在取得营业执照时未进行备案，申请人也可以通过登录中国国际贸易“单一窗口”标准版“企业资质”子系统或“互联网＋海关”“企业管理”子系统填写相关信息，并向海关提交申请，或者直接到所在地海关现场直接递交材料当场办理。

（3）所在地海关对申请人提出的申请进行审核，审核通过的，申请人可自行打印报关单位备案证明，全程无纸化网上办理。报关单位备案证明如图 3-3 所示。

报关单位备案证明

统一社会信用代码	91110110＊＊＊＊＊＊＊＊＊＊
名称	北京＊＊＊＊＊＊＊＊＊有限公司
所在地海关	北京朝阳海关
经营类别	进出口货物收发货人
证明出具时间	2023年06月13日

说明：1. 本备案证明自出具之日并加盖海关印章后 7 日内有效。

2. 可以通过“中国海关企业进出口信用信息公示平台”查询报关单位备案情况。（网址：http://credit.customs.gov.cn）

图 3-3 报关单位备案证明

小贴士

关于临时备案证明的使用

临时备案证明有效期为 1 年，超过有效期自动失效。届时仍需办理进出口业务的，应当重新办理临时备案登记。

下列单位按照国家有关规定需要从事非贸易性进出口活动的，应当办理临时备案：

1. 境外企业、新闻单位、经贸机构、文化团体等依法在中国境内设立的常驻代表机构；
2. 少量货样进出境的单位；
3. 国家机关、学校、科研院所、红十字会、基金会等组织机构；
4. 接受捐赠、礼品、国际援助或者对外实施捐赠、国际援助的单位；
5. 其他可以从事非贸易性进出口活动的单位。

报关单位备案信息见表 3-3。

表 3-3　报关单位备案信息表

<table>
<tr><td>统一社会信用代码</td><td colspan="3"></td><td colspan="3">填表 / 打印日期</td><td></td></tr>
<tr><td>申请类型</td><td colspan="7">□备案　　□备案信息变更　　□注销</td></tr>
<tr><td>申请报关单位类型</td><td colspan="7">□进出口货物收发货人　　□报关企业　　□临时备案单位
□进出口货物收发货人分支机构　　□报关企业分支机构</td></tr>
<tr><td>行政区划</td><td></td><td>所在地海关</td><td></td><td colspan="2">统计经济区域</td><td colspan="2"></td></tr>
<tr><td>中文名称</td><td colspan="7"></td></tr>
<tr><td>英文名称</td><td colspan="7"></td></tr>
<tr><td>住所
（主要经营场所）</td><td colspan="3"></td><td colspan="2">邮政编码</td><td colspan="2"></td></tr>
<tr><td>英文地址</td><td colspan="7"></td></tr>
<tr><td>组织机构类型</td><td></td><td>市场主体类型</td><td></td><td colspan="2">行业种类</td><td colspan="2"></td></tr>
<tr><td>联系人</td><td></td><td>固定电话</td><td></td><td colspan="2">移动电话</td><td colspan="2"></td></tr>
<tr><td>电子邮箱</td><td></td><td>传真</td><td></td><td colspan="2">网址</td><td colspan="2"></td></tr>
<tr><td>所属单位代码</td><td colspan="2"></td><td>所属单位名称</td><td colspan="4"></td></tr>
<tr><td>经营范围</td><td colspan="7"></td></tr>
<tr><td colspan="8">管理人员信息</td></tr>
<tr><td></td><td>姓名</td><td>证件类型</td><td colspan="2">证件号码</td><td>国籍</td><td colspan="2">移动电话</td></tr>
<tr><td>法定代表人
（负责人）</td><td></td><td></td><td colspan="2"></td><td></td><td colspan="2"></td></tr>
<tr><td>财务负责人</td><td></td><td></td><td colspan="2"></td><td></td><td colspan="2"></td></tr>
<tr><td>关务负责人</td><td></td><td></td><td colspan="2"></td><td></td><td colspan="2"></td></tr>
</table>

续表

出资者信息				
序号	出资者名称（姓名）	国籍	出资币制	出资金额
1				
2				
3				

所属报关人员信息					
序号	姓名	证件类型	证件号码	移动电话	申请办理类型
1					□到岗 □变更 □离岗
2					□到岗 □变更 □离岗
3					□到岗 □变更 □离岗
4					□到岗 □变更 □离岗
5					□到岗 □变更 □离岗
6					□到岗 □变更 □离岗
7					□到岗 □变更 □离岗
8					□到岗 □变更 □离岗
9					□到岗 □变更 □离岗
10					□到岗 □变更 □离岗

本单位承诺对本表所填报备案信息的真实性、有效性负责并承担相应的法律责任。 （单位印章） 年　月　日

（注：此表摘自海关总署令第253号附件）

四、企业资质信息查询

自然人、法人或者非法人组织可通过“中国海关企业进出口信用信息公示平台”或者“互联网+海关”查询海关公示的企业信息。

五、企业备案年报管理制度

报关单位备案登记长期有效，但需注意：报关单位应当在每年 1 月 1 日至 6 月 30 日报送上一年度年报。

企业可通过登录国家企业信用信息公示系统（www.gsxt.gov.cn），与每年工商年报一起报送，企业在完成报送 7 日后，进入中国海关企业进出口信用信息公示平台查询报送状态，对于年报异常或数据异常的应第一时间反馈处理。

在海关注册登记或备案的进出口货物收发货人、报关企业、加工生产企业和减免税进口货物处于监管年限内的企业均应进行报送。

第四节　公司开立基本账户 + 外汇局备案

企业完成了海关备案，还需到外汇局办理备案，即办理进口单位名录登记。海关监管的是进出口企业的货物流，外汇局则监管企业的资金流。

一、申请开立基本结算账户

选择办理业务的银行，开立公司的基本结算账户，同时申请开立外币结算账户，如美元账户或欧元账户。首次开立经常项目外汇账户时，需到当地外汇管理部门办理登记单位基本信息手续后，再到银行办理开户手续，部分城市也可在开户银行直接办理登记单位基本信息手续。

银行开户所需资料：

（1）营业执照正本和副本；

（2）法定代表人、经办人身份证原件及复印件（最好法定代表人亲自去办理）；

（3）公章、财务章、法定代表人章；

（4）企业房屋租赁协议或自有房产证明原件；

（5）公司章程；

（6）需要提供的其他证明文件。

二、外汇局备案

登录外汇局数字外管平台网站（http://zwfw.safe.gov.cn/asone/），进行法人注册（政务服务业务），该注册功能仅供办理政务服务业务的企业（含金融机构）用户使用，办理其他外汇业务不能使用。如需办理其他外汇业务，请按照现有流程进行账号开通申请。完成注册后，如需修改注册信息，需要使用注册的法人账号登录外汇局数字外管平台，在个人中心进行修改（如图 3–4 所示）。

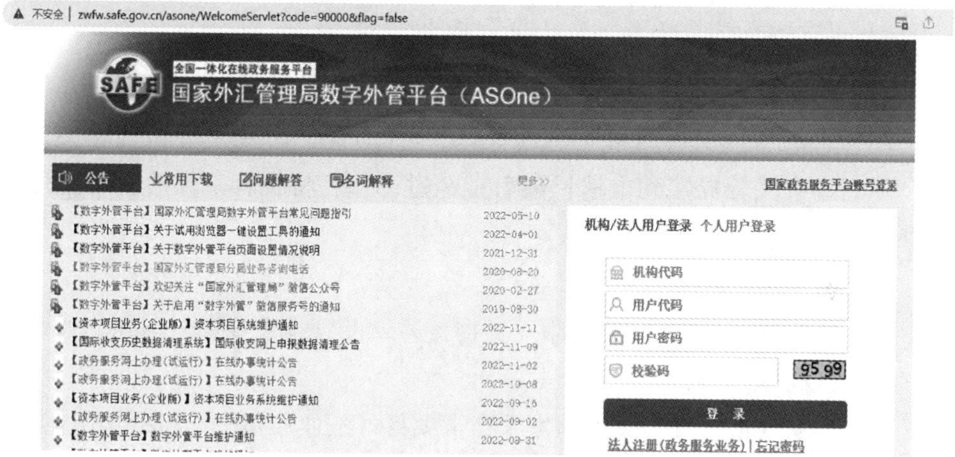

图 3–4　外汇局数字外管平台

小贴士

“国家外汇管理局”微信公众号是外汇局在微信平台的政务账号。重要外汇数据和政策的发布解读，均会第一时间在此发布推送。关注“国家外汇管理局”微信公众号，办理外汇业务更便利。微信用户可搜索关键词“国家外汇管理局”“waihuijufabu”添加关注。

三、办理进口单位对外付汇名录登记

根据我国外汇管理的有关规定，进口单位进入对外付汇进口单位名录之后才能通过有关银行对外支付外汇货款，不在该名录中的进口单位不得直接到有关银行办理进口付汇。因此，进口商在办理进口付汇业务之前需要先到外汇局当地分局办理申请进入该名录的登记手续。

（一）办理对外付汇进口单位名录登记的手续

1. 进口商办理对外付汇名录登记，需要提交下列申请材料：

（1）对外付汇进口单位名录登记申请书（加盖公章）；

（2）企业法人营业执照（原件及复印件）；

（3）法定代表人身份证复印件；

（4）经办人身份证复印件；

（5）授权委托书。

以上材料中的复印件需加盖公章（办理该手续时企业最好携带单位公章前往）。

外汇局有关分局接到申请材料后，经过审核，将符合条件的进口商列入对外付汇进口单位名录准入名单。

2. 办理的相关依据

（1）《国家外汇管理局关于印发货物贸易外汇管理法规有关问题的通知》（汇发〔2012〕38 号）；

（2）国家外汇管理局关于印发《经常项目外汇业务指引（2020 年版）》的通知（汇发〔2020〕14 号）。

（二）外汇局管理

1. 辅导期企业管理

起始日期：名录登记当日。

截止日期：新列入名录企业发生首笔贸易外汇收入或外汇支出业务之日起第 90 天（与进出口业务发生日期无关）。

企业应当在辅导期结束后 10 个工作日内，到所在地外汇局现场书面报告辅导期内发生货物进出口与贸易外汇收支的逐笔对应情况。

报告时需携带情况说明、每笔收付汇对应的合同、发票、报关单、银行收付汇凭证等材料，同时还需要填写进出口付汇信息报告表；情况说明、报告表需要加盖公章，相关材料需提供原件，留存加盖公章的复印件。

2. 国家外汇管理局数字外管平台（ASOne）系统登录

使用管理员用户登录后，设置操作员用户，将货物贸易外汇检测系统的权限分配给操作员，具体操作见服务平台里的“常用下载”访问设置手册和用户手册。

小贴士

国家外汇管理局数字外管平台使用指南

1. 企业可以通过登录国家外汇管理局数字外管平台（ASOne）网址：http://zwfw.safe.gov.cn/asone，访问货物贸易外汇监测系统（企业版）办理贸易信贷报告等网上业务，具体操作详见数字外管平台“常用下载”栏目中的《数字外管平台用户手册》。

2. 企业自开通网上业务次日起，可进行客户端环境设置、用户管理、权限配置等工作，具体操作详见“常用下载”栏目中的《外汇应用系统访问设置手册》。

3. ba 用户（业务管理员）是平台的业务管理员，可以为本企业新增/删除业务操作员、设置业务操作员权限、重置业务操作员密码等。企业登录平台时需要输入的机构代码为企业的组织机构代码，可通过截取统一社会信用代码的第 9 位至第 17 位获得。

4. 业务操作员是 ba 用户授权建立的业务操作用户，可以根据 ba 用户分配的权限选择货物贸易外汇检测系统办理网上业务。

5. 企业应加强对货物贸易外汇管理法规的学习，具体详见国家外汇管理局门户网站“政策法规－经常项目外汇管理”栏目中的《国家外汇管理局关于印发货物贸易外汇管理法规有关问题的通知》（汇发〔2012〕38 号）、《经常项目外汇业务指引（2020 年版）》等有关法规。

四、企业注意事项

根据《货物贸易外汇管理指引》及实施细则规定，新列入贸易外汇收支企业名录的企业，需注意如下事项：

（1）名录内企业的企业名称、注册地址、法定代表人、注册资本、公司类型、经营范围或联系方式发生变更的，应当在变更事项发生之日起 30 日内，通过国家外汇管理局政务服务网上办理系统或到外汇局现场办理名录变更手续。

（2）名录内企业发生下列情况之一，应当在发生之日起 30 日内主动通过国家外汇管理局政务服务网上办理系统或到外汇局现场办理名录注销手续：

①终止经营或不再从事对外贸易；

②被工商管理部门注销或吊销营业执照；

③被商务主管部门取消对外贸易经营权。

（3）名录内企业发生下列情况之一，外汇局可将其从名录中注销：

①存在（2）中规定情况；

②连续两年未发生贸易外汇收支业务；

③外汇局对企业实施现场核查时，通过企业名录登记信息所列联系方式无法与其取得联系。

（4）报告内容。

符合下列情况之一的业务，企业应当在货物进出口或收付汇业务实际发生之日起 30 日内，通过货物贸易外汇局监测系统向所在地外汇局报送对应的预计收付汇或进出口日期等信息：

① A 类企业 30 天以上（不含）的预收货款、预付货款；

② A 类企业 90 天以上（不含）的延期收款、延期付款；

③ A 类企业 90 天以上（不含）的远期 L/C（含展期）、海外代付等进口贸易融资；

④ B、C 类企业在分类监管有效期内发生的预收货款、预付货款，以及 30 天以上（不含）的延期收款、延期付款；

⑤ A 类企业同一合同项下转口贸易收支日期间隔超过 90 天（不含）且先收后支项下收汇金额或先支后收项下付汇金额超过等值 50 万美元（不含）的业务。

（5）其他事项。

企业的贸易外汇收支应当具有真实、合法的交易基础，与货物进出口一致。企业原则上应按照“谁出口谁收汇、谁进口谁付汇”的原则办理贸易外汇收支业务。

外汇局根据企业遵守外汇管理规定等情况，将企业分为 A、B、C 3 类，实施分类管理，对 A 类企业贸易外汇收支适用便利化的管理措施，对 B、C 类企业实施审慎监管。

外汇局对企业贸易外汇收支情况进行非现场监测，必要时开展现场核查、检查，对于违反货物贸易外汇管理规定的，外汇局可采取分类降级、处罚、列入负面信息名单以及通报海关、税务、商务等相关部门实施联合惩戒等措施。

第五节 中国电子口岸数据中心备案——申领电子口岸 IC 卡

企业用户可登录中国电子口岸（以下简称电子口岸）官网（http://www.chinaport.gov.cn），点击网站首页的“客服专区”—分支机构栏目，查找到“新企业入网”，即可以找到各关区新企业电子口岸的入网流程，根据其相关要求和办理须知申领电子口岸 IC 卡。

本节以北京为例，简单介绍企业如何申领电子口岸 IC 卡。

一、业务受理范围及所需材料

（一）新企业入网

方式一：现场办理

企业用户需携带营业执照原件或复印件（加盖公章）、海关备案回执（加盖公章）、法人及操作员身份证原件或复印件到业务现场进行入网办理。

方式二：网上办理

企业用户可登录身份认证管理系统（https://e.chinaport.gov.cn），已注册过“单一窗口”账号的企业，请使用“单一窗口”用户名及密码进行登录，未注册过“单一窗口”账号的企业，请点击“注册新用户”→“企业用户”→“无卡用户”进行注册。在企业备案界面如实填报“法人信息录入”及“企业操作员预录入”，按照系统要求上传相应电子证件及电子认证资料，申报成功后经办人需携带身份证前往业务现场领卡。

（二）证书更新

如企业用户使用 IC 卡（含 USBKey）登录电子口岸系统，显示“您的证书已过期，无法登录系统，请尽快联系数据分中心做证书更新”时，需携带营业执照原件或复印件（加盖公章）及需要更新的 IC 卡（含 USBKey）前往业务现场进行延期（延期后 IC 卡恢复为初始密码 88888888，有效期 10 年）。

（三）新增操作员卡

企业用户需携带营业执照原件或复印件（加盖公章）、法人卡、新增操作员身份证原件或复印件前往业务现场进行新增（新增操作员卡初始密码为88888888，有效期10年）。

（四）新增报关员卡

企业用户在主管海关办理完成报关员备案并获得备案号码后，需携带报关人员制卡申请书（加盖公章）、营业执照原件或复印件（加盖公章）、法人卡前往业务现场进行制卡（新增报关员卡初始密码为88888888，有效期10年）。

（五）换卡/补卡

如企业用户IC卡（含USBKey）损坏或丢失，需携带营业执照原件或复印件（加盖公章）及需要更换的IC卡（含USBKey）前往业务现场进行换卡或补卡（换卡或补卡后IC卡初始密码为88888888，有效期10年）。

（六）解锁

企业用户需携带营业执照原件或复印件（加盖公章）及被锁定的IC卡（含USBKey）前往业务现场进行解锁（解锁后IC卡恢复为初始密码88888888，有效期不变）。

二、办理地址

（一）北京各区海关（仅列举部分）

（1）首都机场海关：北京市顺义区南法信航港大厦三层，010-85733354。

（2）中关村海关：北京市海淀区知春路59号中关村海关报关大厅，010-85732112。

（3）北京海关甜水园办公区：北京市朝阳区甜水园街6号西门大厅，010-85734201。

（二）北京企业也可以到中国建设银行合作制卡代理网点办理

为扩大“关银一KEY通”应用效果，深化涉企便利化服务，中国电子口岸数据中心北京分中心与中国建设银行北京市分行共同建立合作制卡代理网点，截至2021年，共有16家中国建设银行网点正式开展电子口岸安全产品制发业务。

第六节　出口退（免）税备案

有的外贸企业既有进口业务，也有出口业务。涉及出口业务的企业，需要在税务局办理出口退（免）税备案。

出口退（免）税备案共有两种方式，第一种是单机版，第二种是在线版。

一、单机版

以单机版外贸企业为例，下载安装退税系统，然后进入向导里的备案申请，点击出口退税备案，进行数据填写。

填写数据后，根据向导生成电子数据，打印表单，将生成的电子数据存放 U 盘报送到税务局柜台或者将数据通过电子税局的离线申报上传。

二、在线版

以在线版外贸企业为例，登录到国家电子税局，进入“我要办税”，然后进入出口退税管理模块，选择点击出口退（免）税企业资格信息报告。

点击在线申报，选择数据采集，填写相关数据后，保存上传，完成备案。

第七节　进口贸易从业人员招聘和能力要求

一、人员岗位技能要求

外贸业务人员需满足以下要求：

（一）语言

掌握一门外语，具有熟练的外语能力，书面写作能力过硬，或者至少能够通过 E-mail 与境外供应商沟通，或者通过实时在线沟通软件与供应商沟通。

（二）计算机应用

具备计算机应用能力，熟练使用办公软件、Photoshop 等。

（三）驾驶

至少有 C1 驾驶执照，方便在各海关、集装箱堆场往返等。

（四）业务技能

熟悉国际贸易专业知识，能够了解国际贸易进口各项流程、单据、进口合同条款及审核 L/C 的内容等；能够缮制国际贸易的各种单证，提供和获取份数齐全、内容完整、数据准确、表面整洁、单证一致、单单相符的外贸单据；能够及时交单并结算外汇，对各种单证进行分类归档保管。

（五）财务知识

具备统计、财务方面的知识，能够迅速、准确进行价格、汇率、市场行情及各种费用的预测和分析、计算。

（六）国际常识和礼仪

熟悉日常的国际交往礼仪，了解供应商国家的文化，拨打电话、接听电话、接待供应商时能展示良好的公司形象。

二、人员品质和能力发展要求

（一）严谨认真的工作态度

任何小的失误都会造成企业巨额损失，进口贸易从业人员要有高度的工作责任心，做事严谨细致，自觉维护企业的利益。同时，也要维护相关合作单位的合法权益，维护企业形象。

（二）服务意识和合作意识

要从全局出发，正确处理和协调企业内部各部门的关系，以及与外部的关系，相互合作、相互支持，提高工作质量和工作效率。

（三）自觉遵守企业的各项规章制度及外贸工作纪律

无规矩不成方圆。没有纪律的约束，一个团队的成员各行其是，没有秩序，难出成绩。

（四）不断学习，与时俱进

做外贸一定要做精，深入到行业中，踏踏实实工作，不断学习更新自己的知识库。

（五）毅力和吃苦的精神

一个优秀的外贸人，一定要吃得了苦。因为国内外上班的时差，外贸人可能经常需要晚上加班，出货装船的时候还得时常跟踪关注供应商的动态等。

（六）良好的心态

只有热爱自己的行业，沉下心来，苦练苦干，才能积累丰富的经验。同时，要保持良好的心态，正确认识自己工作的性质，积极开拓进取，善于总结经验，认识到自己的短板和优势，这样做起事来才不会走弯路，取得事半功倍的效果。

第四天

THE
FOURTH DAY

寻找货源，与供应商谈判

经过调查分析境内外市场、了解产品的市场需求后，紧接着就要寻找可靠的国外供应商，与其建立业务关系。

第一节　如何寻找境外潜在的供应商

在市场调研阶段，进口商会收集一些行业信息及境外出口商的信息。同时会有主动发送报盘的供应商，以及客户推荐的供应商。那么，如何系统地寻找潜在的供应商呢？

一、通过直接发布采购信息寻找供应商

目前多数行业处于买方市场状态，供过于求。作为买方，只需发布采购信息，就会有供应商联系，便可把采购主动权掌握在自己手里。那么，进口商应该通过何种渠道发布采购信息呢？

（一）在传统媒体上刊登采购信息

如在国内外贸易杂志上刊登采购信息。

（二）开通企业官方网站

企业的官方网站，最好选择 .com 为后缀的域名，至少有一种外语（如英语）版本。在企业官方网站展示企业发展历史、所经营产品信息，发布求购产品信息。

（三）在境内外贸易平台上发布采购信息

可以利用的外贸平台，包括阿里巴巴（Alibaba）、环球资源（Global Resources）和其他跨境贸易平台。

二、通过行业展会与协会接触供应商

（一）参加行业展会

每年世界上都有许多国际贸易展览，国内政府部门、贸易促进机构、行

业协会常年举办各种产品的展览，进出口企业可以借参展机会寻找贸易伙伴。

参加国际贸易展览会，有利于进口商了解行业信息，考察相关产品的市场竞争程度、价格和技术水平，安排私人会面，研究和评价供应商的产品和服务质量，作出比较和判断。

（二）利用进出口商名录

国内外公开出版的世界性进出口商名录以及展会提供的会刊通常会列出进出口商的名称、地址、经营项目等信息，进口商可以从中寻找交易对象。

（三）寻求境外贸易推广机构推介

进口商可以联系供应商所地的外贸协会、商会以及其他贸易推广机构，获取当地供应商的信息。

三、通过互联网检索供应商

利用互联网搜索引擎或网站分类目录，进口商可以按照对产品的需求，检索潜在的供应商，通过供应商的门户网站等渠道获取供应商业务范围、地址、电话、传真、E-mail 等信息。

小贴士

利用互联网寻找供应商的途径

1. 大型搜索引擎。如 Google、Yahoo、Excite 和 Bing 国际站等，可以用关键词检索。

2. 行业网站或行业展会网站。可以检索网站会员列表或参展企业名录等信息。

3. 黄页网站（如 http://www.worldyellowpages.com）或供应商名录网站（http://www.gtdirectory.com）。

4. 大型企业数据库（如 http://www.thomasregional.com，http://www. kompass.com.cn）。

5. B2B 网站。如 Alibaba、Global Resouces 等。

6. 世界贸易网点联盟（http://www.tradepoint.org）。

四、通过自荐或引荐寻找供应商

进口商与境外出口商建立关系，通过进口商自荐、相关机构引荐，也是不错的选择。

（一）进口商自荐

进口商通过检索国内外出版的企业名录、展会会刊等资料，以电子邮件方式向出口商发送采购意向书，建立贸易关系。

（二）客户推荐

进口商企业可以通过其境外客户推荐当地的供应商。

（三）贸易往来单位引荐

贸易往来中的重要机构如银行、船公司等在各国设有分支机构，进口商可以通过这些分支机构介绍当地出口商。

（四）咨询公司介绍

进口商将采购需求提交国内外专业咨询公司，由其根据经验和专业能力为进口商选择合适的合作伙伴。

（五）公共服务机构引荐

如请中国国际贸易促进委员会、中国驻外使馆经济商务参赞处等机构引荐。

通过上述方式找到潜在供应商后，需要将其资料整理成潜在供应商名录（见表 4-1）。

表 4-1　境外潜在供应商名录

序号	供应商名称	所属国家	联系人	联系电话	电子邮箱	公司网址	备注
1	JBS Foods	巴西	George	+55 123456	abc@qq.com	http://jbs.com.br/	牛肉厂号 42 厂
2							
3							

第二节　如何与潜在的供应商建立业务关系

一名合格的进口贸易业务人员需要知道如何得体地与供应商交流，特别是在面对一位来自其他国家（地区）的供应商的时候。

一、通过面谈与供应商交流

面对面的交流，可以察言观色，了解更多的供应商信息。通过参加专业展会和行业论坛等活动，可以获得与供应商面对面交流的机会。与供应商交流时，作为买方，我们要做到不卑不亢，展现我们的专业度，一开口便让供应商觉得我们是行家。同时要展现出采购的意向与合作的愿望，交流一些关键性的问题（如产品、价格、付款方式等）。如果时间充裕，尽可能详细地交流，同时做好交流笔记，让供应商看出你的诚意。展会结束后可邀请供应商来公司参观。交流结束后双方交换名片，合影留念，为日后进一步开展业务打下良好基础。

二、通过电子邮件与供应商交流

大部分从事国际贸易的人与供应商的第一次交流是通过电子邮件进行的。在很多时候，如果我们想要联系潜在的供应商，询问产品价格，通常会选择用电子邮件与其联系。电子邮件是一种非常快捷方便的通信方式，而且发送电子邮件几乎没有任何成本，只需要一台连接网络的电脑。

三、通过即时通信软件与供应商交流

相比过去，现在我们可以更容易地与客户进行交流，因为有很多通信软件可以使用，例如 WeChat、Skype、Microsoft Teams、WhatsApp 等。

通过即时通信软件与供应商交流比面对面与供应商交流要容易得多，在你输入一些想问的话之前，你有足够的时间确保使用正确的词汇和语法。

四、通过电话询问供应商

打电话是一种非常重要的沟通方式。如果准备和一家大公司合作，建议先通过电话与他们交流一次，说明来意。

很多大公司的产品销路很好，供不应求，如果通过发邮件询价，你的邮件很可能石沉大海。但是如果直接打电话到供应商的销售部门，他们接到来自中国的采购询价电话，印象会更深刻。打电话沟通后，再告知供应商将于何时发送邮件，希望其能回复。

你是否已经准备好与供应商打电话交流呢？如果你的回答不肯定，那么我建议你在与供应商通电话之前，最好做一些准备工作。

当你打电话到一个公司的时候，通常你会先与接线员通话。你一定要知道你要与什么人通话。你可以浏览供应商的网站，看看谁负责销售业务，并记下这个人的名字。如果你没有找到有关的人员，那么你在与接线员通话的时候，需要说明你想要与销售部门的负责人通话。

很多时候，需要与供应商用英文交流，这对于我们这些英语非母语的人来说，的确会有些困难，但不要担心供应商不能完全明白你的意思。供应商与你交流的时候，英语可能也并非其母语。

第三节　对供应商的资信进行调查

国际贸易的风险远比国内贸易的风险大得多，且交易双方相隔遥远，对彼此的实力、信誉均不了解。在合同履行中，进口商会担心付款后出口商不发货、所发货物品质与合同规定不符、出口商不按时装船等。因此，深入了解供应商的信用情况，选择信用可靠的供应商至关重要。那么，在交易前如何调查供应商的资信呢？

一、供应商资信调查的途径

（一）通过业务往来单位调查

如委托境内往来银行通过其境外分支机构调查，或直接向对方的往来银行发函询问。

（二）通过公共服务机构调查

如委托商会或我国驻外商务机构进行调查。

（三）通过专业代理机构调查

委托专业咨询机构进行调查，不仅效率高，而且能获得详细准确的调查报告。

（四）通过其他途径调查

如委托境外的亲朋好友实地调查；通过供应商提供的资料、与供应商的邮件往来及电话沟通情况判断。

二、供应商调查的内容

供应商调查的内容需包括企业背景、产品信息、生产能力、运营能力、资信情况、出口经验等方面：

（一）企业背景

需了解供应商的创立时间、企业规模、分支机构、公司地址等基础信息。

（二）产品信息

了解供应商所能供应产品的种类、规格、质量、价格水平以及售后服务等。

（三）生产能力

供应商若为生产厂商，需了解其生产能力，包括设备情况、技术水平等；若为贸易商，需了解与其合作工厂的生产能力。

（四）运营能力

需了解供应商的销售渠道、贸易情况、营运模式、经营业绩等。

（五）资信情况

不仅要了解供应商的资金情况，还要了解供应商的诚信度。

（六）出口经验

具有国际贸易经验的供应商更容易沟通。

第四节　达成初步合作意向

一、评审选择境外供应商

进口商通常会经过一系列调查后，才选择并确定合适的供应商。在选择供应商时，进口商应充分考虑以下相关因素：

（一）供应商因素

（1）供应商是否经过 ISO 9001 质量管理体系认证及相关行业认证。

（2）供应商在市场中的位置是市场领导者还是中下游者。

（3）供应商的产品已出口的国家和地区的情况。

（4）供应商的从业人员水平及管理人员的素质。

（5）供应商的生产管理水平。

（二）产品因素

（1）产品的详细规格参数、图纸、标准等资料。

（2）该产品与本地已有产品的差异，具有的优势和卖点。

（3）产品的生产周期和交付的时间。

（4）该品牌产品是否曾有进口商进口过及其销量情况。

（三）贸易因素

（1）结算货币。选择使用何种计价货币，是出口方的货币还是进口方的货币，或是美元这样的第三方货币，需考虑汇率的因素。

（2）货源地。货源地影响进口关税税率和运输成本，必须结合国家政策选择最优的进口地点。

（3）物流。产品的运输可能通过海运、航空或多式联运来实现，进口商需要综合考虑运输服务、成本、效率、周期和运输时间等。

（4）进口总成本。包括产品价格、运费、保险费、单证费、报关费、进口关税、增值税、货币（汇率风险）、代理佣金、银行费用、包装费以及在途货物占用资金的利息等。

对表 4-1 中整理的潜在供应商名录进行综合分析评价，填写供应商调查表（参见本书附录二）。

经过评价审核，最后形成合格供应商名录（见表 4-2）。

表 4-2　× × 产品合格供应商名录

部门：　　　　　　　　　　　　产品：× ×　　　　　　　　　　编号：

序号	供应商名称	所属国家	联系人	联系电话	电子邮箱	公司网址	备注
1	JBS	巴西					
2							
3							

小贴士

选择供应商小技巧

供应商的最终确定受诸多因素的影响，其中产品、价格、品质、发展前景等是主要因素，因此，进口商在选择供应商时，需综合考虑各方面的因素。同时，备选供应商最好有 2~3 个，以消除因供应商破产或不可预见事件带来的风险。

二、发送商业信函，表达合作意愿

在对供应商进行了基本的调查分析之后，进口商可以通过各种通信手段与选中的供应商建立初步联系。与供应商建立业务关系（Establishing Business Relations）主要通过英语函电或电话，这里主要介绍英语函电的拟写。

（一）信函内容要点

选定供应商后，就要有提议建立业务关系的书信（一般统称为招揽函，Letter of Proposing Business）。信函中主要说明如下事项：

（1）自我介绍，说明如何得知对方的名称、地址。

（2）提出与对方建立业务关系的愿望。

（3）提出希望交易的产品种类和范围，要求寄送有关资料。

（4）说明己方在相关方面的实力和经验。

（5）提出付款条件及其他一般交易条件。

（二）信函示例

Dear Sir/ Madam,

Having obtained your name and address from the internet, we are writing you in the hope of establishing business relations with you.

We are one of the largest foodstuffs trading company in China, and have offices in all major cities in the country. At present, we are interested in soybeans and should appreciate your sample and quotations.

We look forward to hearing from you soon.

Yours faithfully,

Steven Wang

三、趁热打铁，发送采购意向书

任何贸易机会都需要及时跟进。如果我们不抓紧时间，别的进口商就可能抢占先机。在贸易场上，人们信奉“时间就是金钱”，抓紧一切时间，尽早给供应商发送自己的采购意向书（Letter of Intent，简称 LOI）。

采购意向书的样本参见本书附录三。

第五节　如何进行业务磋商，展示公司实力，争取独家代理权

进口商要获取某进口商品的独家代理权并不容易，原因在于供应商不会轻易地授予一个进口商独家代理权，特别是像中国这样规模较大的市场。那么，怎样才能说服供应商并最终获得进口商品的独家代理权呢？

一、展示公司实力

（一）用事实和数据展示自身实力

通过设计大气的 PPT、宣传片等途径来展示公司潜在实力。

（二）展示公司的人力

展现专业的进口团队和销售团队，彰显公司的实力。

（三）介绍公司财力

（1）向供应商出示公司以前年度的财务报告，展示公司实力。

（2）向供应商提出投资额度或订购额度承诺，彰显合作诚意。

（3）邀请供应商共同投资，合作建立公司。

（四）提出市场拓展规划

（1）对准备代理的产品事先进行充分了解，提供完整的市场调研报告和市场推广计划。

（2）承诺将拟代理产品作为公司主打产品进行推广销售。

（五）实事求是说明公司目前的不足

说明公司目前的不足，表示希望在公司取得独家代理权后能从供应商处得到一定的技术支持和人员培训支持等，在表述公司弱势时一定要说明弱势是在公司的把控能力范围之内，只要双方稍加努力、精诚合作就能克服，说明公司是供应商拓展中国市场的最佳选择。

（六）注重细节

在谈判过程中，场地的选择、公司其他人员的配合、谈判人员的着装、名片质量及设计风格、宴请酒店的选择等，每个细节都需要做到位。

（七）打人情牌

通过执着的投入，让供应商对公司和业务人员产生好感，就有可能水到渠成，获得独家代理权。

二、获得独家代理权

选择什么样的独家代理是一个出口商海外业务能否成功的关键，是否授予代理商某一区域的独家代理权，出口商一般都很慎重。只有进口商的诉求和供应商的诉求达成共识，独家代理合作关系才能达成。

进口商签订独家代理协议时需考虑以下问题。

（一）代理期限

代理期限越长对进口商越有利。通常出口商首次授予进口商的代理期限不会很长。

（二）代理范围

获得代理权的市场区域一定要明确。中国进口商通常要求把中国境内市场作为代理区域。

（三）代理价格

进口商签独家代理协议就是为了获得价格优势。双方需就销售量和代理价格达成共识，一定要有可行性。

（四）技术支持

出口商必须对进口商提供必要的技术培训，并承诺在出现技术问题时给予支持。

（五）广告支持

独家代理商自费推广还是双方共同出资、共同宣传推广，需明确列入独家代理协议中。

（六）售后服务

出口商需要对进口商的售后服务进行必要的培训和指导，售后服务的品质标准需统一。

笔者建议在独家代理协议订立的过程中，最好向有经验的国际贸易律师或者人员进行咨询。独家代理协议周期长，需要持续履行，因此越详细越好。对独家代理协议模板，切忌照搬，应根据本行业及企业自身的实际情况，列明具有可操作性的条款。

对进口商而言，取得某种产品特定区域的独家代理权，对企业自身能力是一个挑战，更是一个巨大的机遇。在经济全球化背景下，外国公司纷纷看好中国市场，进口商要善于发现商机，发掘某种有市场潜力的进口商品（如新科技产品）。如果境外生产企业现阶段暂时不想投入大量的人力、物力、财力来进行海外市场的推广和销售，但在未来又有开拓该市场的计划，就可以与其商谈签订独家代理协议，取得中国境内的独家代理权。

三、获取供应商最优的政策支持

进口商应争取从境外供应商处获得较好的经销政策。

（一）价格政策

包括产品的出厂价格、价格折扣等。

（二）配货政策

包括第一次及每一次购货的最低量或最高量；不同系列和品种的搭配标准；供货时间和周期；交货地点及运费的承担；交验货标准；运输中受损货物的处理；退换货标准等。

（三）结算政策

包括付款原则（先货后款、先款后货、售完付款还是定期结算）、付款方式（T/T 还是 L/C）、贴息政策和结算流程等。

（四）奖励政策

包括阶梯销售奖励；年度、半年、季度、每月奖励；新产品推广奖励；排名奖；奖金、奖品的给付方式等。

（五）支持政策

包括广告投放、人员支援、样品和促销品供给；促销活动安排；专卖店、专柜装饰设计；开新店装修补贴；人员培训；宣传资料发放；大客户特殊支持政策等。

（六）售后服务政策

包括终端用户退、换货政策；售后服务网点设置；售后服务人员培训；零配件供应；售后服务收费标准与相关支付政策；客户投诉处理政策等。

（七）市场管理政策

包括区域市场范围界定；客户范围界定；市场覆盖要求；销售量要求；价格管理规定；排他性合作条款；品牌维护要求；相关奖励与处罚条款。

如果进口商已经对供应商进行了详尽了解，供应商也已经对进口商进行了彻底分析，那么接下来双方就该讨论合同的细节条款，争取尽早签订贸易合同了。

第五天

THE
FIFTH DAY

签订并履行进口合同

买卖双方达成初步的合作意向后，可以进一步磋商交易细节。一般通过签订外贸合同，将细节落实到合同条款中，来明确双方的权利和义务。

本章主要介绍进口合同条款的磋商和拟定，这也是本书的核心章节。

第一节　进口合同条款的磋商

国际货物买卖合同必须符合法律法规，方才有效，才能得到法律的保护。违背法律法规的合同不仅无效，当事人还可能受到法律的制裁。

进口合同一般由基本条款和一般条款两部分构成。

基本条款包括：（1）品名及规格；（2）数量；（3）单价；（4）金额；（5）总值；（6）生产地和制造厂家；（7）包装；（8）唛头（运输标志）；（9）运输方式；（10）装运期限；（11）装运口岸；（12）目的口岸；（13）保险（投保人、投保险别、投保金额及保险条款）；（14）付款条件（支付工具和方式）；（15）装运单据；（16）质量保证和保证期；（17）索赔；（18）不可抗力；（19）仲裁。基本条款是合同的主体内容，也被称为主要条款。按照我国法律规定，缺少主要条款的合同是无效的。

一般条款包括：约首、约尾两部分内容。

一、当事人条款的确定（约首）

在国际货物买卖合同中，约首一般包括合同名称、合同编号、买卖双方的信息（包含公司名称和地址、电话、电子邮箱、传真等）、签约时间、签约地点、合同序言以及双方订立合同的意愿和执行的保证等内容。

进口商需与境外供应商约定，在同一合同项下的所有单证上，合同编号、卖方名称地址、买方名称地址等信息均应与合同统一，以便保证单据的一致性。

（一）当事人的名称

合同当事人通常为企业法人。合同约定的当事人名称，不论是中文名称还是外文表述，都应当明确具体，列出全名，不能用简写或缩写，更不能漏写或者错写，以免给履约造成困难、引起误解，产生不良后果。

（二）当事人的地址

国际货物买卖合同的当事人，分别处在不同的国家和地区，一般相距遥远。为了交易双方在履约过程中相互联系方便及顺利办理货物交接与货款结算等事项，需要在合同中分别载明各当事人所在地的详细地址以及电话、传真和电子邮件地址、指定联系人等内容。

上述部分通常被称为合同的约首。在规定这部分内容时，要十分认真、仔细对待。例如其中的合同号，双方当事人的名称、地址等，均要真实、准确，不能有错误，否则会带来不必要的麻烦。另外，合同的订立地点也需注意，因为合同若没有规定适用何种法律，据有些国家的法律规定，则适用合同签订地所在国的法律。

二、品名（Products）条款的磋商及确定

买卖双方在磋商和签订进出口合同时，一定要明确、具体地列明商品的名称。

（一）商品名称

品名条款是买卖合同中不可或缺的一项主要交易条件。列明成交商品的具体名称至关重要，对贸易双方均有约束力。若卖方交付的货物不符合约定的品名，买方有权提出损害赔偿要求，甚至拒收货物或撤销合同，此时品名条款是很好的依据。

（二）品名条款的基本内容

品名条款是货物进口合同的主要条款之一，并无统一格式，通常都在合同中“商品名称”或“品名”（Name of Commodity）的标题下列明交易双方成交商品的名称，也有的合同是在开头部分载明交易双方同意买卖某种商品的文句。常见的规定方法有：

（1）在合同开头表明“Purchase Contract of ××”；如果由境外卖方草拟合同，则合同开头可能为“Sales Contract of ________”。

（2）在合同开头写明交易双方同意买卖某种商品的文句，例如“The Seller agrees to sell and the Buyer agrees to buy ________（商品名称）according to the terms and conditions stated below”，这种规定方法常见于初次交易的双方签订的合同中。

（3）用格式的形式规定包括品名条款在内的各条款。一般在“Name of Commodity”的标题下，列明进口商品的名称，也有的将品名与商品品种、等级或型号的概括性描述等合并在一栏内，列入“Description of goods”的标题下。

（三）规定品名条款的注意事项

在规定品名条款时，应注意下列事项：

（1）进口的商品要合法合规。在签订进口合同之前，进口商应当对所进口的货物进行了解，特别是涉及品牌和商标等知识产权方面。

进口商需要关注中国是否允许进口该商品、中国允许从哪些国家进口该商品。只有在遵守国家法律和法规政策的前提下，才能保证货物顺利进口清关。

（2）商品的名称必须明确、具体，应选用商品的科学名称或国际通用的正式名称，品名最好能够准确反映货物的特点，避免空泛、笼统的规定，避免产生误解、造成贸易纠纷。另外，整套商品随附的配件等最好在合同的附件表中列明。

（3）若使用地方性的名称，交易双方应事先就含义取得共识；新商品的定名及译名应力求准确、易懂，并符合国际上的习惯称呼。

因各个国家之间存在语言和文化差异，翻译的品名必须达成共识。如果语言无法准确表述进口商品的名称，可在合同品质条款中采用样品的品质表示。

（4）条款中规定的品名，必须是卖方能够供应而买方需要的商品。凡做不到或者不必要的描述性的词句，都不应列入。

（5）注意选用合适的品名，以利于减少关税、方便进出口和节省运费开支。进口商品关税税率、运费费率、保险费费率等都与品名有关，品名有时还与贸易管制制度有关，选用品名时应尽量方便通关、节税、节省各种费用等。

（6）注意取名对购买者（消费者）的影响。进口商应当给进口的新商品取个好听顺口的中文名字。进口商在给进口商品取中文名字的时候，需要与出口商协商有关取名的权利、品牌名称的知识产权归属等问题，以及进口内销商品的商标注册、推广宣传等问题。

三、品质（Quality）条款的磋商及确定

品质条款是进口合同中非常重要的条款之一，是买卖双方交接货物的依据。

（一）商品品质的表示方法

商品品质的表示方法主要有两种：一是样品表示法；二是文字说明表示法。

1. 样品表示法

凭样品交易（Sale by Sample）也称“凭样品买卖”，是交易双方约定以样品的品质作为将来卖方交货的依据的一种做法。

凭样品交易时，样品本身构成合同不可分割的一部分，卖方务必保证：将来交货的品质规格必须与样品的品质完全一致，否则可视为违约。根据样品提供者的不同，样品可分为3种（见表5–1）。

表5–1　样品品质表示法

约定方法	含义	示例
凭卖方样品成交（Sale by Seller's Sample）	即由卖方提供样品，经买方确认后成交	Quality as per Seller's Sample No. ____（样品编号）
凭买方样品成交（Sale by Buyer's Sample）	即由买方提供样品，经卖方确认后成交	Quality as per Buyer's Sample No. ____（样品编号）
凭对等样品成交（Sale by Counter Sample）	即由卖方根据买方的样品加工复制出一个类似样品，再交买方确认，经确认后买卖双方即以该复制品作为交货品质的依据。这种经过买卖双方确认的复制样品即对等样品，也称回样（Return Sample）或确认样（Confirming Sample）	Quality as per Counter Sample No. ____（样品编号）

小贴士

复样、封样及与样品相关知识产权风险

卖方或买方在寄发样品或发运商品前，为了防止履约过程中发生质量争议时没有依据，自己保留的一份或数份样品，即为复样。而会同交易对方，由公证机构抽取若干份加以封存的样品，叫作封样。在履约过程中，发生质量争议时，可以拿这两种样品核对。

如果凭卖方提供的样品成交，成交前应向对方了解清楚来样是否涉及第三者知识产权方面的纠纷，或者在合同中加注避免承担知识产权纠纷责任的条款，如“For any goods produced with the designs, trade mark, brands and/or stamping provided by the sellers, should there be any dispute arising from infringement upon the third party’s industrial property or other intellectual property right, it is the seller to be held responsibility for it.”

2. 文字说明表示法

凡以文字、图表、照片等方式来说明商品的质量时，均属凭文字说明表示商品质量的范畴（见表 5–2）。

表 5–2　文字说明品质表示法

约定方法	含义	示例
凭规格成交 （Sale by Specification）	规格是若干能反映商品内质与外形的主要指标，如化学成分、含量、纯度、性能、容量、长短、粗细等	Commodity：Soybean（黄豆） Broken Grains（max）25% Moisture（max）5% Admixture（max）5%
凭等级交易 （Sale by Grade）	同一种商品按其主要品质的差别被划分为若干不同的等级，在买卖这些商品时，说明以哪个等级的商品为准即可	Grade AA fresh hen eggs，shall light brown and clean，even in size. PS： Grade AA 60~65 gm. per egg Grade A 55~60 gm. per egg Grade B 50~55 gm. per egg

续表

约定方法	含义	示例
凭标准交易 （Sale by Standard）	商品的标准可以由政府主管部门规定，也可由同业公会、交易所或国际性工商组织规定。如果进口合同采用某种标准作为衡量进口交货品质的依据，即凭标准交易	Tetracycline HCL Tables（Sugar coated）250 mg B.P. 1973
凭说明书和图样交易 （Sale by Description and Illustrations）	进口结构及性能复杂的技术密集型商品时，如机器设备、电器、仪表等，以说明书并附以图样、照片、设计、图纸、分析及各种数据来说明具体性能和结构特点。如果在合同中规定具体的品质条件，不仅烦琐，也不容易表述完整，容易出现问题，所以通常合同中不详细规定品质条款，而仅规定“品质详见说明书和图样，说明书和图样为合同不可分割的组成部分”	品质详见说明书和图样，说明书和图样为合同不可分割的组成部分（The description and illustrations for this machine by the seller are one part of this contract.） 品质和技术数据必须与卖方所提供的产品说明书严格相符（Quality and technical data to be strictly in conformity with the description submitted by the seller.）
凭商标或品牌交易 （Sale by Trade Mark or Brand）	有些进口商品因其质量优良、稳定而著称（商标或品牌很出名），习惯上以其商标或品牌来代表其品质	Car Benz CLS63 AMG
凭产地名称交易 （Sale by Name of Origin）	常用于一些品质受自然条件或传统生产工艺影响较大的土特产品或者拥有独特技术的产品等	Liquid Crystal Display，Made in Korea by Samsung Corporation Shaoxing Huadiao Chiew 绍兴花雕酒

注：

1. 凭标准买卖一般要求商品品质相对稳定。对于品质变化较大而难以规定统一标准的农副产品及品质构成条件复杂的某些工业制成品，往往采用“良好平均品质”（Fair Average Quality，FAQ），FAQ 一般以某个国家某个产区当年生产该项产品的平均品质为依据，使用时注意要注明年份和产地。

2. 在国际上，有些商品没有公认的规格和等级，如冷冻鱼、冻虾等，有时卖方交货品质只需保证所交商品在品质上具有“可销性”即可，一般采用“凭上好可销品质”（Good Merchantable Quality，GMQ）的表示方法，即只要卖方保证货物的品质良好适合销售即可。由于这种表示方法的含义笼统，难以掌握，一般只适用于木材或冷冻鱼类等物品。我国在对外贸易中很少使用这种表示方法。

（二）品质条款的基本内容

合同中的品质条款主要列明商品的名称、规定、等级、标准、商标或品牌等内容。如果是凭样品买卖，则要列明样品的编号或寄送日期。

（三）品质机动幅度和品质公差

为了保证进出口合同的顺利进行，对质量指标容易出现差错的某些制成品，在制定品质条款时可以采取下列办法。

1. 约定质量机动幅度

质量机动幅度条款是为了避免质量条款的规定过于苛刻造成卖方难以交货，在合同中明确对特定质量指标在一定幅度内可以机动。具体方法如下：

（1）规定范围。允许卖方交货的品质有上下波动的范围，如“漂布，幅阔35~36 英寸”。

（2）规定极限。对货物的品质规定上下限，如“进口芝麻的出油率不少于30%”。

（3）规定上下差异。规定某一具体质量指标的同时，规定必要的上下变化幅度，如“Silver ingots of minimum 99.95% purity allowing 3% more or less”。此时，卖方交货只要在约定的差异范围内和未超出约定的极限就算合格，买方就无权拒收货物。

2. 约定品质公差

在工业品的生产过程中，产品的质量指标产生一定的误差有时难以避免，如手表可以允许其有一定的走时误差。这种被国际同行公认的产品品质出现的差异即为“品质公差”（Quality Tolerance），交货质量在此范围内即可认为与合同相符。一般来说，如果品质公差为国际同行公认，则无须在合同中明确规定。但如果国际同行对特定指标没有公认的品质公差，或者双方对品质公差存在不同的理解，应在合同中具体约定品质公差的内容，如明确“尺码或重量

允许有 ±（3%~5%）的合理公差”。

3. 约定交货品质与样品大体相同或相似

采用样品成交时，往往由于买卖双方对所交货物的看法不一致而引起争议。为了避免争议，便于履行合同，买卖双方订立品质条款时，可加订“交货品质与样品大体相同或相似”的条文。

卖方交货质量在机动幅度或质量公差的范围内，一般按照合同单价计价，但也可以在合同中约定按照质量的不同而增减价格的条款。

（四）订立品质条款的注意事项

（1）签订合同前，进口商应当注意我国法律法规对进口商品的安全、卫生、检验检疫等方面的规定，还要了解拟进口商品品质规格及检验标准的真实含义，防止因为模糊不清而造成损失。

（2）进口商应当调查或者实地考察卖方的生产技术水平或者供货的可能性，然后再制定进口商品的品质条件。

（3）根据产品特性，合理选择各种表示品质的方法。在实际业务中，应视商品的特性选用表示商品品质的方法。一般来说，凡是能用科学的指标说明品质的商品，可凭规格、等级或标准买卖；有些难以规格化和标准化的商品，或者用文字无法描述的商品，如工艺品，可凭样品买卖；某些品质好，并具有一定特色的名优产品，可凭商标或品牌买卖；某些性能复杂的机器和仪器，可凭说明书或图样买卖；凡具有地方风味和特色的产品，可凭产地名买卖。

凡可用一种方法把品质要求表达清楚的，就不要采用两种或两种以上的方法，订得过于烦琐只会加大卖方的顾虑，加大生产或交货的困难。

（4）切合实际，本着实事求是的态度，根据实际需要规定品质条款，防止约定的品质条件不符合要求，给生产或交货造成困难。

（5）力求品质条款明确、具体，避免采用“大约”“左右”“合理误差”等含糊字眼，以免引起争议。

（6）品质条款应符合有关国家或者相关国际组织的标准，不能与其冲突和偏差太多，以提高产品的行业竞争力。

四、数量（Quantity）条款的确定

数量条款是合同必备条款之一。根据《联合国国际货物销售合同公约》的

规定，缺少数量条款的国际货物买卖合同是无效的。

（一）计量单位

国际货物贸易中使用的计量单位很多，采用何种计量单位，主要取决于商品的种类、特点、贸易习惯和交易双方的意愿。

计量单位具体可以参阅海关总署公布的计量单位代码表。

（二）计量重量的方法

在国际货物贸易中，按照重量计量的商品居多。根据一般商业习惯，通常计算重量的方法有以下几种：

1. 毛重（Gross Weight）

商品本身的重量加上包装的重量为毛重，一般适用于低价值商品。

2. 净重（Net Weight）

商品本身的重量，即去除包装物后的实际重量，称为净重，是国际贸易中最常见的计重方法。不过，有些价值较低的农产品或矿产品等，有时也采用“以毛作净”（Gross for Net）的办法计重，即以毛重当作净重计价。

3. 其他重量

其他重量包括公量（Conditioned Weight）、理论重量（Theoretical Weight）、法定重量（Legal Weight）与实物净重（Net Net Weight），在此不一一展开，它们在国际贸易实务中的使用也不广泛。

（三）数量条款的基本内容

数量条款主要包括成交商品的数量、计量单位、计量方法和溢短装条款四个部分。

例如：

Quantity：100 M/T，5% more or less at Seller’s option at contracted price.（数量：100 公吨，溢短装 5%，由卖方决定，溢短装部分以合同价格计算。）

（四）签订进口合同的数量条款应当注意的问题

1. 要明确度量衡制度、计量单位和计量方法

要注意因各国使用的度量衡制度不同而导致计量单位上的差异。在国际贸易中通常采用的度量衡制度有公制、英制、美制、国际单位制。我国现行的法定计量单位制在国际单位制的基础上增加了一些非国际单位制的单位。为了适应某些境外市场的习惯，有时也会采用对方习惯用的计量单位。所以，必须掌握几种常用度量衡制度中一些较常用的计量单位及其换算方法。

2. 需注意同一计量单位在不同国家所代表的数量

由于各国的度量衡制度不同，同一计量单位所代表的数量也各不相同。例如“吨”就有长吨（2 240 磅）、短吨（2 000 磅）、公吨（1 公吨 = 1 000 千克，约 2 205 磅）之分；“尺”也有公尺（1 米）、英尺（0.305 米）、市尺（0.333 米）之分等。

因此，在签订合同时，除了规定适当的计量单位，还需明确规定使用哪一种度量衡制度，以免发生不必要的误会和纠纷。

3. 注意要有一定的灵活性，合理利用数量机动幅度条款

如溢短装条款，一般规定比例为 5%。

相关链接

读者应熟悉《跟单信用证统一惯例（2007 年修订本）》（Uniform Customs and Practice for Documentary Credits，简称 UCP600）有关数量的规定：

第三十条　信用证金额、数量与单价的伸缩度

a.“约”或“大约”用于信用证金额或信用证规定的数量或单价时，应解释为允许有关金额或数量或单价有不超过 10% 的增减幅度。

b. 在信用证未以包装单位件数或货物自身件数的方式规定货物数量时，货物数量允许有 5% 的增减幅度，只要总支取金额不超过信用证金额。

c. 如果信用证规定了货物数量，而该数量已全部发运；或如果信用证规定了单价，而该单价又未降低；或当第三十条 b 款不适用时，则即使不允许部分装运，也允许支取的金额有 5% 的减幅。若信用证规定有特定的增减幅度或使用第三十条 a 款提到的用语限定数量，则该减幅不适用。

4. 需注意重量单位是净重还是毛重

由于各国习惯不同，必须弄清重量是以净重计算还是以毛重计算；是以卖方装船时的重量计算，还是以买方收货时的重量计算。

有些商品在装运途中难免失重，若按装船时的重量计算，则进口商的风险大；若按收货时的重量计算，则卖方又可能要承担很大的风险和损失（因为按照有关法律，卖方交货的数量与合同不符，买方有权拒收并索赔）。因而往

往采用折中的办法，如规定卸货时缺重数量不超过若干百分比，超过部分由卖方负责。另外，以净重计算时，其皮重是按约定皮重、实际皮重，还是按抽样估计皮重，最好能在合同中有明确的规定，以免引起纠纷。

小贴士

进口商确定进口商品数量时应当考虑的因素

1. 境内市场的实际需求。进口量过多，可能会造成商品积压、存货成本和风险增加、资金周转减慢、产品品质和售价下降等后果；进口量过少，进口商谈判地位较低，可能导致缺货，严重的时候甚至会影响自身的生产和经营需要（进口自用产品的情况下）或者失去境内买家（进口内销的情况下）。所以，进口商应当根据境内的实际需求情况确定成交量，以免盲目成交。

2. 国际市场行情的变动趋势。进口商要正确运用市场供求变化规律，比如当价格看跌时，可以适当控制成交数量，以等待更优惠的贸易条件；而当价格看涨时，可以适当扩大成交数量，以免以后需要以更贵的价格买进。

3. 自身的支付能力。进口商自身流动资金充裕而境内又对该进口商品需求旺盛时，可适当扩大进口数量。如果资金有限或短缺，应当适当控制进口量。

4. 境外供应商的生产经营实力及其资信状况。在供应商生产能力和供应充足，并且资信较好的情况下，可适当扩大成交数量。反之，则应适当控制成交数量，以免供应商因实力不足而不能按时交付合格的货物时，给进口商带来较大的损失。

5. 境外供应商所报的具体贸易条件。如果通过比较，发现供应商所报的具体条件比较优厚，在保证交易安全的前提下，可以适当增加进口的数量，反之，则应适当减少进口量或者另寻供应商。

五、价格（Price）条款的规定

价格条款一般由商品单价（Unit Price）和商品总价（Total Amount）构成。

以单价表示的价格条款一般由四个部分组成，即计价货币、单位金额、计量单位、贸易术语。

例如：

Unit Price：USD50 per Kilogram CIF Shanghai Port（INCOTERMS 2000）

总价由计价货币和总价金额构成。订立合同时注意总价的大小写金额要一致。

例如：

Total Amount：USD31 053.82（SAY USD THIRTY-ONE THOUSAND FIFTY-THREE AND EIGHTY-TWO CENTS ONLY）.

（一）在使用贸易术语时应注明版本

《国际贸易术语解释通则》（2020 年版）（*The International Rules for the Interpretation of Trade Terms*，简称 Incoterms 2020）明确了买卖双方承担的风险点不同，故在进口合同中最好注明使用的贸易术语的版本。

（二）在选用贸易术语报价时应当注意的问题

进口合同中价格条款常见的规定方法：

1. 明确规定成交的价格（固定价格）

例如，USD300.00 per piece FOB London。

2. 不规定具体价格或者暂定一个以后可以调整的价格（非固定作价）

（1）合同中只规定确定的价格。

例如，Price as per the market price of port of shipment on the date of bill of lading.

（2）合同中规定以后交易双方再具体商定价格。

例如，Price should be decided by the seller and the buyer on 27th November，2022.

（3）合同中先暂定一个价格，并规定以后交易双方再根据具体情况调整。

例如，Initial price：USD80.00 per piece FOB New York. And the parties should adjust it according to the following formulas...

（三）签订进口合同的价格条款应当注意的问题

进口商在签订价格条款时，应注意以下几个问题：

1. 计价货币的选择

买卖双方在约定计价货币时，通常需要结合汇率走势，确定计价货币的币种。常用的货币有美元（USD）、欧元（EUR）。例如，在合同签订后，美元对人民币的汇率持续走高，从 USD1= ￥6，提高到 USD1= ￥8，此时购买 1 万美元所需的货款，从 6 万元人民币增至 8 万元人民币，无形中，因为货币汇率的影响，需要多付 2 万元人民币，增加了进口成本；反之，预期汇率走低，则可降低进口成本。

2. 贸易术语的选择

贸易术语是商品单价的组成部分，且同交易双方责任义务有直接利害关系，因此，应根据运输市场情况、运价水平，结合自身条件和经营意图，酌情选择有利于己方的贸易术语。

3. 合理运用佣金条款

参照国际贸易的习惯做法，注意佣金和折扣的合理运用，以便有效利用中间商的购销渠道来扩大交易。

4. 与其他条款的衔接

价格条款是合同的核心条款，与其他条款有着内在的联系，因此价格条款的内容与其他相关条款的规定应当彼此衔接，不能互相矛盾。若在合同中对交货品质、数量规定了机动幅度，即约定了品质增减条款、数量增减条款，则应一并表明其机动部分的作价，以利于合同的履行。

六、包装（Packing）条款的规定

（一）包装材料

考虑商品的特点和不同运输方式的要求，选择适宜的包装材料。

（二）包装方式

包装方式要说明包装材料，每件包装的数量或重量。包装的各种要求应在合同中明确、具体地列明，不要采用意思含糊、笼统的术语。如列明习惯包装（Customary Packing）或按出口标准包装（To be packed in Exported Standard Packing）等，以免引起不必要的纠纷。

（三）包装标志

包装标志可分为运输标志、指示性标志和警告性标志三类。

运输标志（Shipping Marks）一般由收货人名称的英文缩写、合同号、目的地、件号构成。有的还包括每件的净重及产地等，没有唛头的注明“No Marks”。

指示性标志（Indicative Marks）是针对一些易损、易碎物品，用醒目的图形或间接的文字提示有关人员在装卸、搬运和存储时应注意的事项，如“小心轻放（Hand with Care）”“此端向上（This Side Up）”等。

警告性标志（Warning Marks）是危险品货物包装上刷制的表明货物危险性质和等级以提醒装卸、搬运、存储人员注意并提高警惕的标志。

（四）包装费用

包装费用一般包括在货价之中，不另计收。

七、装运（Shipment）条款的规定

装运条款一般包括装运时间（Time of Shipment）、装运地 / 港（Place/Port of Shipment）、目的地 / 港（Place/Port of Destination）、分批装运（Partial Shipment）、转运（Transshipment）、装运通知（Shipping Advice）等。

（一）装运时间

通常装运单据上签发的日期就是装运日期。装运日期的规定一般有以下三种方法：

（1）规定装运月份。如“Shipment during Nov./Dec. 2022”。

（2）规定最迟装运期。如“Shipment no later than Nov. 28, 2022”。

（3）规定在收到 L/C 或汇款后一定期限内装运。如“Shipment is to be made within 30 days upon receipt of the relevant L/C”。

装运日期不宜采用笼统的规定。如“立即装运（Immediate shipment）”“迅速装运（Prompt shipment）”“尽快装运（Shipment as soon as possible）”等。这些术语在国际上并无统一的解释，因而为避免由于误解引起纠纷，应尽量避免使用。

（二）装运港和目的港

在国际贸易中，为了便于卖方根据货源情况组织装运，通常由卖方提出装运港或起运地。为了便于进口清关或内陆运输及境内销售的实际提货需要等，通常由买方指定卸货港或指运地。

（三）分批装运和转运

1. 分批装运

（1）只注明允许分批装运，但不作具体规定。如“Partial shipment is allowed”。

（2）规定时间和数量的分批。如“Shipment during July/August 1 000 MT monthly”。

（3）不允许分批装运。如“Partial shipment is prohibited”。

2. 转运

合同中关于转运的规定方法有以下两种：

（1）只注明允许转运，但不作具体规定。如“Transshipment allowed”。

（2）注明允许转运，并规定具体转运地点。如“During Feb./Mar. 2022 in two equal monthly shipments to be transshipped at Singapore”。

（四）装运通知

在合同中规定装运通知的目的在于明确买卖双方的责任，促使买卖双方互相配合，共同做好船货的衔接工作。装运通知的规定方法有：

（1）FOB 术语下，由买方在租船订舱完成后向卖方发出通知，将船名、航次、预计抵港时间告知卖方，以便卖方做好装船准备。

（2）CFR 或 CPT 术语下，由卖方在货物装船后向买方发出通知，将已装船的货物情况、船名、航次、装运日期等电告买方，以便买方及时办理投保手续并做好进口报关接收的准备。

八、保险（Insurance）条款的规定

在国际货物买卖合同中，保险条款是一项重要条款。该条款的规定方法，根据合同所采用的价格术语有所区别。

（一）投保责任的归属

1. 按 FOB 和 CFR 术语成交时

如果按照 FOB 和 CFR 术语成交时，货物的价格中不包含保险费用，因此，保险由买方自行负责。在这种情况下，其保险条款一般相对简单。如“保险由买方自理（The buyer is responsible for insurance）”。但是若应买方的要求，卖方愿意代买方办理保险手续时，也应在合同中加以规定，如“应买方的要求，由卖方按若干保险价值在 ×× 保险公司代买方投保 ×× 险。其保险费由买方负责，并在信用证内作相应的规定”。

2. 按 CIF 术语成交时

在按 CIF 术语成交时，由于货价中包含了保险费，因而在保险条款中应具体规定卖方需投保的险别与保险金额等。如“Insurance: to be effected by the seller at 110% of the invoice value covering All risks and War Risk as per and subject to the Ocean Marine Cargo Clause（China Insurance Clause, 2009 revision）of the People’s Insurance

Company of China”。

（二）保险金额

保险金额是保险公司可能赔偿的最高金额。习惯上保险金额按发票金额加一定预期利润和业务费用，即按发票金额的 110% 投保。

（三）投保险别

在选择投保险别时，首先应考虑货物的性质和特点，其次是货物的运输工具和运输路线。

货物、运输方式不同，选择的投保险别不同。

运输路线不同，货物在运输途中面临的风险也有差异，这些因素都应在投保时加以考虑和注意。

1. 常见的三大险别

平安险（Free from Particular Average, FPA）

水渍险（with Particular Average, WPA）

一切险（All Risks）

2. 其他附加险别

我国海洋运输货物保险的附加险别包括一般附加险和特殊附加险两类。

（1）一般附加险（General Additional Risks）

偷窃、提货不着险（Theft, Pilferage and Non–Delivery, T.P.N.D.）

淡水雨淋险（Fresh Water and Rain Damage, F.W.R.D.）

短量险（Risk of Shortage）

混杂、沾污险（Risk of Intermixture & Contamination）

渗漏险（Risk of Leakage）

碰损、破碎险（Risk of Clashing & Breakage）

串味险（Risk of Odor）

受热、受潮险（Risk of Heating & Sweating）

钩损险（Hook Damage）

包装破裂险（Break of Packing）

锈损险（Risk of Rust）

（2）特殊附加险（Special Additional Risks）

战争险（War Risks）

罢工、暴动、民变险（Strikes, Riots, and Civil Commotions, S.R.C.C.）

（四）保险单

在国际货物买卖合同中，如约定由卖方代为保险，通常还要在合同中规定卖方必须向买方提供保险单（Insurance Policy），即在开证时所需提交的单据中需包含保险单。

一旦被保险货物在运输途中发生承保范围内的损失，买方即可凭卖方提供的并经卖方签章背书的保险单向有关保险公司索赔。

九、支付（Payment）条款的规定

国际货物买卖合同的支付条款是合同中的重要条款之一。只有根据支付方式的特点及要求订立明确的支付条款，才能避免在货款支付过程中出现纠纷。国际贸易中，常见的支付方式包括 T/T、托收和 L/C 3 种。

（一）T/T 条款

使用 T/T 条款，应在合同中明确规定汇付时间、具体的汇付方式和汇付金额。

1. 装运前 T/T

例如，The Buyers shall pay 100% of contract value in advance by T/T to the Sellers no later than September 30, 2022.（买方应不迟于 2022 年 9 月 30 日将全部合同金额预付给卖方。）

2. 装船后见提单传真件 T/T

例如，The Buyers shall pay 100% of sales contract to the Sellers by T/T against the copy of B/L.（买方应在收到卖方的海运提单副本后，将全部货款电汇给卖方。）

3. 装船前 T/T+ 装船后见提单传真件 T/T

例如，The Buyers shall pay 30% of the sales contract to the sellers in advance by T/T not later than September 30, 2022 and the balance by T/T against the copy of B/L.（买方应不迟于 2022 年 9 月 30 日将 30% 的货款用电汇预付给卖方，余款在收到卖方的海运提单副本后电汇给卖方。）

4. 装运后 T/T

例如，The Buyers shall pay 100% of the sales contract to the Sellers by T/T within 30 days after the arrival of the goods at the port of destination.（买方应在货物到达目的港

后 30 天内将全部货款电汇给卖方。）

（二）托收条款

使用托收条款，应在合同中明确规定交单条件、买方付款或承兑责任和付款期限。

1. 即期付款交单（D/P at sight）

例如，Upon first presentation，the Buyers shall duly make the payment against documentary draft made out to the Buyers at sight by the Sellers. The shipping documents are to be delivered against payment only.（买方应对卖方开具的以买方为付款人的见票即付的跟单汇票进行立即付款，付款时交单。）

2. 远期付款交单（D/P after sight）

例如，The Buyers shall duly accept the documentary draft drawn by the Sellers at 30 days sight upon first presentation and make due payment on its maturity. The shipping documents are to be delivered against payment only.（买方应对卖方开具的见票后 30 天跟单汇票作出承兑。在汇票到期日进行付款，付款时交单。）

3. 承兑交单（D/A–Documentary against Acceptance）

例如，The Buyers shall duly accept the documentary draft made out to the Buyers at 30 days sight upon first presentation and make due payment on its maturity. The shipping documents are to be delivered against acceptance.（买方应对卖方开具的以买方为付款人的见票后 30 天跟单汇票作出承兑。在汇票到期日进行付款，承兑后交单。）

（三）L/C 条款

使用 L/C 付款，应在合同中明确规定开证时间、L/C 种类、L/C 金额、付款日期、L/C 的有效期及到期地点。

1. 即期 L/C 支付条款

例如，The Buyers shall open through a bank acceptable to the Sellers an Irrevocable Sight Letter of Credit to reach the Sellers 30 days before the month of shipment，valid for negotiation in China until the 15th day after the month of shipment.（买方应通过卖方所接受的银行于装运月前 30 天开立并送达卖方不可撤销的即期 L/C，于装运月后 15 天在中国议付。）

2. 远期 L/C 付款条款

例如，The Buyers shall open through a bank acceptable to the Sellers an Irrevocable

Letter of Credit at 45 days Sight to reach the Sellers 30 days before the date of shipment, valid for negotiation in China until the 15th day after the date of shipment.（买方应通过卖方可以接受的银行于装运日前 30 天开立并送达卖方不可撤销的见票后 45 天付款的 L/C，有效期至装运日后 15 天在中国议付。）

小贴士

组合式支付方式

在日常贸易中，也可用 T/T 与 L/C 相结合等组合式支付方式。如：

1. T/T: 30%T/T 预付，70% 装船后根据装运单据付款；

2. T/T+L/C: 90% 的 L/C+ 10% 的 T/T 到付

Payment: Part A: 90% of the total contract amount shall be payable L/C at sight against shipping documents.

Part B: the balance of 10% will be paid by T/T。

上述案例仅供参考，具体业务中根据双方商谈结果确定。不同支付方式可结合使用：

1. 汇付与 L/C 结合。

2. 汇付与托收相结合。

3. L/C 与托收相结合。

4. 托收与保函相结合。

进口商可根据自身贸易方式选择确定与之相适应的付款方式。

十、商检（Inspection）条款的规定

商检条款通常规定商检权、商检机构、商检期限、商检标准和方法等内容。

（一）商检条款的主要内容

1. 商检机构的规定

在国际贸易中，进行商品检验的机构主要有以下四类：

（1）由国家设立的商品检验检疫机构，在我国就是海关检验部门。

（2）由私人或同业公会、协会开设的公证行。

（3）生产、制造厂商或产品的使用部门设立的检验机构。

（4）第三方检验机构，如瑞士通用公证行（SGS）。

2. 商检期限的规定

通常规定，买方必须于货物到达目的港后若干天内进行检验，超过规定的期限不进行检验，买方就失去检验的权利等。

（二）商检条款常见的规定方法

（1）以离岸品质、数量为准。这种方法对卖方有利。

（2）以到岸品质、数量为准。这种方法对买方有利。

（3）以装运港检验证书作为议付货款的依据，但货到目的港后允许买方有复验权。这种方法兼顾了买卖双方的利益，比较公平合理，在国际贸易中比较普遍。

（三）签订进口合同的商检条款应当注意的问题

（1）必须明确规定检验的时间、地点、检验的机构和出具的证书。

（2）必须使商品检验条款与品质条款、数量条款、包装条款相互衔接，以防由于某一条款订得过于苛刻或过于烦琐以致事后无法出具商检证书，或因所出证书不符而难以议付。

（3）必须明确复验期限和复验地点。在买方有复验权的情况下，复验期限实际上就是索赔的期限。只有在此期限内，由卖方同意的商检机构出具的证书才能作为有效的索赔依据。至于复验期的长短，应视商品特性和港口情况加以确定。通常，我国在进口合同中，一般都是以目的港作为买方的复验地点。

十一、索赔（Claims）和理赔条款的签订

索赔事件多发生在交货期、货品质量、货品数量等问题上。一般来说，买方向卖方提出索赔的情况较多。当然，买方不按期接货或无理拒付货款的情况也时有发生，因此也有卖方向买方索赔的情况。为了方便处理这类问题，买卖双方商定合同时，一般都订立索赔条款，对索赔条件作出明确、具体的规定。

（一）异议与索赔条款

国际货物买卖合同中的异议条款主要包括索赔依据、索赔期限和索赔方

法及索赔金额等内容。

1. 索赔依据

一方当事人提出索赔时，必须有充分的索赔依据。索赔依据包括法律依据和事实依据两个方面。前者是买卖合同和所适用的法律；后者是违约的事实、情节及其书面证明。

2. 索赔期限

依据国际惯例，受害一方只能在一定的索赔期限内提出索赔，否则即丧失索赔权。

3. 索赔处理办法和索赔金额

关于索赔的处理办法和索赔金额，因为事先无法预测违约的后果，通常在合同中只做一般的、笼统的规定。在业务实践中，索赔事件可能发生在不同的业务环节，可供选择的违约补救办法又多种多样，故很难在订立合同时准确地加以规定。

（二）罚金条款

罚金条款主要适用于延迟履约，如卖方延期交货、买方延期接货或延迟开立 L/C 等情况。罚金条款一般包括罚金数额和罚金计算日期两项内容。

按一般惯例，罚金数额通常不超过货物总额的 5%。罚金数额的大小，根据违约时间的长短，由买卖双方商议，并规定出最高限额。如合同规定："如卖方不能如期交货，延误一周以内，买方应收取迟交货物总值 0.5% 的违约金；不足一周者，按一周计算；延误十周时，买方除要求卖方支付延期交货违约金外，还有权撤销合同"。

（三）签订进口合同的索赔和理赔条款应当注意的问题

国际贸易过程中的争议和索赔情况经常发生，直接关系贸易双方的经济利益，合同中的索赔条款签订得完善与否是受损方能否成功索赔的关键。在签订国际贸易合同时，索赔条款需包括：

（1）订明具体检验项目；

（2）明确进口商品的检验标准；

（3）明确验货地点、验货时间、验货人；

（4）明确索赔期限，包括索赔有效期和品质保证期。

除应考虑以上情况外，同时还应充分考虑融入仲裁条款，附带写明合同双方产生纠纷时申请仲裁的机构。

十二、不可抗力（Force Majure）条款的签订

不可抗力条款一般包括不可抗力的范围、不可抗力的后果、事件发生后通知对方的期限以及出具证明文件的机构等内容。

（一）不可抗力的范围

在我国进口贸易合同中，不可抗力条款的规定方法如下：

（1）概括式规定，就是在合同中不具体订明哪些现象是不可抗力事故。如“由于不可抗力事故影响而不能履行合同的一方，在与另一方协商同意后，可根据实际所受影响的时间，延长履行合同的期限，对方对由此而产生的损失不得提出损害赔偿要求”。

（2）列举式规定，就是在不可抗力条款中规定哪些是不可抗力事故。凡合同中没有规定的均不能作为不可抗力事故援引。如“由于战争、洪水、火灾、地震、雪灾、暴风的原因致使卖方不能按时交货，则可以推迟装运时间，或者撤销部分或全部合同，但卖方必须向买方提交发生事故的证明书”。

（3）综合式规定，就是采用上述概括和列举综合并用的方式。如“如因战争行为或其他人力不可抗拒的原因，买方或卖方不能在本合同规定的有效期内履行合同，如此种行为或原因在合同规定的有效期后继续 3 个月，则本合同未交货部分即视为取消。买卖双方的任何一方，不负任何责任”。

（二）不可抗力的后果

不可抗力引起的后果主要有两种：解除合同或者延期履行。至于在什么情况下解除合同，在什么情况下延期履行，则要根据不可抗力对履行合同造成的影响程度而定，也可以由双方当事人在合同中做具体规定。当事人应在合同中拟定不可抗力条款，以避免不可抗力及其后果的不确定性。

（三）不可抗力的通知和证明

《中华人民共和国民法典》第五百九十条规定：“当事人一方因不可抗力不能履行合同的，根据不可抗力的影响，部分或者全部免除责任，但是法律另有规定的除外。因不可抗力不能履行合同的，应当及时通知对方，以减轻可能给对方造成的损失，并应当在合理期限内提供证明。当事人迟延履行后发生不可抗力的，不免除其违约责任。”

《联合国国际货物销售合同公约》规定，如果当事人一方未及时通知而给对方造成损害的，仍应负赔偿责任。在实践中，为防止争议发生，不可抗力条款中应明确规定具体的通知和提交证明文件的期限和方式。

在我国，不可抗力证明一般由中国国际贸易促进委员会（以下简称“中国贸促会”）出具签发。在境外，大多数不可抗力证明由当地的商会或登记注册的公证机构出具。另一方当事人收到不可抗力的通知及证明文件后，无论同意与否，都应及时回复。

（四）签订不可抗力条款应当注意的问题

要求有关当事人在援引不可抗力条款时，注意以下几点：

（1）应及时通知对方并提供适当的证明文件，对方接到通知应及时答复，如长期拖延不予处理，也要负违约责任。

（2）要认真分析事故是否属于不可抗力条款约定范围，如不属于合同规定范围，则不能按不可抗力事故处理。

（3）根据事故的性质、影响履约的程度等具体情况，适当地处理在履约中发生的各种情况。

十三、仲裁（Arbitration）条款的签订

在国际贸易货物买卖中，买卖双方难免在合同履行中因种种原因发生争议。当发生争议时，一般首先由双方当事人友好协商解决。如协商不成，则分情况采取通过第三人调解、仲裁或进行司法诉讼等方式处理。其中，仲裁是解决外贸争议的一种重要方式。

（一）仲裁的含义、形式和执行

仲裁是指买卖双方在发生争议之前或之后，签订书面协议，自愿将争议提交双方所同意的第三者予以裁决，以解决争议的一种方式。

仲裁协议必须采用书面形式，具体有两种方式。一种是双方当事人在发生争议之前订立的，表示一旦发生争议应提交仲裁，通常为合同的一个条款，称为仲裁条款；另一种是双方当事人在争议发生后订立的，表示同意把已经发生的争议提交仲裁的协议，往往通过双方函电往来而订立。

进口合同中的仲裁条款一般包括提请仲裁的争议范围、仲裁机构、仲裁地点、仲裁程序规则、仲裁的裁决执行（或称仲裁的效力）等内容。

（二）签订仲裁条款应当注意的问题

（1）必须明确提请仲裁的争议范围。

（2）必须明确规定仲裁规则及国际公约。

（3）应确定仲裁地点，力争在我国仲裁。

（4）我国的常设仲裁机构是中国国际经济贸易仲裁委员会和中国海事仲裁委员会。

（5）在我国，凡由中国国际经济贸易仲裁委员会作出的裁决都是终局性的，对双方当事人都有约束力，必须依照执行，任何一方都不许向法院起诉要求变更。

（6）仲裁的费用一般由败诉方承担。

小贴士

如何约定仲裁条款？

依照《中华人民共和国仲裁法》第十六条的规定，仲裁协议应当具有下列内容：请求仲裁的意思表示；仲裁事项；选定的仲裁委员会。

中国国际经济贸易仲裁委员会向当事人推荐的合同中约定的是否仲裁条款为：

示范仲裁条款（一）

凡因本合同引起的或与本合同有关的任何争议，均应提交中国国际经济贸易仲裁委员会，按照申请仲裁时该会现行有效的仲裁规则进行仲裁。仲裁裁决是终局的，对双方均有约束力。

Any dispute arising from or in connection with this Contract shall be submitted to China International Economic and Trade Arbitration Commission（CIETAC）for arbitration which shall be conducted in accordance with the CIETAC's arbitration rules in effect at the time of applying for arbitration. The arbitral award is final and binding upon both parties.

示范仲裁条款（二）

凡因本合同引起的或与本合同有关的任何争议，均应提交中国国际经济贸易仲裁委员会________分会（仲裁中心），按照仲裁申请时中国国际经济贸易仲裁委员会现行有效的仲裁规则进行仲裁。仲裁裁决是终局的，对双方均有约束力。

Any dispute arising from or in connection with this Contract shall be submitted to China International Economic and Trade Arbitration Commission (CIETAC) ________ Sub-Commission (Arbitration Center) for arbitration which shall be conducted in accordance with the CIETAC's arbitration rules in effect at the time of applying for arbitration. The arbitral award is final and binding upon both parties.

在合同中约定这样完整的仲裁条款，对进口商及时解决争议是十分有利的。

十四、特殊条款的约定（约尾）

约尾即合同的结尾部分，一般包括合同的份数、合同使用的语言文字及其效力，以及买卖双方的签约地点、生效时间等。

为了提高履约率，在规定合同内容时应当考虑周全，力求合同条款明确、具体、严密和相互衔接，且与洽商的内容一致，以利于合同的履行。

第二节 签订进口合同

通过对进口合同细节的交易磋商后，经一方发盘、另一方表示接受后，双方之间的合同关系即告成立，书面磋商中的往来函电和口头磋商中的人证、物证就是合同的证明。根据国际贸易惯例，买卖双方在交易磋商成功后会签订书面合同，以进一步明确双方的权利和义务。

一、合同的签订

（一）签订电子合同

在国际贸易业务中，互联网已经无处不在。互联网方便实时的特点改变了很多商业行为，连最基本的合同签订都可以通过电子的形式实现。那么什么是电子合同？电子邮件合同怎么签？

1. 什么是电子合同

电子合同就是将传统的纸质合同搬到线上。拥有 CA 认证的可信电子平台采用高强度数据加密技术，可防止合同信息泄露，保护用户的隐私。电子合同具有和纸质合同同等的法律效力；签署合同采用电子签名的方式，方便快捷，不再面对面签合同，只需要电脑或者手机，随时随地在网上签；合同信息通过云平台管理，实现无纸化，环保低碳，还可以随时下载；采取可信时间源，即时生效；能够防止篡改，防止抵赖，日后出现纠纷可以进行司法取证。

2. 电子邮件合同怎么签

首先使用智能文档设计工具，编辑合同内容（也可以从 word 文档直接导入），签约双方填写相关合同信息并确认后，甲方先用一个类似于 U 盘的加密狗（CA 证书）插入电脑，输入密码后，用鼠标点击电子文件下方空白处，一个红色的公司印章就印在了指定位置。之后，甲方通过网络将合同传输给乙方，乙方用同样的方法盖上电子印章。这样，一份具有法律效力的电子合同就生效了。

（二）面对面签订合同

在传统方式中，签订合同一般都需要面对面，双方分别签名、盖章并写上签署的日期。

在日常工作中，当需要签署一份合同时，我们可能会遇到如下问题。

（1）一份合同急需老板亲自审批签署，却找不到老板。

（2）一份合同当天就需要拿到手，但跨国快递最快也要 3~5 天，而且快递费昂贵。

（3）收到对方签署的合同原件后，发现对方签署的合同仍有需要修改的地方，修改后重签，则又要耽误数天时间。

如果面对面签署合同，双方可以核对好文档后再打印出来签署；但如果每次都面签，必然会造成昂贵的国际差旅费。

而且，随着公司的发展壮大，合作伙伴越来越多，每年需要签数千份合同，日积月累纸质合同就会堆积如山，存储和查阅需花费大量人力物力，还有可能在寄送、保管过程中丢失、被篡改、破损。

纸质合同还会产生制作成本。

二、进口采购合同范本

进口采购合同范本可参见本书附录四。

三、订立合同的注意事项

在签订进口合同的过程中，应注意以下问题。

（一）进口贸易合同的签订，必须符合法律的规定

首先，合同当事人的意思表示要一致。

其次，合同当事人必须有订立合同的能力。

最后，合同标的和内容必须合法且当事人在自愿和真实的基础上订立合同。就违禁品如走私品、毒品等签订的贸易合同是不合法的，与本国禁止贸易往来的国家（地区）签订贸易合同也是不合法的。

（二）合同内容应和交易磋商过程中双方都认可的内容一致

条款的制定要严密，不能有疏漏，要明确双方的权利和义务，避免不确定的或表述含糊的内容出现在条款中，在规定品质、包装、异议及索赔等条款时更应注意这一点。

（三）合同条款之间的规定要一致，不能有冲突

例如，在数量条款中规定了溢短装条款，那么在支付条款中支付金额也应规定相应的增减幅度。

第三节　进口付汇

进口商应按照合同约定的结算方式向银行提出开立 L/C 或办理 T/T 的申请，这是在国际贸易中常用的结算方式，银行根据进口商的要求开立 L/C 或办理 T/T。这是履行进口合同的重要一步。

本节将重点阐述 L/C 和 T/T 两种结算方式，并对国际贸易中常用的贸易融资方式及跨境贸易人民币结算进行简要介绍。

一、L/C 结算须知

申请开立 L/C 通常以进口商填写 L/C 开证申请书并提交开证银行的形式提出。

（一）L/C 的业务流程

L/C 类型不同，其具体做法也有所不同，但就具体环节而言，大体要经过申请、开证、通知、议付、索偿、付款、赎单等环节。L/C 的业务流程如图 5-1 所示。

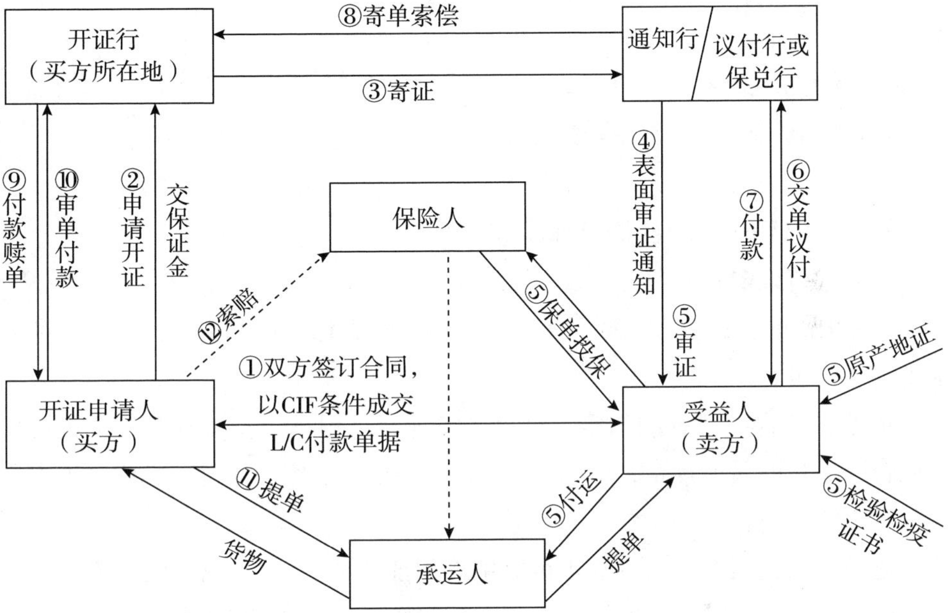

图 5-1　L/C 业务流程

注：

①买卖双方经过磋商，约定以 L/C 方式进行结算。

②进口方向开证行递交开证申请书，约定 L/C 内容，并支付保证金或提供保证人。

③开证行接受开证申请书后，根据申请开立 L/C，将正本寄给通知行，指示其转递或通知出口方。

④由通知行转递 L/C 或通知出口方 L/C 已到。通知行在开证行要求或授权下对 L/C 加以保兑。

⑤出口商认真核对 L/C 是否与合同相符，如果不符，可要求进口商通过开证行进行修改；待 L/C 无误后，出口商根据 L/C 备货、装运、开立汇票并缮制各类单据，船运公司将装船的提单交予出口商。

⑥出口商将单据和 L/C 在 L/C 有效期内交予通知行。

⑦通知行审查单据符合 L/C 条款后接受单据并付款，若单证不符，可以拒付。

⑧通知行将单据寄送开证行，向其索偿。

⑨开证行收到单据后，核对单据是否符合 L/C，如正确无误，则偿付通知行代垫款项，同时通知开证申请人备款赎单。

⑩进口商付款赎单。进口商若发现单证不符，也可拒绝赎单；单据相符，开证行将单据交予进口商。

⑪进口商凭单据提货。

⑫若有货物损坏，向保险公司等有关方要求理赔。

（二）申请开立 L/C 的具体手续

1. 填写开证申请书

开立 L/C 前，进口商需联系本公司开户银行，取得印制有开户行抬头的开证申请书模板。

根据进口合同条款的约定，进口商填写开证申请书。填写开证申请书需按照合同条款的具体规定，写明 L/C 的各项要求，内容要明确、完整，不得出现词意不清的记载。

进口商填写银行的《开立不可撤销信用证申请书》，通常一式三份，一份留存业务部，一份留存财务部，另一份提交给银行。提交给银行的开证申请书需加盖公章、财务章、法定代表人名章，同时需向银行提交以下资料：进口合同、对外贸易经营者备案登记表（如需）、进口许可证、进口配额等进口批文（如需）、代理协议（如需）。

2. 签订合同并缴纳保证金

银行与进口商签订《开立信用证合同》（已与银行签订《综合授信额度合同》的客户无须签订）。支行在总行信贷系统登记，打印出账通知书。

进口商向银行申请开立 L/C，应向银行缴付一定比例的保证金，其金额一般根据进口商的资信情况而定。在我国的进口业务中，开证行根据不同企业和交易的情况，要求开证申请人缴付一定比例的人民币保证金。

小贴士

开立L/C缴存保证金及开证所需文件须知

1. 进口合同的原件和复印件。

2. 与开证银行确认开证缴存保证金的外币汇率，计算手续费和邮电费，填写《保证金划资申请单》。

3. 填写收费凭证（解付时就不需要）。

4. 支票（部分银行需要转账支票）。

5. 进账单（只有从公司活期账户转到L/C保证金账户时需要）。

6. 携带公司印鉴（公章、财务章、法定代表人名章）。

3. 开立L/C

银行对开证申请书及相关资料审核无误后，对外开出L/C。

开证行在收到进口商一定保证金后，按照L/C申请书的内容和要求开立L/C。

如进口商要求修改银行已开出的进口L/C，须填写银行的《信用证修改申请书》并加盖公章。如涉及L/C增额，对增加部分视同开证处理。

小贴士

跟单L/C的开证费用

1. 开证行收取的保证金及相关费用

进口商开立跟单L/C，提交材料后，需按照规定存入保证金。

保证金的存入金额 = 开证金额 × 略高于市场的汇率（例如美元对人民币汇率为6.7的时候，银行按略高于6.7的汇率如6.9存保证金）

（1）L/C的手续费 = 开证金额 × 开证当天汇率 ×1‰（3个月以及3个月之内的L/C）

L/C 的手续费 = 开证金额 × 开证当天汇率 ×1.25‰（4 个月 L/C）

L/C 的手续费 = 开证金额 × 开证当天汇率 ×1.5‰（5 个月 L/C）

开证日期每延长 1 个月，手续费比例增加 0.25‰。

（2）L/C 的邮电费：400 元 / 笔（中国农业银行）

2. 开证行收取保证金的一般方法

（1）申请人与开证行有业务往来，资信好，或办理了抵押、质押手续的，或有其他金融机构、有实力的公司为其出面担保的，开证银行免收保证金。

（2）申请人与开证银行有业务往来，但账户金额有限，或有过不良记录、信誉欠佳的，或首次申请开证又无担保和抵押品、质押品的，开证银行要收取全额保证金。

（3）申请人在开证银行的账户余额或抵押品或质押品小于开证金额，或担保人不愿全额担保等，开证银行要收取一定比例的保证金。

总之，向银行缴纳保证金的比例根据进口商在银行的授信额度来决定。通常授信额度越高，缴纳保证金的比例越低。

4. 开证时间

大约一到两周，进口商会收到银行开立的 L/C 电文副本。

5. L/C 付款

开证银行收到境外单据，经审单后，通知开证申请人，在开证申请人补足 100% 保证金或承诺付款后，方可将全套单据交给申请人。

6. 银行对外付款或承兑 / 拒付

经审单后，无“不符点”，L/C 解付。进口商支付款项，收到相关单据，等货物到港后便可安排清关。

（三）开证申请书的内容及填制

L/C 的条款是根据开证申请书的内容开立的，开证申请书的内容是根据进口合同条款填写的。为保证一致，L/C 开证申请书的内容必须严格按照合同条款的约定填写。以下以平安银行及中国银行的 L/C 开证申请书模板（参见本书附录五）为例介绍如何填写开证申请书。

1. 申请开证日期

按实际申请开证日期填写，一般为合同规定交货期前一个月。

2. 传递方式

目前银行普遍执行电开。只需在其前面方框中划“×”即可。

3. L/C 性质、号码

开证行填写。L/C 性质不可撤销，已经印在其抬头。

4. 申请人

必须按进口合同填写进口商的详细名称、地址、电话、传真、E-mail 等。

5. 受益人

必须按进口合同填写出口商的详细名称、地址、电话、传真、E-mail 等。

6. 通知行

开证行填写或者根据出口商提供的银行信息填写。

7. L/C 金额

分别用数字和文字两种形式表示，与合同金额一致，均以英文形式书写。

8. 分批装运与转运

按照进口合同规定填写，与合同内容一致。如进口合同规定不允许分批装运和转运的，应在 L/C 中明确注明不准分批装运，不准转运。

9. 装运条款

按合同填写货物的装运港、目的港、最迟装运期。如有转运的，也应列明。

10. 价格术语

L/C 申请书上有 FOB、CFR、CIF 和其他条件四个备选项目，根据合同成交条件在该项目方框中打“×”。

11. 付款方式

L/C 申请书上有四种选择：即期支付（Sight Payment）、承兑支付（Acceptance）、议付（Negotiation）、延期支付（Deferred Payment），在对应的方框中打“×”。

12. 汇票要求

金额应根据合同规定填写 L/C 项下应支付发票金额的百分之几。如合同规定所有货款都用 L/C 支付，则 L/C 项下汇票金额应按发票金额的 100% 填写；如果合同规定该笔货款有 L/C80% 和 T/T20% 两种方式支付，则 L/C 项下汇票金额应按发票金额的 80% 填写，依此类推。另外，还应填写汇票的支付期限，如即期、远期。如是远期汇票，必须填写具体的天数，如 30 天、60 天、90 天等。最后填写付款人，根据 UCP600 的规定，L/C 项下汇票的付款人必须是开证行或指定付款人。

13. 单据条款

如有印制好的 L/C 申请书，直接在其中所需单据前的方框内打“×”，然后在该单据条款后填上具体的要求，如一式几份、应包括什么内容等。若印制好的 L/C 申请书中列出的相关要求不完善，可在该单据条款的后面填写清楚。

申请人必须根据合同条款规定填写单据条款，不能随意提出超出合同规定的要求，也不能降低或减少合同规定的要求。

14. 合同项下的货物

依据合同填写货物的名称、规格、数量、包装、单价、总价、唛头等条款。所有内容必须与合同一致。

15. 附件条款

L/C 申请书已印制好一部分具体条款，如需要可在其前面的方框中打“×”；如果需要补充，可根据合同规定和双方的需要填写在“其他条款”一栏处。

16. 其他

申请书底部有申请人的开户银行（填写开户银行名称）、账户号码、申请人、联系电话、申请人（法定代表人）的签字及盖章等内容。

（四）申请开证时应注意的问题

（1）申请开证前，要落实进口批准手续及外汇来源。

（2）开证时间的掌握应以卖方在收到 L/C 后能在合同规定的装运期内出运为原则。

（3）开证时要注意 L/C 与合同的一致性。

（4）合同规定远期付款的，要明确汇票期限。

（5）由于银行凭单付款，不管货物质量如何，也不受买卖合同的约束。所以为使货物质量符合合同规定，买方可在开证时要求对方提供商品检验机构出具的装船前检验证明，并明确规定货物的规格品质、指定检验机构（合同中应事先订明），这样，交单时如发现检验结果与证内不一致，可拒绝支付货款。

（6）L/C 内容必须明确无误，明确各类单据的出单人（商业发票、保险单和运输单据除外），明确规定各单据应表述的内容。

（7）根据 UCP600 的规定，跟单 L/C 必须是不可撤销的 L/C。

（8）对开出的L/C，如出口商要求其他银行保兑或由通知行保兑，进口商原则上不能同意。（在订立合同时，应说服出口商免除保兑要求，以免开证时被动）

（9）我国银行一般不开可转让的L/C（因为难以了解第一受益人的资信，特别是跨地区和国家的转让更难掌握）。在特殊情况下，如大额合同项下要求多家出口商交货，根据实际需要可与银行协商开出可转让L/C。

（10）我国银行一般也不开立载有电报索偿条款（T/T Reimbursement Clause）的L/C。

（五）L/C的改证

供应商收到L/C后，如要求延展装运期和L/C有效期或变更装运条款等内容，在进口商同意供应商的请求后，即可向银行办理改证手续。

1. 申请人提交L/C修改申请书

L/C修改申请书必须由原L/C的申请人填写，并提交到原开证行办理修改业务。L/C修改申请书的主要内容有：

（1）L/C修改申请书提交的日期。

（2）所需修改的原L/C编号。

（3）修改的内容，一般先列出原L/C的有关条款，再写出相应的修改条款，例如：

原证为：最晚装运期为2022年10月16日；

修改为：最晚装运期为2022年11月16日。

申请人提交L/C修改申请书时，必须交纳修改手续费。

2. 开证行审查并受理

原开证行接到原L/C申请人的L/C修改申请书后，必须按照申请书所列L/C编号，调出原L/C副本对照审核，审核主要内容是否正确。

开证行审核无误后，根据修改申请书的要求，按原L/C的传递路线向各当事人发出L/C修改通知书。开证行应收取修改手续费，如修改手续费由受益人支付，应在修改通知书中列明，待单到付款时一并扣除。

关于改证的费用，如果因卖方的原因导致需改证，通常改证费用由卖方承担；如果因进口商的原因开证错误，需要修改的，则改证费通常由进口商自行承担。

（六）进口商审单付款

开证银行收到境外银行寄来的单据并审核无误后，开证行会将全套单据送交进口商。

通常开证行将收到的全套单据扫描后发给进口商审核。进口商审核单据一般以商业发票为中心，将其他单据与之对照，审核单单是否一致。

1. 审单的期限

审单的期限为5个工作日。在审单期限内，如果单据经审核无误，进口商就要向开证行付款或承兑，然后开证行再根据境外议付索偿通知书的要求和L/C的规定，对外办理付款或承兑。

不论审单的结论如何，开证行及进口商的审单时间要掌握在开证行接到单据的次日算起的7个工作日之内。

2. 审核的要点

主要单据名称及审核要点见表5–3。

表5–3　主要单据名称及审核要点

序号	单据名称	审核要点
1	汇票	汇票字样、出票人、付款人、金额大小写、开证行、L/C号码、开证日期、出票日期、汇票背书、批注等
2	商业发票	发票字样、制作日期、发票金额、合同号码、商品描述（如品名、品质、单价、数量、重量、贸易术语等）、发票抬头人、受益人、发票份数、其他
3	提单	承运人对商品编码（HS编码）、提单托运人、收货人、通知人、结合贸易术语确定运费是预付还是到付；货物描述，是否为清洁提单，提单签发日期、签发人、份数、起运港/目的港，提单背书等
4	保险单	保险条款、保险人和被保险人、出单日期、保单份数、投保金额大小写和投保加成数、货币币种、投保险种、货物描述、装运港/目的港、保单背书等
5	产地证	产地、签发日期、进口商名称、唛头，货物名称、件数、受益人，签章、产地证正副本份数等
6	箱单/重量单	数量、重量、尺码、货物名称、规格、唛头，出票日期、抬头人、出票人签章及份数等
7	其他证书	同上，文件中所有内容需做到单单相符、单证相符

3. 审核的方法

审单应根据 L/C、合同条款规定的内容进行准确、全面、及时地审核，达到“单证一致、单单一致”。审单的具体操作方法常常因人而异，下面将审单方法（横审、纵审，如图 5–2 所示）大致情况加以概括说明，仅供参考。

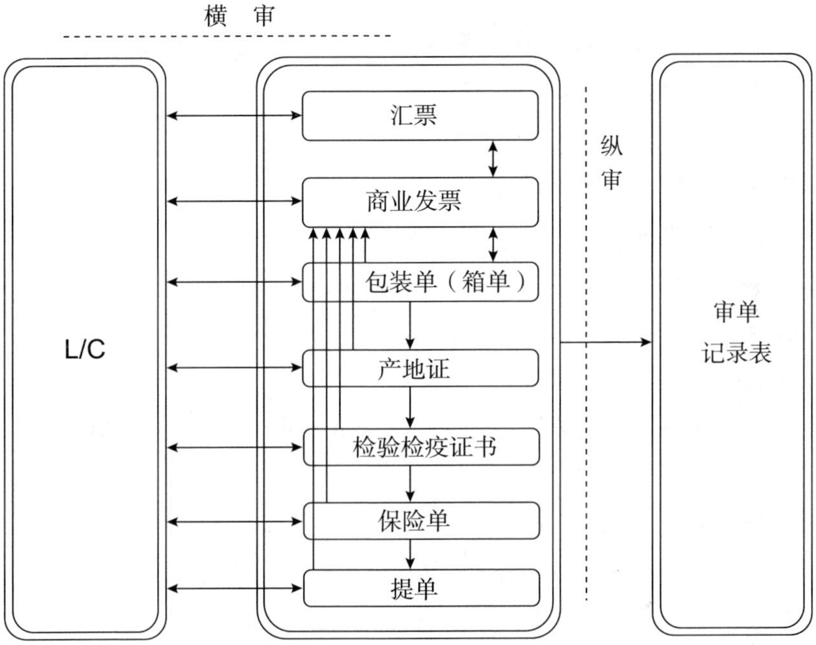

图 5–2　L/C 审单方法

（1）排列单据审核顺序

将审单记录表（Check Memo）放在桌面右边，把单据放在桌面中间，单据的顺序是：汇票→商业发票→包装单……倒数第二个是保险单，倒数第一个是提单。要有固定的开头次序和固定的末尾次序，中间次序任意，然后把 L/C 放在桌面的左边。

（2）横审

① L/C 如有修改，应以修改条款核对有关单据。

②将 L/C 从头到尾阅读一遍，每涉及一种单据，立即与单据原件核对，以达到单证一致。

③阅读 L/C 文句，并与单据核对，发现“不符点”立刻记录在 L/C 审单记

录表（参见本书附录六）上。可在记录文字后面写上“改”“加”“补”等字。待改妥时，在这些字上面画圈表示已经改妥，无“不符点”了。绝不要在核对整个L/C完毕再一次写出所发现的全部“不符点”，因为那样做很容易遗忘个别的“不符点”。当全部的“改”“加”“补”都已画圈，就表示单据已经全部改妥了。

④审完的单据反转放置在桌面中间未审单据前面，待全套单据审完，将已经反转放置的单据翻过来即可恢复原状。

（3）纵审

纵审的目的是要达到单单一致。

纵审的操作要领为：

①以发票为中心，与其他单据挨个核对，先将被核对的单据本身阅读一遍，然后与发票的相同资料核对是否一致。

②将提单与保险单核对。

经过横审和纵审没有发现“不符点”，或发现“不符点”已经改妥，即可以确定单据全部相符。

4. 付款

如果开证行审单后认为单证一致，单单一致，即应予以即期付款或承兑或于L/C规定的到期日期付款，开证行付款后无追索权。

如开证行审单后发现单证不符或单单不符，应于收到单据次日起7个工作日内，以电信方式通知寄单行，说明单据的所有“不符点”，并说明是否保留单据以待交单人处理或退还交单人。

对于单证不符的处理，按UCP600规定，银行有权拒付。在实际业务中，银行需要将“不符点”征求开证申请人的意见，以确定拒绝或仍可接受。作为开证申请人的进口商，对此应持慎重态度。因为银行一经付款，即无追索权。

5. 对单证“不符点”的处理

银行与进口商共同审单的目的是减少和避免出错。如果开证行发现了“不符点”或议付行在议付索偿通知书中列明了“不符点”，开证行都要通知开证申请人；如果是进口商发现了银行未审出的“不符点”，则应以书面形式通知开证行要求其复验全套单据；如果进口商认为“不符点”的性质比较严重，并准备拒付，则应向开证行书面说明拒付的具体理由，由开证行审核确认。

但是，不恰当的反应会影响双方的业务关系和自身的信誉，不利于贸易的开展。进口商应根据 UCP600 的规定，考虑“不符点”的性质并进行适度处理。

（1）拒绝接受单据并拒付全部货款

审核发现严重的单证不符，如金额超证、单据份数或种类不对、单据之间相同项目填写不一致、重要项目与证不符等，进口商可以拒绝接受单据并拒付全部货款，开证银行在规定的 5 天之内向寄送单据的一方发出通知，说明全部的“不符点”以及单据的去向。

（2）部分付款、部分拒付

单据中的“不符点”不是十分严重时，进口商不宜拒付全部货款，可以采取部分付款、部分拒付的方法，并向对方说明理由。在出口商更改并达到规定的要求后，进口商应支付剩余货款。

（3）货到经检验后付款

单证的“不符点”属于非实质性的，进口商可以通知银行，要求货到经检验后再付款。如果检验结果与合同规定完全相符，“不符点”属于制单疏忽所致，进口商应接受单据并支付全部货款；如果检验的货物仍与单据一致而与合同不符，进口商可以作拒付或扣款处理。

（4）凭担保付款

“不符点”性质轻微，不致造成损失，为稳妥起见，进口商可以接受出口方的担保或境外议付行的担保，以便如期付款。

（5）修正单据后付款

如果“不符点”被出口商确认属于操作失误，出口商要求修正单据，而且时间尚有余地，进口商也可以接受这种请求，承诺在收到符合规定的更正单据后履行付款手续。

改好的单据可由出口商直接寄给进口商，进口商收到单据后，可以同意付款。

二、T/T 结算须知

（一）申请 T/T 结算所需资料

当进口合同约定通过 T/T 方式结算时，进口商需按照合同约定的付款时间，到银行办理相关付汇手续。T/T 付汇时，需准备的资料包括：

（1）进口合同。

（2）商业发票。

（3）《购汇申请书》：合同金额请填写实际合同金额，勿与购汇金额混淆，且注意币种。

（4）《境外汇款申请书》：一般货物付汇交易编码为121010。

（5）《进口货物报关单》（用于银行付汇核销）。

（二）T/T结算所需费用

（1）邮电费：境内（含香港离岸公司）40元/票；境外80元/票。

（2）手续费：
- 境内按1‰收取（最低与银行确认，最高500元）
- 境外按1‰收取（最低50元，最高1 000元）

三、进口贸易融资

进口贸易融资包含进口押汇、进口代收押汇、汇出汇款融资、提货担保、海外代付。

（一）进口押汇

进口押汇是指银行在掌握进口L/C项下的进口货权的前提下，在申请人对外付款时向其提供的短期资金融通，并按约定的利率和期限由申请人还本付息的业务。申请人必须是具有法人资格和进出口经营权的企业或单位，在银行开立本币或外币账户，财务、经营状况正常，资信良好，与银行保持稳定的结算业务往来，有按期还本付息的能力；进口商品必须是申请人主营范围内的商品，市场前景良好。

（二）进口代收押汇

进口代收押汇是指银行作为代收行在收到托收项下单据后，在保留对客户的追索权的前提下，代为对外付款或由其他代付行对外付款，并同时放单给客户的一种融资形式。

（三）汇出汇款融资

汇出汇款融资指采用汇款方式结算的、进口合同规定货到付款的国际贸易项下进口货物到港后，根据申请人的书面申请，银行为其支付给境外出口商的部分或全部应付货款提供短期资金融通，并按约定的利率和期限由申请人还本付息的业务。进口商无须以自有资金支付进口汇出款项下的款项，可从银行取得短期资金融通。汇出汇款融资加快了资金周转速度，融资手续相对于流动资金贷款等简便易行；可以增加进口商当期的现金流入量，从而改善财务状况，提高融资能力；还可以提前办理外汇结汇，规避汇率风险。

（四）提货担保

提货担保指在进口贸易中，在货物先于提单或其他物权凭证到达的情况下，根据进口商的申请，银行向船公司提供书面担保用于提货、承诺日后补交正本提单换回担保书，并保证承担船公司应收费用和赔偿由此可能遭受的一切损失。进口商因银行担保能及时提货，加快资金流通，船方利益得到有效保障。

（五）海外代付

海外代付业务指银行根据进口商资信状况，在其出具信托收据并承担融资费用的前提下，由银行境内分行指示海外银行代进口商在 L/C、进口代收、T/T 付款等结算方式下支付进口货款所提供的短期融资方式。海外代付适用于各种结算，L/C、托收和汇款项下的进口业务均可办理；融资便利快捷，进口代付纳入贸易融资管理，授信额度实现共用，根据国际货币市场行情合理确定报价，价格合理灵活。

四、跨境贸易人民币结算[①]

（一）结算方式

跨境贸易人民币结算指人民币在跨境贸易中执行计价和结算的货币职能，即进出口企业在开展跨境贸易中以人民币计价并进行对外收付时，商业银行为其提供的采用人民币作为跨境结算货币的国际结算业务。

（二）结算特点

（1）避免了在对外贸易中由于汇率波动造成的资金损失，规避了汇率风险。

（2）提高了企业贸易决策的有效性，帮助其将主要精力放在生产运营上。

（3）企业无须再进行货币兑换，有效降低了结算成本。

---

① 参见人民银行关于印发《跨境贸易人民币结算试点管理办法实施细则》的通知（银发〔2009〕212 号）。

（4）企业的贸易用资金和生产用资金币种一致，能够帮助企业更有效地进行现金管理。

（5）人民币结算更为简单便利。不纳入外债额度管理，提高企业结算和融资效率。

（三）业务流程

跨境贸易人民币结算业务流程如图 5-3 所示，可参考 T/T 汇款、跟单托收及 L/C 结算业务流程。

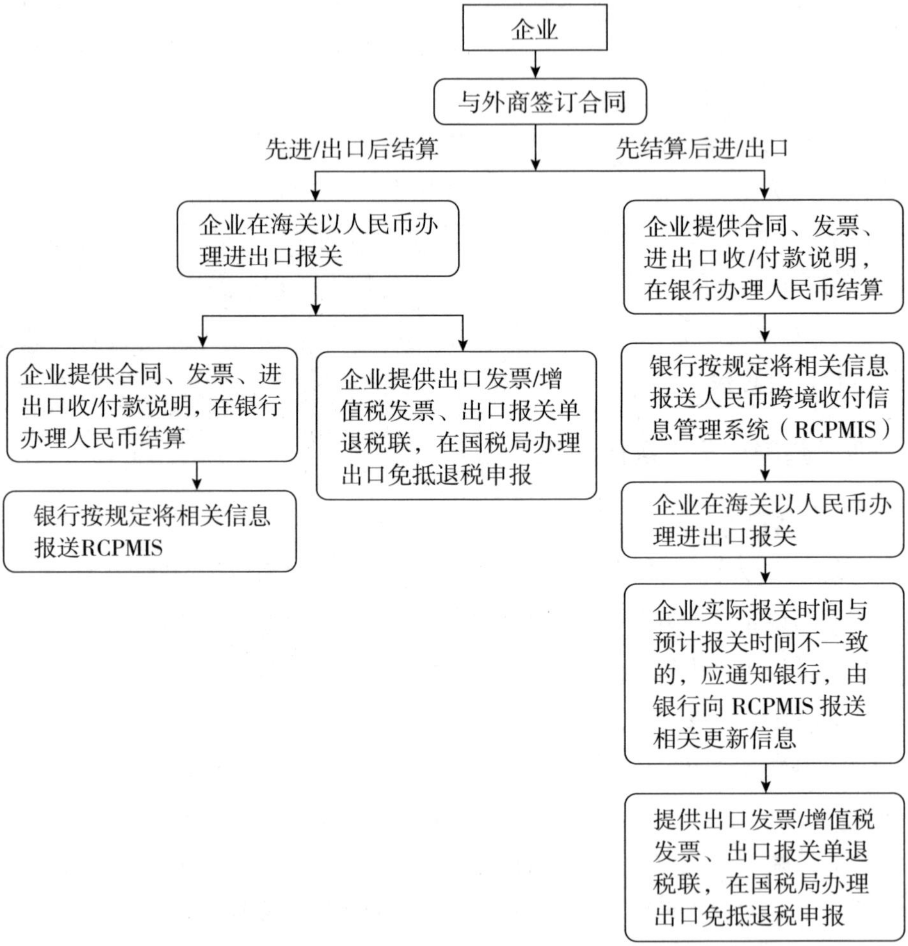

图 5-3　跨境贸易人民币结算业务流程

小贴士

银行费用查询

不同的国际结算方式，银行收取的费用也不同。银行费率可向相关办理银行查询。

以中国银行为例，登录中国银行网站（http://www.boc.cn），从首页中“服务价目公示”框中的“更多”中找到《中国银行服务价目表》（此表为实时更新，以下为2022年8月1日发布的内容），从第四章“公司及金融机构客户服务收费业务”中的“结算与现金管理”和“贸易服务”查到：

1. T/T 汇款（汇出境外汇款）

电汇按汇款金额的1‰，最低50元，最高1 000元，另加电讯费。

信汇、票汇按汇款金额的1‰，最低100元，最高1 200元，另加邮费（如有）。

汇款修改、退汇、汇票挂失支付按100元/笔，另加电讯费。

2. 进口代收

服务内容：根据委托行委托，按指示向付款人交单的服务。

收费标准：进口代收金额的1‰，最低200元，最高2 000元。

3. L/C

服务内容：提供开立进口L/C服务。

收费标准：开证金额的0.05%~1%（具体费率根据业务风险、担保等情况确定）；有效期一个季度以上的每季度加收第一季度费用的30%；不足一季度的按照一季度计算，总费用低于500元的，按500元收取。

该费用通常由进口方承担，如果合同有规定，则由出口商承担。出口商通常承担的费用为银行议付的费用。

跨境人民币结算项下国际结算业务服务价格参照上述标准执行。跨境人民币汇款手续费参照汇出境外汇款手续费执行，另加收电讯费。

第四节　装运通知

一、装运通知

装运通知（Shipping Advice）是卖方应买方的要求，在出口货物装船完毕后，及时向买方（进口商）或进口商指定的保险公司、报关公司发出的关于货物已经装船的详细通知，以便进口商及时办理保险、申请进口许可证和安排接收货物及办理清关等事宜。

通常情况下，进口商需要不定期跟踪出口商的生产、备货情况，与出口商约定每个阶段（如生产完毕、订舱时间、开始装运、装运完毕等节点）通知其进程。

在以 FOB、CFR 价格条件成交的进口贸易合同下，出口商在货物装船完毕后向收货人发出装运通知是合同的一项必要条件。如果货物丢失、受损害，由于出口商 / 境外发货人在货物装船完毕后没有向进口商发出装船通知，致使进口商未能及时投保，则该货物的丢失、受损害由发货人负责赔偿。

装运通知书的内容一般有订单或合同号（Contract No.）、L/C 号（L/C NO.）、商品名称（Commodity）和数量（Shipment Quantity）、总值（Total Value）、唛头（Shipping Marks）、装运口岸（Port of Loading）、装运日期（Date of Shipment）、船名（Vessel Name）及开航日期（Date of Departure）等。

二、装运单据

进口单证是买卖双方交割货物的主要依据和支付货款的凭证。

（一）境外装运单据

（1）发票；

（2）箱单 / 装箱单或磅码单；

（3）品质与重量证书；

（4）原产地证；

（5）卫生证；

（6）无木质包装证明；

（7）提单。

境外出口商可在装运后，将上述单据扫描发给进口商先行审核，如有需要修改的地方可以沟通修改后再邮寄原件和交单，以避免后期因单据有误而贻误进口报关时间。

（二）国内相关证件

进口商需要根据合同发票和货物监管条件，在货物到港前申请办理国内相关证件（如需），如进境动植物检疫证明、自动进口许可证。

第五节　租船订舱、监装

一、选择货代

在我国，除大型进出口贸易公司会成立货运部、报关部等，小型贸易公司为节省成本，通常委托专业货运代理公司（以下简称“货代”）办理租船订舱、报关等事宜。

（一）选择货代

1. 收集货代的信息

贸易公司是货代的潜在客户。只要贸易公司人员咨询，货代人员都会耐心地讲解。

贸易公司通过沟通，会得知货代主要经营业务范围、从事的航线等相关信息。

2. 做出比较

收集到货代公司信息后，主要看其经营的航线优势、价格和服务水平三方面。国际海运的航线很多，大致分为欧洲、地中海、美加、中东、印巴、东南亚、中南美和非洲航线等。船东公司有各自的主营航线，在这些主营航线上航次多、价格优惠、代理点多，服务相对有保障。所合作的船东不同，货代也就形成了各自的优势航线。根据自己需要的航线，可以分别选择不同的货代。因此，与货代交往的时候，需要问“做哪条线比较有优势”或者“哪个船东有优势”。

在货代介绍之后，要留心他们自报的航线运价，看看是否真的比别家便宜。价格比对时，还要注意，运费不但要包括海运费，还要包括各类操作费及杂费。连同各种杂费的运费总开支，行话叫作“All In”价。“All In”价才是比较接近实际支出的价格，最有参考价值。

服务水平方面，在交谈中观察感受货代对国际运输和航线专业知识的了解程度，是否熟悉从订舱到报关的整个流程及各个细节，还可以在网上以货代名字为关键词搜索，侧面了解情况，如是否做过登记，是否得到船东认可等。

（二）货代运费

海运价格除了纯运费外，还有各种杂费，这些杂费有些是船东收取的，有些是出货港 / 目的港码头收取的，还有些是货代自己收取的。而且，很多费用并没有明确的标准，非常灵活。有些费用除了向收货人收取外，还会向发货人（也就是境外供应商）收取。这就很容易产生两个陷阱：一是某些货代巧立名目多收费用，二是货代在收货人和发货人之间调节、转移部分费用。

进口商需要对运杂费的构成有一定的了解，学会分辨“行规”收费项目和乱收费。常见的杂费包括：

（1）起运港码头附件费：ORC（Origin Receiving Charge）；

（2）目的港提货费：DDC（Destination Delivery Charge）；

（3）码头操作（吊柜）费：THC（Terminal Handing Charge）；

（4）燃油附加费：BAF/FAF（Bunker Adjusted Factor/Fuel Adjusted Factor）；

（5）货币贬值附加费：CAF（Currency Adjustment Factor）；

（6）文件费：DOC（Document）；

（7）旺季附加费：PSS（Peak Season Surcharge）。

了解行情，就比较好讲价，可以节省运费开支。但是，注意不要太苛刻。讲价的时候还要注意，国际海运价总是浮动的。随着货运淡旺季和燃油价格的变动，运费会有小幅涨跌，有时候涨跌甚至会达到每个 20 英尺柜上百美元。价格不受货代控制，而是船东说了算，货代通常只能确认本月的价格。可实际上我们经常需要预先问价，以便根据海运价格核算供应商的报价。考虑到交易磋商周期，很可能一两个月以后才能出货。因此，向货代询问价格的时候，不妨告诉他们你大致的出货时间，请货代告知可能的运费变动趋势，以便审核供应商报价时做好充分准备。

小贴士

多了解运费变动趋势

一些货代急于招揽生意，询问的时候他们会说“要尽快订舱，下个月会涨价”云云。多问几家，了解实际的趋势，并选择那些能够如实相告、提供合理建议的货代。

二、租船订舱的程序

进口企业在接到供应商备货通知后（在合同中未规定供应商发出备货通知的情况下，则在交货期前45天）填写好进口订舱联系单，连同合同副本，提交给货运代理公司委托其安排船只或舱位。

（一）租船订舱的程序

根据海运进出口货物代运委托书的内容缮制托运单。

托运单（Shipping Note，B/N）有的地方称为“下货单”。

货代接受托运后，即可向承运单位或其货代办理租船订舱业务。待承运人（船公司）或其代理人签发装货单后，货运代理机构填制显示船名、航次和提单号码的“配舱回单”，连同装货单、收货单一起交付进口企业，托运工作即告完成。

（二）注意事项

（1）应尽早与货代联系，告知发货意向，了解将要安排的出口口岸、船期等情况，确认供应商的交货能否早于开船期至少一周以前，以及船期能否达到自己的交货期要求。应在交货期之前两周向货运公司发出书面订舱通知，通常在开船一周前可拿到订舱单。

（2）如果由供应商支付运费，应尽早向货代或船公司咨询船期、运价、开船口岸等。经比较，选择价格优惠、信誉好、船期合适的船公司，并告知供应商。如供应商不同意，要另选其认可的船公司。应在开船前两周书面订舱。

（3）如果货物不够一个小柜，需走散货时，要向货代订散货舱位。拿到入仓单时，还要了解截关时间、入舱报关要求等内容。

（4）向运输公司订舱时，一定要通过传真、书面、电子邮件等发送订舱单，注明所定船期、柜型及数量、目的港等内容，以避免差错。

小贴士

尽量避免加载、退载和变载

办理订舱手续时，力求准确无误，尽量避免加载（增加订舱数量）、退载和变载的情况发生，以免影响承运人和船代、货代以及港务部门的工作。

（三）催装货物

当办妥租船订舱手续后，应及时将船名及船期通知供应商，以便供应商备货装船，避免出现船等货的情况，必要时可向供应商发出催装通知。催装电文示例如下：

催装电文

From: Date:

To:

Dear Sirs,

Re: Shipment of Contract No.:

Letter of Credit No.:

We wish to advise that the following stipulated vessel will arrive at port, on/about

Vessel's Name: VOY. NO.:

We'll appreciate to see that the covering goods would be shipped on the above vessel on the date of L/C called.

C.C.

Steven Wang

三、进口商自行派船接货

履行 FOB 条件下的进口合同，应由买方负责派船到卖方口岸接运货物。如合同规定，卖方在交货前一定时间内，应将预计装运日期通知买方。买方在接到上述通知后，应及时向运输公司办理租船订舱手续，在办妥租船订舱手续后，应按规定的期限将船名及船期及时通知对方，以便对方备货装船。同时，为了防止船货脱节和出现“船等货”的情况，注意催促对方按时装运。对数量大或重要物资的进口，如有必要，亦可请驻外机构就地了解，或者安排人员前往出口地点实地监装监督查验，督促对方履约。

境外卖方装船后，应及时向买方发出装船通知，以便买方及时办理保险和做好接货等工作。

小贴士

进口商租船 / 订舱注意事项

进口商应该租船还是订舱，取决于进口货物的性质和数量。凡是需要整船装运的，采用合适的船舶承运；小批量或者零星杂货，则通常采用班轮舱位。

进口商在班轮订舱及租用整船时的注意事项：

1. 班轮订舱

（1）洽商班轮舱位时，注意与 L/C 装船日期衔接，保证按时在装运港接运货物。

（2）应在订舱前查明班轮费率表有无附加费、有无折让回扣、计价标准是尺码还是重量吨等。

（3）班轮运输装卸费条件有多种，应注意与进口合同中的费用负担条件相衔接。

（4）应确切了解所订班轮是否直达目的港、停靠港口多少、中途是否转船等。

2. 租用整船

（1）了解运输市场的行情。

（2）了解装卸港口的情况。
（3）根据实际情况选择船型，以保证货物安全运输并尽可能节约费用。
（4）了解各航线港口的习惯、运输契约的格式等。

四、供应商负责订舱

采用 CFR 或 CIF 术语的进口合同，一般由卖方承担海运费（CIF 术语条件下卖方还需负担保险费）。卖方将根据自己的生产进度，选择合适的租船或订舱方式。

第六节　运输

在国际货物运输中，涉及的运输方式很多，其中包括海洋运输、航空运输、铁路运输、集装箱运输、内河运输、邮政运输、公路运输、管道运输、大陆桥运输及多式联运等。

本节仅就常用的运输方式作简要介绍。

一、海洋运输

在国际货物运输中，海洋运输（Ocean Transportation）是最广泛的运输方式。海洋运输具有通过能力大、运量大、运费低廉、对货物的适应性强等优点。但海洋运输受气候和自然条件的影响较大，航期不易准确，而且风险较大。此外，海洋运输的速度也相对较低。

目前，国际贸易进口货物运输多数是通过海洋运输实现的。

二、航空运输

航空运输（Air Transportation）是利用飞机运送进出口货物的运输方式。

优点是速度快、货运质量高、提货方便，适合于急需物资、鲜活商品、精密仪器和贵重物品等。

缺点是价格高，运输的物品量小，包装不宜太大，对货物种类局限较大。

三、铁路运输

铁路运输（Railway Transportation）是利用国际铁路进行国际贸易货物运输的一种运输方式。铁路运输是仅次于海洋运输的一种运输方式。

铁路运输有运量大、速度快、风险小和运营准点的优点。但铁路线路也具有局限性，主要受铁路网络的限制。

此处主要介绍国际铁路联运。所谓国际铁路联运通常指经由两个或两个以上国家的铁路，使用一份铁路运单，承运人根据运单将货物运往终点站交给收货人，并以连带责任办理全程运输的一种国际货物运输方式。

我国通往欧洲的国际铁路联运线有新旧两条“亚欧大陆桥”：一条是利用俄罗斯的西伯利亚大陆桥贯通中东、欧洲各国的旧亚欧大陆桥；另一条是由江苏连云港经新疆与哈萨克斯坦铁路连接，经俄罗斯、波兰、德国至荷兰鹿特丹的新亚欧大陆桥。

随着“一带一路”中欧班列的开通，更多的跨国铁路线正从中国各个城市开往世界各地，具体详见第九章第一节中中欧班列相关内容。

四、集装箱运输

集装箱运输（Container Transportation）是以集装箱作为装载货物的容器，采用一种或多种运输工具进行运输的一种高效的现代化的运输方式。它适用于海洋运输、铁路运输、国际多式联运等。集装箱运输的特点：

（1）提高了装卸效率，提高港口的吞吐能力，加速了船舶的周转和港口的疏港。

（2）减少货物装卸次数，有利于提高运输质量，减少货损货差。

（3）节省包装费、作业费等各项费用，降低货运成本。

（4）简化货运手续，便利货物运输。

（5）把传统单一运输串联成为连贯的成组运输，从而促进了国际多式联运的发展。

在国际贸易中常用的集装箱有20英尺和40英尺两种。部分冷冻食品肉类等需要冷冻集装箱装运。具体可根据货物的特点来选择适合的集装箱来装运。

五、国际多式联运

国际多式联运（International Multimodal Transportation）也称多式联运，是在集装箱运输的基础上产生和发展起来的，是集装箱货物运输的高级组织形式。它以集装箱为媒介，按照国际多式联运合同，以至少两种不同的运输方式，由多式联运经营人将货物从一国境内的接管地点运至另一国境内指定交付地点，把水路、公路、铁路和航空多种运输方式有机结合起来，实现“门到门”的服务。

在国际贸易中，由于多数货物的运输是通过海洋运输完成的，故海洋运输在国际多式联运中占据主导地位。

在一般进口业务中，国际多式联运主要包括以下环节：

（1）接受托运申请，订立多式联运合同。

（2）安排空箱的发放、提取，装载货物。

（3）货物装箱及交接。

（4）订舱及安排货物运送。

（5）办理货物运送保险。

（6）签发多式联运提单，组织完成货物的全程运输。

（7）货物运输过程中的海关业务。

（8）货物到达交付。

第七节　进口货物运输保险

一、办理进口货物运输保险的方式

FOB 或 CFR 条件下的进口合同，保险由买方办理。进口商（或收货人）在向保险公司办理进口货物运输保险时，有两种做法，一种是逐笔投保方式，另一种是预约保险方式。

（一）逐笔投保方式

进口商（或收货人）在接到境外出口商发来的装船通知后，直接向保险公司提出投保申请，填写起运通知书，并送交保险公司。保险公司承保后，即在起运通知书上签章，进口商（或收货人）缴付保险费后，保险公司出具保险单，保险单随即生效。

（二）预约保险方式

进口商（或收货人）同保险公司签订一个总的预约保险合同，按照预约保险合同的规定，所有预约保险合同项下的按 FOB 及 CFR 条件进口货物的保险，都由该保险公司承保。预约保险合同对各种货物应保险的险别作出具体规定，故投保手续比较简单。每批进口货物，进口商在收到境外装船通知后，直接将装船通知寄到保险公司或填制国际运输预约保险起运通知书，将船名、提单号、开船日期，商品名称、数量，装运港、目的港等项内容通知保险公司，即为已办妥保险手续，保险公司对该批货物负自动承保责任，一旦发生承保范围内的损失，由保险公司负责赔偿。

二、支付进口货物运输保险费的时间和方式

逐笔投保方式以进口货物国际运输预约保险起运通知书上填明的保险金额为准，由进口公司直接付给保险公司。

预约保险方式以进口货物装船通知书或其他具有保险要求的单证为依据，由保险公司每月一次计算保险费后向进口公司收取。

三、进口货物运输保险单

进口合同如采用 CIF 贸易术语，出口商提供的单据中应有保险单，保险单中的保险金额和保险险别应与进口合同或 L/C 规定相符。

在进口业务中如采用 FOB 或 CFR 贸易术语对外成交时，由进口商办理保险。通常专业外贸公司都同保险公司签有预约保险协议，此协议规定所有按照 FOB 及 CFR 条件进口货物的保险，都由保险公司承保。因此，进口商在收到境外装船通知后，即缮制保险通知单，将船名、开船日期、估计到达时间、商品名称、数量、金额，装运港、目的港等项目内容通知保险公司，或将对方发来的装船通知作为投保通知。保险公司确认盖章后，即为已办妥保险手续。

货物运输险投保单样式可参见本书附录七。

第八节　代理进口须知

本章从第一节到第七节详细介绍了自营进口货物的情况。本节主要介绍进口企业在没有对外贸易经营权的情况下或缺乏某种产品进口资质的情况下，委托国内具有进出口经营权和相关备案资质的企业来代理进口的情形。对相同部分不再赘述，仅对不同部分进行介绍。

一、代理进口付汇须知

外汇局印发的《经常项目外汇业务指引（2020 年版）》第九条规定：企业应按照“谁出口谁收汇、谁进口谁付汇”原则办理贸易外汇收支业务，外汇管理法规另有规定的除外。

代理进口业务原则上应由代理方付汇。代理进口业务项下，委托方可凭委托代理协议将外汇划转给代理方，也可由代理方购汇。

二、代理进口合同

代理进口合同，通常为三方协议，约定从境外指定出口商处进口特定货物。涉及的三方分别是：

（1）进口方（具有进出口经营权和相关产品进口备案资质的企业，即被委托方）。

（2）最终用户（国内最终货主，即委托方）。

（3）出口方（境外出口商）。

三、代理进口流程

代理进口业务流程如图 5–4 所示。

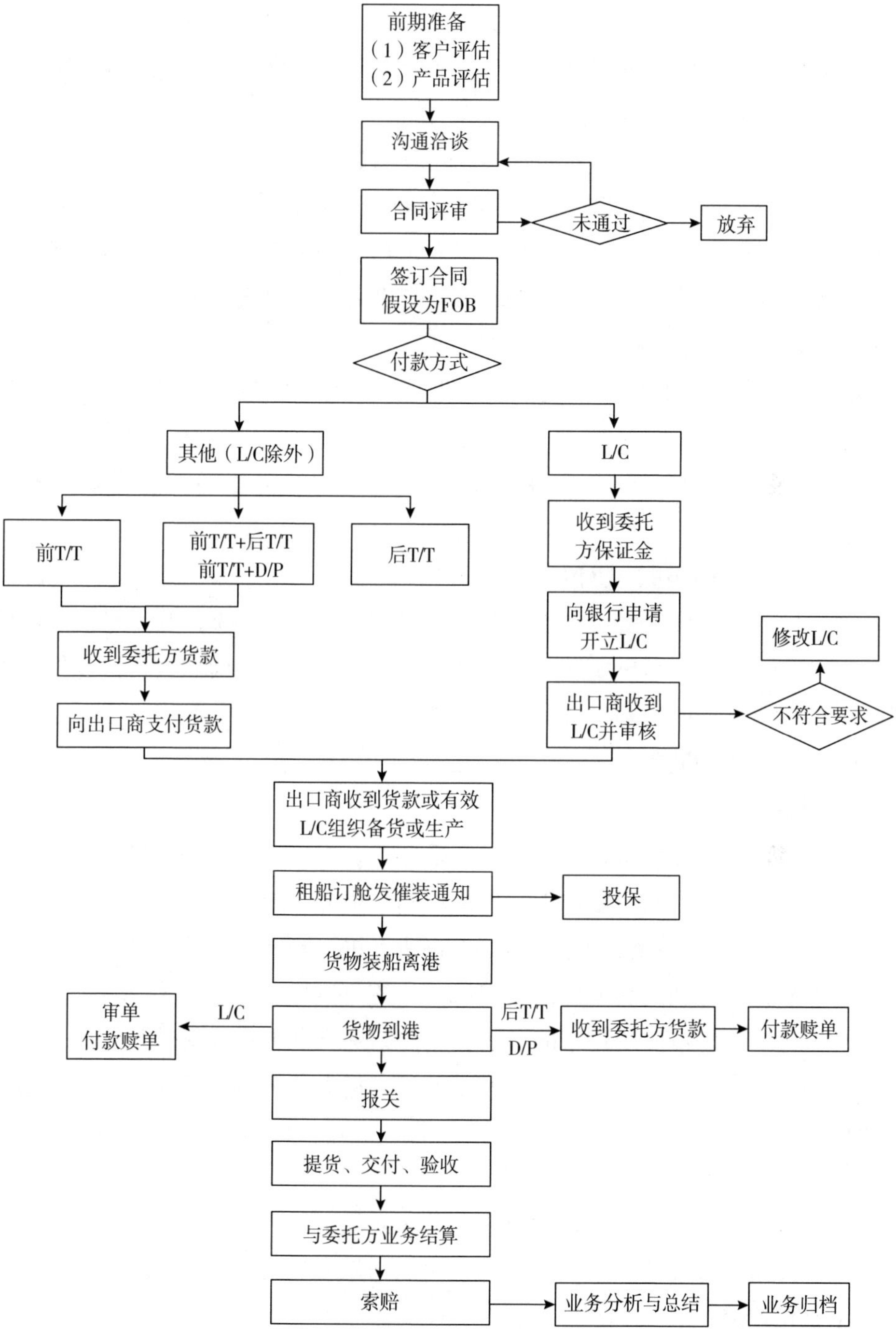

图 5-4　代理进口业务流程

（一）委托方询价，受托方报价

客户（委托方）准备进口某货物，无进出口经营权，欲寻求具有资质的进口商（被委托方）作为贸易代理，进口商品。

客户了解进口代理的整体流程和代理费用。

如果供应商报价为 CFR 报价或 CIF 报价，只需向客户提供进口清关费用报价及进口税费（关税、增值税等），以及进口代理费、国内的相关运输费等。

如果供应商报价采用如下贸易术语，则仍需向客户报如下费用：

FOB：需联系货运公司提供运输报价。

EXW：包括从境外工厂发货到装运港，国际海陆空运输及境内送货至客户指定地点的全部运输费用。

给客户做个报价单，这样客户在核算完成后就可以弄清楚进口的相关成本。

（二）签订代理进口协议

客户同意进口代理费用方案，要求进口商（被委托方）作为贸易代理，即合同买方。双方根据客户提供的信息签署代理进口协议。代理进口协议模板参见本书附录八。

（三）履行代理进口

1. 跟单

（1）进口业务部根据客户提供的联系方式、报价资料等联系境外供应商，准备起草进口外贸合同（通常为进口代理商、境外供应商、客户三方合同）。

（2）准备合同（被委托方为买方），将所有进口合同的条款与委托方确认，在委托方授权的范围内和境外供应商谈判，签订进口合同。

（3）将境外出口商发过来的发票、箱单等递交财务作为对外付汇用文件。

（4）准备合同、发票、箱单、申报要素、进口所需其他资质文件作为清关用文件。

2. 收付款

（1）客户（委托方）将货款及全部费用打入被委托方公司账户。

（2）公司财务部按照进口合同和客户的指示安排 T/T 或申请开立 L/C。

3. 国际物流

境外出口商或发货人通知货物准备完毕可以发货。进口商根据其装船通知书派船接货。

EXW：联系货运公司发货人所在国家（地区）的代理或合作方到发货人指定地点提货，并安排境外装运港的清关。

FOB：境外发货人负责发货到装运港并完成清关。被委托方只需联系货运公司安排国际海陆空运输。

4. 代理进口清关

（1）收集跟单部门制作的单据，货物到达国内目的港后完成缴税、商检等工作。

（2）对清关过程中产生的问题随时同客户沟通解决。

5. 境内物流

按照客户要求联系货运公司将货物送至客户指定地点，客户验收货物。

6. 财务票据

向客户提供全部代理进口的发票及税单，并开具代理进口业务费用的发票。

第六天

THE
SIXTH DAY

进口货物通关

本章主要介绍进口货物的通关。目前，国际贸易通关过程所涉及的大多数部门都具备业务管理信息系统，实现了各自业务申请、办理、批复的电子化。

近年来部分沿海口岸管理部门在试点“单一窗口”，实现企业一次录入数据后向多个管理部门的系统进行申报，取得了良好的应用效果。

“单一窗口”标准版依托中国电子口岸平台，申报人通过“单一窗口”标准版一点接入，一次性提交满足口岸管理和国际贸易相关部门要求的标准化单证和电子信息，实现数据共享，优化通关业务流程，提高申报效率，缩短通关时间，降低企业成本，促进贸易便利化，推动国际贸易合作对接。

以下主要介绍如何通过“单一窗口”标准版申报进口货物及在通关过程中如何进行整合申报。

第一节　熟悉网上通关服务平台

一、两个通关服务平台

（一）“单一窗口”标准版

“单一窗口”标准版为网页形式，用户打开浏览器输入网址 http://www.singlewindow.cn 即可访问。

新企业通过“单一窗口”标准版进行企业注册登记时，点击页面上方的“注册”按钮，进入注册页面完成用户注册手续。

“单一窗口”标准版有如下登录方式：

方式一：通过首页右上角“登录”键进入登录界面（如图 6-1 所示）；

方式二：点击首页菜单中“地方导航”，在全国各地“单一窗口”导航图上点击企业所在省份。例如，北京市的企业点击北京市地图后进入中国（北京）国际贸易单一窗口（http://www.bjsinglewindow.com）；

方式三：如果企业申请办理了电子口岸 IC 卡（或 U 盾），也可以通过“中国电子口岸”主页登录。

图 6-1　中国国际贸易单一窗口登录界面

（二）全国海关“互联网 + 海关”一体化网上办事平台

“互联网 + 海关”一体化网上办事平台（http://online.customs.gov.cn，如图 6-2 所示）于 2017 年 6 月 30 日上线运行。[①] 该平台按照国务院“互联网 + 政务服务”技术体系建设指南开发建设，涵盖用户访问（“我”）、信息资讯（“我要看”）、信息检索（“我要查”）、服务引导（“我要办”）、咨询问答（“我要问”）、监督评价（“我要评”）、个性化推送（“我的”）七大功能。其中“我要办”事项包括运输工具、卫生检疫、动植物检疫、货物通关、物品通关、商品检验、进出口食品、税费业务、加贸保税、行政审批、企业管理和稽查、知识产权和其他。

“互联网 + 海关”一体化网上办事平台上线后，基本实现了“单点登录、全网通办”。统一服务入口、统一身份认证，用户通过一体化平台登录后，可办理目前全国海关所有的网上服务事项。

为适应移动互联网趋势，方便企业和个人通过移动端办理政务事项，根据“互联网 + 海关”PC 版，同步建设了移动客户端“掌上海关”App。

---

① 摘自中国政府网 http://www.gov.cn/xinwen/2017-07/01/content_5207210.htm。

图 6-2 “互联网 + 海关”一体化网上办事平台

“掌上海关”App 作为海关移动应用的统一入口，与“互联网 + 海关”一体化网上办事平台基于同一用户及认证系统，栏目及设置与“互联网 + 海关”一体化平台一致，实现了“单点登录、全网通办”。

“掌上海关”App 整体布局分为“首页、办事、服务、我的”四个部分，目前涵盖信息资讯（“我要看”）、信息检索（“我要查”）、服务引导（“我要办”）、咨询问答（“我要问”）、监督评价（“我要评”）、消息功能（“已办事项”）、个性化功能（“我的”）及用户注册登录、运维公告、小应用语音搜索和常用应用、特色专题应用等基础功能。

二、两个通关服务平台的关系

根据《海关总署推进“互联网 + 海关”建设工作方案》要求，“互联网 + 海关”将与国际贸易“单一窗口”兼容，企业可以通过“互联网 + 海关”一体化网上办事平台或“单一窗口”向海关进行数据申报或传输。

“互联网 + 海关”一体化网上办事平台在开发建设过程中，与“单一窗口”做到统筹建设、有效衔接。下文仅介绍国际贸易“单一窗口”标准版的相关内容，“互联网 + 海关”一体化网上办事平台的内容与其相似，不再赘述。

三、“单一窗口”标准版实现“五个一”

“单一窗口”标准版是全国通关一体化的重要依托和平台，企业只需要通过“单一窗口”标准版填报一次数据，即可同时完成向海关、海事和边检等单位的申报以及后续的电子核放。

“单一窗口”标准版应用服务，以“总对总”方式与各口岸管理和国际贸易相关部门系统对接，实现申报人通过“单一窗口”标准版一点接入、一次性提交满足口岸管理和国际贸易相关部门要求的标准化单证和电子信息，基本覆盖口岸大通关全流程业务办理，其便利性主要体现在以下 5 个方面：

1. 一点接入

数据多跑路，企业少跑腿。面对“单一窗口”一个平台，可一次性录入或导入申报数据，申领涉及商务部、农业农村部、国家林业和草原局等多个进出口贸易部门的多种许可证件，一次提交企业备案数据，并行办理海关备案登记及其他资质备案。

2. 一次提交

数据一次录入提交，多次共享使用，有效提高企业申报效率和准确率。

3. 一次查验

一次移箱，一次开箱，联合查验。

4. 一键跟踪

一键订阅，全程跟踪，有序调度。查询统计功能实现进出口贸易全流程通关状态查询，提供企业手机 App 一键订阅服务，实时推送通关状态信息，便于企业实时跟踪、全程掌握，有序开展生产运营活动，有效缩短货物通关时间。

5. 一站办理

企业便利，监管高效，环境优化。企业可以通过“单一窗口”标准版一站式线上办理申报、查验、支付、放行业务，并伸延到许可资质、出口退税办理等贸易管理环节。

第二节　做好通关准备工作

使用新版报关单申报前，企业需事先完成“单一窗口”标准版用户注册、企业资质备案和电子口岸 IC 卡申请。申报过程中如遇到问题，可及时通过海关 12360 热线咨询。

一、用户注册

“单一窗口”标准版用户注册的基本流程如下：

（1）创建用户名和密码；

（2）填写企业和企业操作员基本资料；

（3）获取企业已备案的资质信息；

（4）绑定电子口岸 IC 卡信息。

在“单一窗口”标准版门户网站（https://www.singlewindow.cn）首页右上角点击“注册”字样，进入“单一窗口”标准版注册界面，选择“企业用户”，按其要求填写相关信息并完成注册。

用户若已申领过电子口岸 IC 卡，在点击“注册”时，需插入 IC 卡，输入 IC 卡密码。密码验证通过后进入管理员账号注册界面，系统自动返填企业基本信息。

无卡用户点击“注册”，进入管理员账号注册界面，点击“新增无卡操作员”显示界面（初始密码是 88888888）。

二、企业资质备案

完成报关单位及人员备案：

（1）登录“单一窗口”标准版，进入企业资质备案子系统。

（2）新企业进入企业资质备案子系统后，可以进行海关企业备案登记。

（3）根据“单一窗口”的要求，对缺少的资料和信息进行补录登记。

三、电子口岸 IC 卡申请

新报关单所需的卡介质为电子口岸 IC 卡；用户可到中国电子口岸（www.chinaport.gov.cn）查询各地电子口岸办理渠道。具体情况可参阅本书第三章第五节的内容。

第三节　进口货物申报

进行进口货物申报时，进口企业可以委托报关企业进行申报，也可以自行申报。

一、电子代理报关委托

电子代理报关委托系统由中国报关协会组织研发和管理，并授权各地方报关协会协助管理和服务。报关企业须在该系统备案登记，通过中国报关协会及其授权的地方报关协会审核，方可接受委托报关。

当进口企业需要委托报关企业进行报关时，可凭电子口岸 IC 卡 /U 盾（法人卡）登录中国电子口岸主页（https://www.chinaport.gov.cn/），在公共服务模块中选择“中国电子口岸执法系统安全技术服务用户登录”点击进入业务系统，选择“报关代理委托”模块，可凭电子口岸 IC 卡 /U 盾 / 或输入用户名和密码，进入电子代理报关委托系统（如图 6–3 所示）中，通过在系统中的委托关系管理项下选择报关企业，发起委托申请，由报关企业登录系统确认委托申请书，委托双方在本系统确认电子代理报关委托书（相关内容可参见本书附录九），报关企业在申报时将其作为电子报关单随附单证发送至海关通关系统。

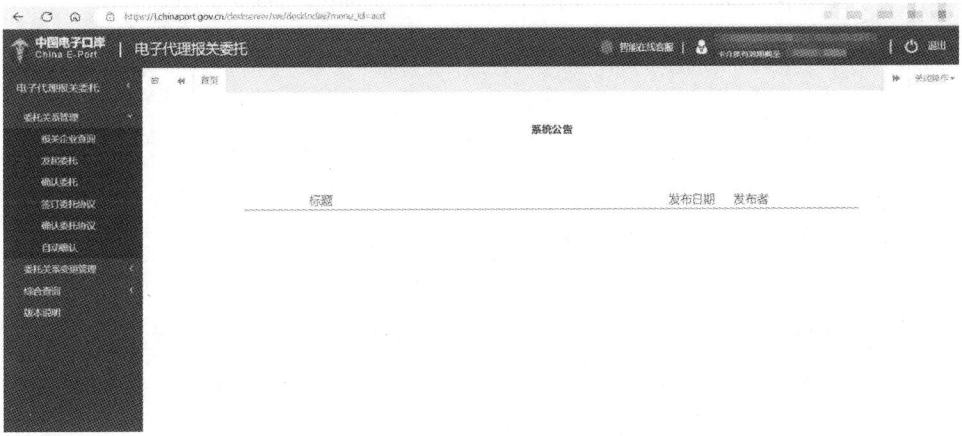

图 6–3　中国电子口岸电子代理报关委托系统

外贸企业和报关企业在中国电子口岸平台上进行委托，不仅能减少流转，也更方便追溯。海关施行报关电子委托，取代过去的纸质版报关委托书，进一步实现了无纸化通关。

企业可通过此管理系统进行委托关系变更，也可查询其委托的报关行和报关员的具体信息。

进出口货物的收发货人以自己的名义向海关申报的，通过登录“单一窗口”标准版进行申报即可。若进出口企业需委托报关企业进行申报，报关企业以自己的名义或以委托人的名义向海关申报的，在此之前双方需通过“电子代理报关委托”模块在系统中签署电子代理报关委托书。在申报时，系统会自动提取由委托人签署的电子代理报关委托书，并按照委托书的授权范围办理有关海关手续。

二、进口货物“两步申报”

为贯彻落实国务院“放管服”改革要求，进一步优化营商环境、促进贸易便利化，自 2019 年 8 月 24 日起，海关总署决定在部分海关开展进口货物“两步申报”改革试点。自 2020 年 1 月 1 日起，海关总署开始全面推广进口货物“两步申报”改革试点。

进口收货人或代理人可通过国际贸易“单一窗口”（https://www.singlewindow.cn）或“互联网 + 海关”一体化网上办事平台（http://online.customs.gov.cn），开展进口货物“两步申报”，也可通过“掌上海关”App 开展非涉证、非涉检、非涉税情况下的概要申报。

境内收发货人信用等级为一般信用及以上，实际进境的货物均可采用“两步申报”。

推广“两步申报”改革，同时保留现有申报模式“一次申报”，企业可自行选择任一种模式进行申报。

“两步申报”通关模式流程如图 6–4 所示。具体流程为舱单提前传输→概要申报→准入检查 / 货物提离→完整申报→办理相关手续→放行。

（一）“两步申报”简介

在“两步申报”通关模式下，企业不需要一次性填报所有申报项目，可分为概要申报及完整申报两步进行：

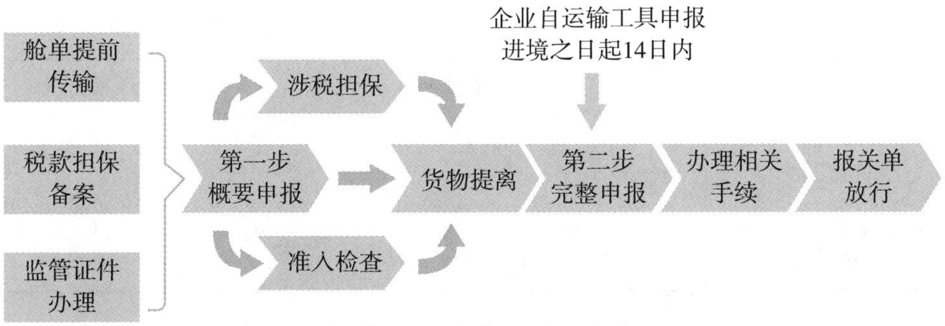

图 6-4 “两步申报”通关模式流程图

第一步，企业概要申报后经海关同意即可提离货物；

第二步，企业在规定时间内完成完整申报。

1. 概要申报

企业向海关申报进口货物，首先需要确认进口货物的情况是否属于禁限管制，是否依法需要检验或检疫（是否属于法检目录内商品及法律法规规定需检验或检疫的商品），是否需要缴纳税款。

对于应税货物，企业需提前向注册地直属海关关税职能部门提交税收担保备案申请；担保额度可根据企业税款缴纳情况循环使用。

（1）对于不属于禁限管制，且不属于依法需检验或检疫的货物，企业只需申报 9 个项目（见表 6-1），卡口放行企业需确认涉及的 2 个物流项目，即毛重、集装箱号。对于应税的货物须选择符合要求的担保备案编号。

表 6-1 不属于禁限管制且不属于依法需检验或检疫的货物在概要申报环节申报的项目

申报项目	项目名称	填报方式
企业信息	境内收发货人	必填
运输信息	运输方式 / 运输工具名称及航次号	必填
	提运单号	必填
监管方式	监管方式	必填
货物属性	商品编码（6 位）	必填
	商品名称	必填

续表

申报项目	项目名称	填报方式
货物属性	数量及单位	必填
	总价	必填
国别信息	原产国（地区）	必填

对于涉及禁限管制的货物，需增加申报 2 个项目，即许可证号 / 随附单证代码及编号、集装箱商品项号关系。

对于依法需要检验或检疫的货物，需增加申报 5 个项目，即产品资质（产品许可 / 审批 / 备案）、产品编号（10 位）+ 检验检疫名称、货物属性、用途、集装箱商品项号关系。

如果货物不涉税也不需查验，即可提离；涉税货物已经提交税款担保的且需查验货物海关已完成查验的，也可以提离。

（2）对于属于禁限管制的，需增加申报 2 个项目，分别是许可证号 / 随附证件代码及随附证件编号、集装箱商品项号关系。

概要申报需申报的内容如图 6–5 所示。

2. 完整申报

企业需自运输工具申报进境之日起 14 日内完成完整申报、办理缴纳税款等通关手续。税款缴库后，企业担保额度自动恢复。如概要申报时选择不需要缴纳税款，完整申报时经确认需要缴纳税款的，企业应当按照进出口货物报关单撤销的相关规定办理。

加工贸易和海关特殊监管区域内企业以及保税监管场所的货物申报在使用金关二期系统开展“两步申报”时，第一步概要申报环节不使用保税核注清单，第二步完整申报环节报关单按原有模式，由保税核注清单生成。

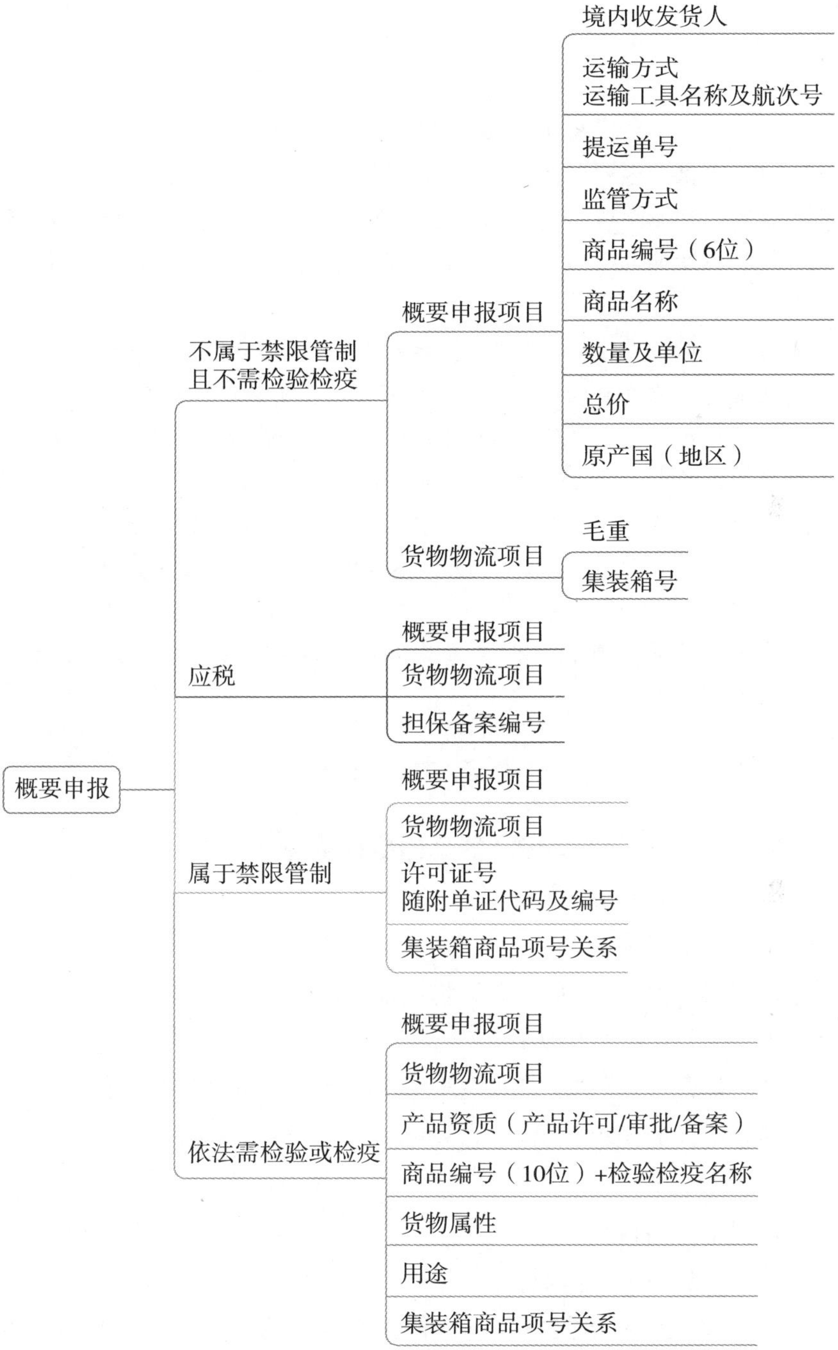

图 6-5　概要申报需申报的内容

小贴士

“两步申报”的其他注意事项

1. 概要申报与完整申报是同一份报关单，只有一个报关单号。

2. 实施“两步申报”改革的同时，仍保留现有申报模式（即传统申报模式——“一次申报”模式），企业可根据实际需求自行选择一种模式进行申报。

3. 海关布控查验只会在概要申报环节产生，不会在完整申报环节产生。

海关查验必须在货物运抵后实行，不可以在货物运抵前安排查验。

4. 企业适用“两步申报”须承诺按照规定时限进行完整申报。海关对报关单概要申报的申报时间进行记录，对因企业原因未在规定时限内进行完整申报的，将作为调整企业适用“两步申报”资格及信用等级的依据之一。

5. “两步申报”采用无纸化通关，不需要现场交单，报关信息通过“单一窗口”标准版上传。

6. 企业如果有问题，可以在海关门户网站上提交业务咨询，或拨打12360咨询热线。

（二）“两步申报”通关模式的具体操作步骤

1.“单一窗口”申报步骤

第一步　概要申报：

①登录“单一窗口”，进入“货物申报”模块；

②进入“两步申报”模块；

③选择“是否涉证”“是否涉检”“是否涉税”（如图 6-6 所示）；

④按照系统界面要求，录入相关信息（如图 6-7 所示）。

第二步　完整申报：

①登录“单一窗口”；

②进入“两步申报”模块；

③查找已完成概要申报并可以进行完整申报的报关单，按照系统界面要求，录入相关信息。

图 6-6　中国国际贸易单一窗口—货物申报（界面一）

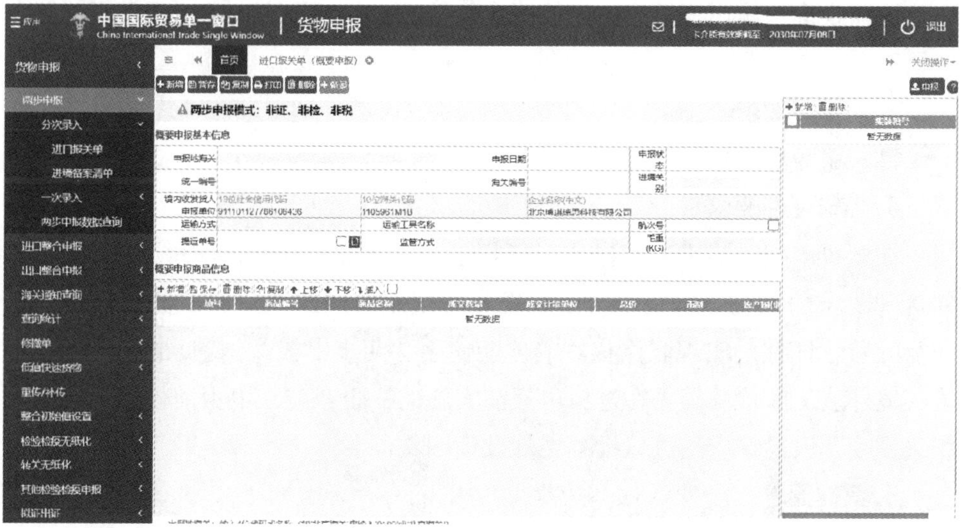

图 6-7　中国国际贸易单一窗口—货物申报（界面二）

2. 报关单填制

完整申报项目中，商品编号（6位）填报《进出口税则》和《中华人民共和国海关统计商品目录》确定编码的前6位；数量及单位填报成交数量、成交计量单位；总价填报同一项号下进口货物实际成交的商品总价格和币制，如果无法确定实际成交商品总价格则填报预估总价格。

报关单申报项目填制要求按照《海关总署关于修订〈中华人民共和国海关进出口货物报关单填制规范〉的公告》（海关总署公告2019年第18号）执行。

3. 申报状态查询

企业可进入“单一窗口”中的“两步申报数据查询”模块，在弹出的“两步申报”状态查询界面，可以通过输入报关单号，查询报关单状态。

（三）“两步申报”的条件要求

1. 时限要求

完整申报需在自运输工具申报进境之日起14日内完成，否则将不可以采用“两步申报”。

2. 资质要求

境内收货人信用等级为一般信用及以上的，其货物实际进境可采用“两步申报”。

3. 进出境要求

目前“两步申报”只限进口货物。

4. 监管证件要求

在概要申报前需准确掌握进口货物是否“涉证、涉检、涉税”，有监管证件管理要求的，企业应在申报前根据相关规定办理进口所需的监管证件，所涉及的监管证件已实现联网核查的才能使用“两步申报”。检疫准入、境外预检、境外装运前检验等需在进口申报前实施的，企业应在申报前根据规定办理相关手续，取得相应的进口批准文件及证明文件。

5. 其他要求

舱单传输义务人按照规定时限和填制规范要求向海关传输舱单数据。

（四）“两步申报”通关的优势

1. 提货速度更快

“两步申报”模式下，凭借提单信息完成概要申报，完成必要的口岸查验后，即可提离，不必等到完税，提货速度大大加快。货物在码头滞留时间得以减少，避免了传统模式下遇到载货船舶已抵港但商业单证未备齐而无法报关的情况。

2. 通关成本降低

通过“两步申报”模式，企业可以在提供担保的前提下进行概要申报，不需要实际缴纳税款就能将货物提离口岸，在完整申报时再完成税款缴纳。担保的形式可以是保证金、银行保函或者保证保险，而且高级认证企业可以向海关申请免担保，即无须向海关提供任何有形的担保方式，仅凭企业的良好信用即可享受先放行货物后缴纳税款的待遇，可有效降低企业财务压力。

3. 申报差错率减少

“两步申报”改革前，企业需一次性完整申报 105 个项目，收集申报信息和备齐单证的通关准备时间较长，且容易引发申报差错。

改革后，概要申报内容不到完整申报项目的 1/5，从申报内容和时限来看，企业有更充裕的时间获取货物信息、准备报关资料，漏报、错报等情形会有效减少，可降低因申报差错引发的信用等级下调风险。

4. 政策叠加效应明显

（1）“两步申报”+“汇总征税”

“两步申报”报关单采用“汇总征税”模式纳税的，企业的汇总支付时限为完整申报计税处理完成后下一个月的第 5 个工作日结束前，缓税期会更长。

（2）“两步申报”+“提前申报”

对应近海运输的进口货物，在传统模式下因单证不齐不能提前申报，常常发生货物已抵港却不能及时申报，从而产生滞港费等问题。在“两步申报”模式下，不用等到单据齐全，仅凭舱单数据及电子文档即可提前申报，货物到港即放行提离，14 天内凭原始凭证完成完整申报并缴税即可。

5. 配套措施完善

各海关都在积极完善各项配套措施，服务企业运用“两步申报”通关模式，帮助企业尽快熟悉流程，为通关再提速。

三、海关查验

海关查验指海关在接受报关单位的申报后，依法为确定进出境货物的性质、原产地、货物状况、数量和价值是否与货物申报单上已填报的详细内容相符，对货物进行实际检查的行政执法行为。海关实施查验可以是彻底查验，也可以是抽查。

查验操作可以分为人工查验和设备查验。海关可以根据货物情况以及实际执法需要，确定具体的查验方式。人工查验包括外形查验、开箱查验。外形查验是指对外部特征直观、易于判断基本属性的货物的包装、运输标志和外观等状况进行验核；开箱查验是指将货物从集装箱、货柜车箱等箱体中取出并拆除外包装后对货物实际状况进行验核。

"单一窗口"上线后，空、海港推行查验计划无纸化作业，由进口地海关将查验指令电子信息实时发送至进口企业和港务部门，港区收到指令后即安排集装箱的落箱计划，查验计划一般在5分钟内安排妥当，无须报关员在海关和码头间拿着纸质查验单人工跑腿，大大缩短了通关时间。

四、企业缴纳税费

为进一步提升税费支付效率，自2018年10月1日起停止使用原海关税费电子支付系统，全面启用新一代税费电子支付系统。企业可选择通过柜台或登录"单一窗口"使用新一代税费电子支付系统缴纳海关税费。

该系统目前可支付的税费种类有进出口关税、反倾销税、反补贴税、进口环节代征税、废弃电器电子产品处理基金、缓税利息、滞纳金等。企业通过"单一窗口"缴纳税费，需提前做好以下准备事项：

（1）中国电子口岸的入网用户，取得企业法人卡及操作员卡，在"单一窗口"标准版完成用户注册。只有使用电子口岸IC卡登录"单一窗口"标准版，才能使用税费电子支付系统。

（2）在开通新一代税费支付业务的商业银行开设账号；需在开户商业银行进行统一信用代码备案。

（3）登录税费电子支付系统，与海关和商业银行签订电子支付三方合作协议。

企业收发货人，以海关电子缴税方式缴纳税款后，可以通过"互联网+海关"一体化网上办事平台或"单一窗口"标准版下载电子《海关专用缴款书》，可以实现《海关专用缴款书》自行打印。

小贴士

一张小保单，通关新利器——进口关税保证保险单

一、关税保证保险概念

关税保证保险是由具备资质的保险公司为企业提供关税担保，在货物通关时，凭借“一张保单”即可享受“先放行后缴税”的便利保证保险。

“关税保证保险”是以进出口货物收发货人作为投保人，海关作为被保险人，企业向保险公司购买关税保证保险后，凭借保险公司出具的关税保证保险单向海关办理税款类担保手续，可实现货物“先放行后缴税”。

这是我国首例被保险人是政府机关的保险产品。简单地说，作为投保人的进出口企业一旦未按海关规定缴纳关税，相关保险公司就需要按照保险合同的约定，向海关赔付投保人应缴纳的税款，国家税收安全得到了充分保障。

二、行业发展动态

2018 年 10 月 31 日晚，中国银行保险监督管理委员会（以下简称“银保监会”）与海关总署联合对外发布《关于开展关税保证保险通关业务试点的公告》（海关总署 银保监会公告 2018 年第 155 号），将此前开放的 10 个关税保证保险试点范围扩大至全国。

参加试点的保险公司有 3 家，分别是中国人民财产保险股份有限公司、中国太平洋财产保险股份有限公司和中银保险有限公司。

以中国人民财产保险股份有限公司为例，自 2018 年 9 月 1 日海关总署启动关税保证保险试点工作以来，已承保业务 469 笔，为 128 家企业释放了合计 7.18 亿元的保证金，保障范围覆盖全部 10 家试点海关，在确保海关税款安全的同时，企业实现了“先通关后缴税”，通关效率也得到提升。

三、利好进出口企业

1. 降低企业融资成本，激发企业活力。关税保证保险手续简单、保额灵活、不占用企业资金和银行授信额度。原先公司受制于银行信用额度，只能缴纳现金保证金。实施关税保证保险改革后，企业可以通过购买关税保证保险，替代原先的现金保证金和银行保函，不仅保险费率较银行费用低、降低了运营成本，还减少了资金占用，提高了资金周转效率。

2. 提升通关效率。当企业拿到关税保证保险单备案通知书，将保险单号连同其他报关信息录入系统后，半小时左右就能收到进口货物的放行通

知。有了保证保险单的备案通知书，企业可以在货物放行之后再支付关税，节省了通关时间，更重要的是不占用企业资金，降低了资金成本和制度性交易成本。

3. 降低企业进口成本。根据从某外贸公司了解到的情况，采用凭保单形式通关放行，比入保税库成本降低约 2 000 元 / 柜，比入保税库时间节约 2 天 / 票，比正常放行节省周转资金约 20 万元 / 柜。

五、海关放行货物

缴纳完税费后，或者通过关税保证保险单，海关放行货物。

企业收发货人在货物放行后，可以通过“互联网 + 海关”一体化网上办事平台或“单一窗口”标准版下载电子进口货物报关单自行打印。

进口货物报关单如图 6-8 所示。

中华人民共和国海关进口货物报关单

预录人编号：　　海关编号　　（XX 海关）　　页码 / 页数：

境内收货人	进境关别		进口日期		申报日期	备案号	
境外发货人	运输方式		运输工具名称及航次号		提运单号	货物存放地点	
消费使用单位	监管方式		征免性质		许可证号	启运港	
合同协议号	贸易国（地区）		启运国（地区）		经停港	入境口岸	
包装种类	件数	毛重（千克）	净重（千克）	成交方式	运费	保费	杂费
随附单证及编号							
标记唛码及备注							

项号	商品编号	商品名称及规格型号	数量及单位	单价 / 总价 / 币制	原产国（地区）	最终目的国（地区）	境内目的地	征免
		—						

报关人员	报关人员证号	电话	兹申明对以上内容承担如实申报、依法纳税之法律责任	海关批注及签章
申报单位			申报单位（盖章）	

图 6-8　进口货物报关单

六、海关签发进口相关证明文件

部分进口货物（如食品等）经法定检验合格，由海关签发《入境货物检验检疫证明》（如图 6-9 所示）后，货物才准予销售、使用。否则，即使提前完成报关、海关放行，也不允许上市销售和使用。

检验检疫不合格者，需要对外索赔的，由海关签发检验证书，供收货人、用货部门办理对外索赔。对于经检验检疫不合格的货物，海关签发检验检疫处理通知书，货主或其代理人应在海关的监督下进行处理。无法进行处理或处理后仍不合格的，作退运或销毁处理。

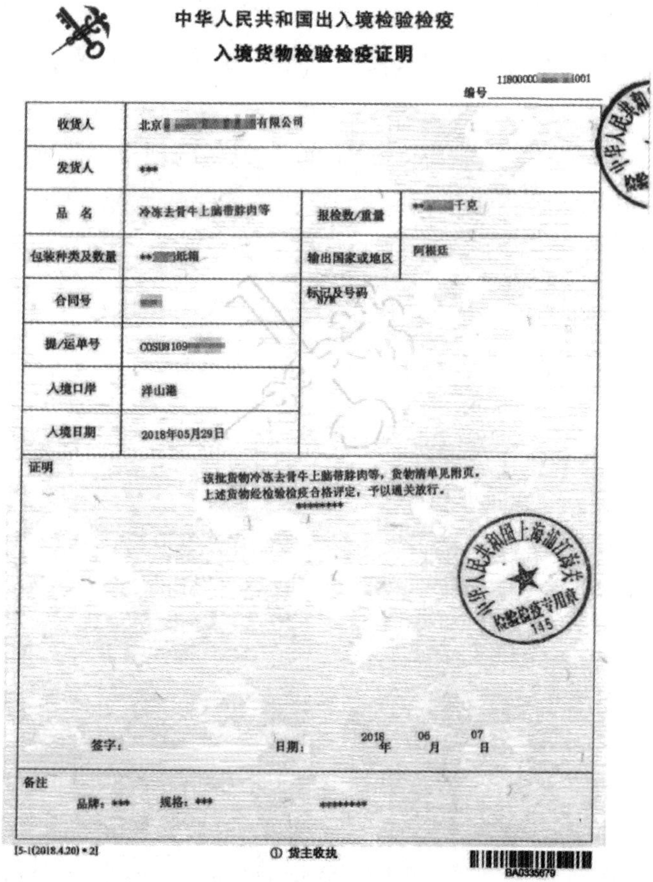

中华人民共和国出入境检验检疫

入境货物检验检疫证明

编号 11800000[redacted]1001

收货人	北京[redacted]有限公司		
发货人	***		
品　名	冷冻去骨牛上脑带脖肉等	报检数/重量	**[redacted]千克
包装种类及数量	**[redacted]纸箱	输出国家或地区	阿根廷
合同号	[redacted]	标记及号码	N/M
提/运单号	COSU8109[redacted]		
入境口岸	洋山港		
入境日期	2018年05月29日		

证明

该批货物冷冻去骨牛上脑带脖肉等，货物清单见附页。
上述货物经检验检疫合格评定，予以通关放行。
****

签字：　　日期：　2018 年　06 月　07 日

备注

品牌：***　规格：***　********

[5-1(2018.4.20)*2]　① 货主收执　BA0335679

图 6-9　入境货物检验检疫证明

第四节　入境货物监管（查验）

自 2020 年 1 月 1 日起，海关全面推广应用“两步申报”通关新模式，并深入推进“两段准入”监管作业改革。“两段准入”是继“两步申报”实施后进一步优化营商环境的又一叠加措施。进口货物采用“两步申报”时，符合条件的货物还可以叠加应用“两段准入”，采取附条件提离、转场检查、目的地检查等方式快速提离口岸，并由企业自行运输和存放，待接到海关放行通知后再予销售或使用。

“两段准入”改革以进口货物准予提离口岸监管作业场所（场地）为界，分段实施“是否允许货物入境”和“是否允许货物进入国内市场销售或使用”监管，最大限度盘活了口岸通关监管资源，可以大幅缩减进口货物在港滞留时间。

“两段准入”提供了多元化的通关模式。“两段准入”监管作业改革于 2019 年 11 月 15 日起在关区实施，该项改革对进口货物收货人、代理人普遍适用，符合条件的进口货物均可以结合实际情况，选用“两步申报”或“一次申报”接受海关两段监管。

一、“两段准入”

“两段准入”由《海关全面深化业务改革 2020 框架方案》提出，是指海关以进口货物准予提离进境地口岸海关监管作业场所（含场地）为界，分段实施“是否允许货物入境”和“是否允许货物进入国内市场销售或使用”两类监管作业（分别简称“第一段监管”和“第二段监管”）的海关监管方式（如图 6–10 所示）。

（一）第一段监管

第一段监管包括：入境拒止、前置拦截、口岸检查（部分符合规定的货物可以附条件提离或转场检查）、单证检查（适用于“一次申报”）、口岸放行。

1. 入境拒止

运输工具进境前，海关发现应予入境拒止的，向运输工具负责人发送“禁止入境”通知，向舱单传输人发送“禁止卸货”通知。

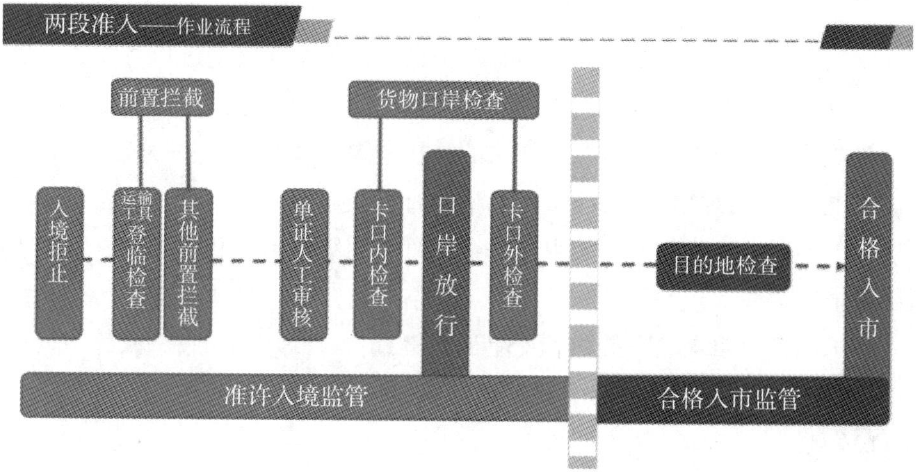

图 6-10　“两段准入”作业流程图

2. 前置拦截

口岸海关实施登临检查，无布控或检查无异常的，准许卸货。卸货过程中，海关同时实施辐射探测、先期机检、预防性检疫处理等监管或处置作业。

3. 口岸检查

货物经口岸海关检查后，满足合规条件即可提离，部分符合规定的货物可以附条件提离或转场检查。

附条件提离：主要包括取样送检。

转场检查：口岸监管区不具备检查条件，由企业提出转场检查申请，口岸海关审核同意，准予将货物提离至卡口外场地设施检查，货物自卡口至卡口外场地的运输应符合海关监管要求。

4. 单证检查（适用于“一次申报”）

进口货物的收货人、受委托的报关企业应当自运输工具申报进境之日起 14 日内，向海关如实申报，交验进口许可证件和有关单证。国家限制进口的货物，没有进口许可证件的，不予放行，具体处理办法由国务院规定。超过规定期限向海关申报的，海关将征收滞报金。

（1）一次申报的具体流程：

①按照《中华人民共和国海关进出口货物报关单填制规范》的要求，向海关传送报关单电子数据及随附单证。

②进口货物的收货人以自己的名义，向海关申报的，报关单应当由进出口货物收发货人签名盖章，并随附有关单证。报关企业接受进口货物的收货人委托，以自己的名义或以委托人的名义向海关申报的，应当向海关提交由委托人签署的授权委托书，并按照委托书的授权范围办理有关海关手续。

③电子数据报关单经过海关计算机检查接受申报。

（2）办理进口货物的海关申报手续，可采用纸质申报和电子数据申报（或无纸申报）两种形式：

①采用纸质申报，需提供如下单证供检查：

a. 合同

b. 发票

c. 装箱清单

d. 载货清单（舱单）

e. 提（运）单

f. 代理报关授权委托协议

g. 进口许可证件

h. 海关要求的加工贸易手册（纸质或电子数据的）及其他进出口有关单证

②采用电子数据申报（无纸申报），需提供如下单证：

a. 加工贸易及保税类：合同、装箱清单、载货清单（舱单）等随附单证企业在申报时可不向海关提交，海关审核时如需要再提交

b. 非加工贸易及保税类：装箱清单、载货清单（舱单）等随附单证企业在申报时可不向海关提交，海关审核时如需要再提交

5. 口岸放行

货物准予提离。进口货物属于下列情形之一的，凭海关通知准予提离进境地口岸海关监管区：

（1）无海关检查要求的。

（2）仅有海关口岸检查要求且已完成口岸检查的。其中，进境地口岸海关监管区内不具备检查条件的，收货人可向海关申请在监管区外具备检查条件的特定场所或场地实施转场检查（转场检查）。

（3）仅有海关目的地检查要求的。

（4）既有海关口岸检查又有目的地检查要求，已完成口岸检查，或经进口收

货人或其代理人申请在进境地口岸合并实施且已完成相关检查的（合并检查）。

进口货物准予提离后，由企业自行运输和存放，凭海关放行通知准予销售或使用。其中，属于下列情形的，需办结海关相关手续方可放行：

①有海关目的地检查要求的，海关已完成检查；

②属于监管证件管理的，海关已核销相关监管证件；

③需进行合格评定的，海关已完成合格评定程序。

已被海关布控要求在口岸海关实施以检验或检疫目的取样送检的货物，在完成口岸检查并检查结果为正常的情况下，符合条件的可以实施附条件提离。即对于符合条件的货物，企业向海关承诺在海关实验室结果确定前不销售或使用商品，可在海关取样后将货物提离口岸。

（二）第二段监管

第二段监管包括：单证检查（适用于“两步申报”）、目的地检查。

1. 单证检查（适用于“两步申报”）

在“两步申报”通关模式下，第一步，企业概要申报后经海关同意即可提离货物；第二步，企业在规定时间内完成完整申报。

此处是完整申报时的单证核验，可以参照“单证检查”（适用于“一次申报”）的有关单证查验程序和内容。

2. 目的地检查

有目的地检查要求的货物，在货物运抵目的地后，企业应在规定时间内向目的地海关申请办理检查手续，并确保集装箱、货物等封识完整。在目的地海关完成相关检查前，不得销售或使用。

其中，货物同时有口岸检查指令的，企业向口岸检查部门申请进行合并作业。

小贴士

“两段准入”其他注意事项

1. 禁限管制（核生化爆、毒品等）、重大疫情、高风险商品安全等重大紧急或放行后难以管控的风险，以及法律、行政法规有明确要求的，须在口岸放行前实施“准许入境”监管。

2. 口岸不具备监管条件的隔离检疫、冷链仓储、粮谷加工、危险货物及其包装检验等，可在卡口外海关指定场所实施“准许入境”监管。

3. 在“准许入境”监管中，对检查结果符合规定方可提离的口岸检查货物，实施合规提离；对无须等待检查结果可予提离的口岸检查货物，实施附条件提离，检查结果确定前不准销售或使用。

4. 在风险可控的条件下，探索对附条件提离的鲜活易腐等货物准予销售或使用，发现问题须及时召回。

5. 非高风险商品检验、风险可控的检疫等其他准入风险可在口岸放行后实施“合格入市”监管。“合格入市”监管可在口岸放行前与“准许入境”监管合并实施。

二、企业实操流程

企业在“单一窗口”申报环节，预先在“转场检查”、“附条件提离”或“口岸与目的地合并检查”3个申请选项打勾，就可以将上述“两段准入”的电子申请，随同申报数据一并提交；不符合要求的，会弹窗进行提示。

（一）“单一窗口”

点击页面上“两段准入申请”按钮弹出录入界面，可勾选“两段准入申报”信息（如图6–11所示）。

图6–11 “两段准入”申请界面

如满足“两段准入”信息化监管条件，不点击“两段准入申请”按钮，申报时也会弹窗展示“两段准入申报”界面（满足“两段准入”信息化监管条件时，对于两段准入勾选项，不勾选，也可继续申报）。

在“单一窗口”申报时，需注意以下5个方面：

（1）仅适用于涉检“进口报关单/进境备案清单”；

（2）满足“两段准入”信息化监管条件，申报时弹窗展示“两段准入申报”界面可勾选“两段准入申报”信息，与进口报关单同时向海关申报；不满足“两段准入”信息化监管条件，申报时系统不弹出“两段准入”信息框；

（3）对于满足“两段准入”信息化监管条件的报关单，海关将会返回“两段准入”放行回执；

（4）满足“两段准入”信息化监管条件时，对于“两段准入”勾选项，不勾选，也可继续申报；

（5）进行修撤单操作时，“两段准入申请”信息可点击查看，不允许修改。

（二）转场申请

（1）该字段仅展示表头“进境关别”字段对应的直属关区下的卡口外监管场地（包含场地代码、场地名称、场地类型）。

（2）勾选“转场申请”，右侧出现转入场所场地字段，点击选中√，可在下拉清单列表选择场地。

（3）不满足“两段准入”信息化监管条件，申报时系统不弹出“两段准入”信息框。如主动填报了“两段准入”申请信息，申报时弹出提示“当前报关单暂不符合‘两段准入’信息化监管条件，不允许申报‘两段准入’申请，系统将清空‘两段准入’申请的申报信息，是否继续申报？”

（4）点击“确定”系统自动清空“两段准入”信息，继续申报；点击“取消”中止申报操作，返回录入界面。

（5）满足“两段准入”信息化监管条件，如主动填报了两段准入申请信息，申报时系统校验到有商品导致3个勾选都不满足，则弹出提示“当前报关单商品不允许申报‘两段准入’申请，系统将清空‘两段准入’的申报信息，是否继续？”

（6）点击“确定”系统自动清空“两段准入”信息，继续申报。点击“取消”中止申报操作，返回录入界面。

（7）如果申报时系统校验到有商品导致部分勾选不满足，系统自动对“两段准入”申请的选项进行修正（置灰），继续申报。

（8）将录入完毕并确认无误的数据，通过点击界面右上方的“申报”按钮，向海关进行申报。

小贴士

“两段准入”模式的好处

企业在海关取样后将货物附条件提离至存储地，待海关确认检验合格、办结相关手续后，即可将货物流入国内市场销售或使用。该模式可以优化监管资源配置，便捷进口通关流程，缩短货物口岸停留时间，降低企业通关成本。

如进口新鲜水果对通关时效要求较高，过去货物需要在口岸办结所有手续后才能放行，通过“两段准入”模式，企业可以先行附条件提离货物，提前做好入市相关准备，可节约时间成本 2~3 天，同时有效降低物流成本。

另外，对于进口需查验送检货物，进口船舶一靠岸，海关就马上取样送检，不等检验结果出来就可以提离码头，验放时间缩短，节省的时间为企业节约了口岸堆存、滞港费用等通关费用。

四、相关政策文件

《关于分段实施准入监管加快口岸验放的公告》（海关总署公告 2019 年第 160 号）。

第五节　放行提货

进口企业申请报关、海关审核进口货物价格无误后，打印进口货物《海关进口关税专用缴款书》和《海关进口增值税专用缴款书》。进口企业自收到海关填写的缴款书之日起 15 日内缴纳（遇法定节假日顺延），逾期按日征收税款总额万分之五的滞纳金。进口企业缴纳相关税款后，海关放行货物。

进口企业凭带有背书的正本提单（电放提单的传真件和电放保函）去船公司或船代的箱管部办理设备交接手续，在交接单上签名。

设备交接单是集装箱进出港区、场站时，回箱人、运箱人与管箱人或其代理之间交换集装箱及其他机械设备的凭证，并具备管箱人发放集装箱凭证的功能。设备交接单分进场和出场两种，交换手续均在码头堆场大门口办理。

集装箱货运站到集装箱货运站的拼箱货（CFS 条款交货），凭船代业务部进口科的通知单到箱管部交纳进口单证费，然后可凭小提单（即提货单，D/O）和分单到码头直接提取货物，无须办理设备交接单。

进口货物经海关放行后即可提货。

进口商向船公司提货，有仓库提货、集装箱提货和船边提货 3 种形式。

一、仓库提货

进口商办妥进口报关、缴税及放行手续后，即可备妥车，凭 D/O 与海关放行货物的电子信息指令，交纳相关费用（如仓储费、堆场费）后办理提货出库手续，并将货物装车运走。

若为 FOB 进口、到付运费及其他应付费用时，进口商应及时向承运人（船公司）支付运费，否则可能影响提货。

提货时应仔细清点箱数与货运单记载是否相符，注意装箱是否完整。如果发现箱数短少或包装货物破损，应立即停止提货，请仓库管理员与公证行共同开箱清点过磅，取得仓库或船公司的短损证明，作为日后索赔的依据。

二、集装箱提货

进口商接到船公司到货通知后，若为整箱货，则前往集装箱堆场提货，用拖车将集装箱运走，等卸完货后，再归还空的集装箱；若为拼箱货，则前往集装箱货运站提货，雇卡车提走。

（1）凭小提单和拖车公司的提箱申请书到箱管部办理进口集装箱超期使用费、卸箱费、进口单证费等费用的押款手续。

（2）若押款人不是提单上所注明的收货人，押款人必须出具同意为收货人押款并支付相应费用的保证函（保函）。

（3）押款完毕，经船代箱管部授权后到进口放箱岗办理提箱手续，领取集装箱设备交接单，并核对其内容是否正确。

（4）收货人拆空进口货物后，将空箱返回指定的回箱地点。

（5）空箱返回指定堆场后，收货人要及时凭押款凭证，到箱管部办理集装箱费用的结算手续。

小贴士

集装箱设备交接须知

提箱过程中应与集装箱堆场有关人员共同检查箱体是否残破，如果有，要求集装箱堆场在设备交接单上签“残”字。如果没有确认，还空箱时若集装箱有破损，集装箱堆场会收取集装箱维修费。

三、船边提货

进口货品如为危险品、易腐蚀品、活动物、数量庞大无法进入仓库的货品，应办理船边提货手续。进口商将 D/O 交给船长或大副后，直接用船上的吊杆将货物吊到货主的货车或驳船上，经海关查验后运走。

船边提货分自提和代运。

（一）自提

（1）收货人凭小提单，联系拖车去船代指定的码头、场站提取货物。

（2）押款人到箱管部办理集装箱押款结算手续。

拼箱货需要到船公司或船代签取散货分提单（分单），提货时用 D/O 和分单到码头提取货物。

（二）代运

代运指请代运单位将货物转运至指定目的地，并转交给订货或用货单位签收。代运工作要注意：

（1）如果代运货物包装完整、件数相符、外表无异化，一般不在港口办理申请检验手续，而进行商检调离，即由海关签发调离通知单调离至目的地自检或者委托目的地检验机构检验。

（2）如果发现货物有残损、短少或外表有异化，则代运单位应在港口取得有关证件，做好残损记录。

（3）货到目的地后，收货人应与承运人办理交接手续，如发现货物不符或有残损、短少时，应取得承运部门的运载记录，直接向承运部门或责任人索赔。

第六节　AEO 认证

一、AEO 认证简介

AEO 是 Authorized Economic Operator 的简称，是世界各国海关对高信用企业的统称，中文译为“经认证的经营者”。

在世界海关组织（WCO）制定的《全球贸易安全与便利标准框架》中被定义为：“以任何一种方式参与货物国际流通，并被海关当局认定符合世界海关组织或相应供应链安全标准的一方，包括生产商、进口商、出口商、报关行、承运商、理货人、中间商、口岸和机场、货站经营者、综合经营者、仓储业经营者和分销商”。

高级认证企业是经中国海关认证的 AEO 企业。海关根据企业申请，按照《中华人民共和国海关注册登记和备案企业信用管理办法》和《海关高级认证企业标准》规定的标准和程序将企业认证为高级认证企业，对其实施便利的管理措施。

二、AEO 认证标准

1. 申请部门

企业要成为高级认证企业（AEO 企业），必须向海关提出申请并通过海关认证。

2. 认证相关标准

自 2021 年 11 月 1 日起，申请 AEO 认证以《关于公布〈海关高级认证企业标准〉的公告》（海关总署公告 2021 年第 88 号）为准。同时参考《中华人民共和国海关注册登记和备案企业信用管理办法》（海关总署令第 251 号）。

《海关高级认证企业标准》含通用标准和单项标准（进出口货物收发货

人、报关企业、外贸综合服务企业、跨境电子商务平台企业、进出境快件运营人、水运物流运输企业、公路物流运输企业、航空物流运输企业单项标准）。

3. 认证流程

（1）海关注册登记的企业想要申请海关认证企业，需参照高级认证企业的通用标准 + 单项标准。

高级认证企业应当同时符合通用标准和相应的单项标准。企业申请成为高级认证企业的，应当向海关提交书面申请，并按照海关要求提交相关资料。

（2）海关应当自收到申请及相关资料之日起 90 日内进行认证并作出决定。特殊情形下，海关的认证时限可以延长 30 日。

（3）海关根据高级认证企业通用标准和相应的单项标准，对企业提交的申请和有关资料进行审查，并赴企业进行实地认证。

（4）经认证，符合高级认证企业标准的企业，海关制发高级认证企业证书；不符合高级认证企业标准的企业，海关制发未通过认证决定书。

4. 认证期限

海关对高级认证企业每 5 年复核一次。企业信用状况发生异常情况的，海关可以不定期开展复核。

经复核，不再符合高级认证企业标准的，海关应当制发未通过复核决定书，并收回高级认证企业证书。

三、AEO 认证通关便利

根据《中华人民共和国海关注册和备案企业信用管理办法》（海关总署令第 251 号）第四条规定，海关对高级认证企业实施便利的管理措施，对失信企业实施严格的管理措施，对高级认证企业和失信企业之外的其他企业实施常规的管理措施。

四、海关企业进出口信用信息查询

（一）查询平台

用户可通过中国海关企业进出口信用信息公示平台（http://credit.customs.gov.cn/）（如图 6–12 所示）进行查询。

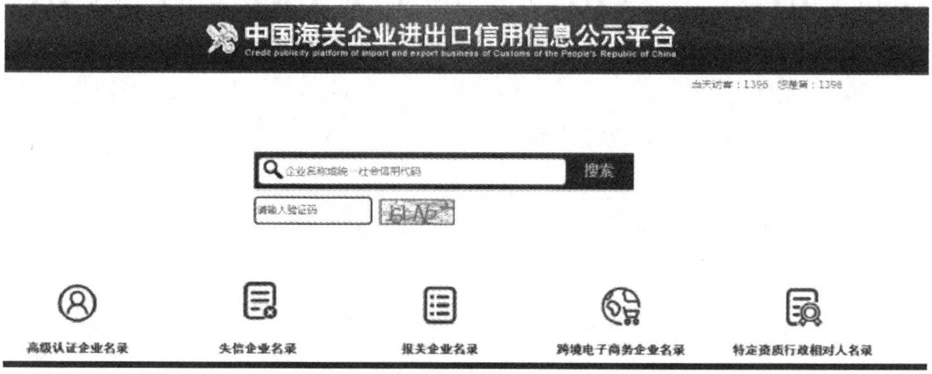

图 6–12　中国海关企业进出口信用信息公示平台

（二）信用等级

企业的信用等级及显示图标见表 6–2。

表 6–2　各种企业信用等级及显示图标

企业信用等级	海关进出口信用企业平台“显示”图标	海关管理力度
高级认证企业	AEO 高级认证企业	便利管理
一般信用企业	注册登记和备案企业	常规管理
失信企业		严格管理

注：自 2021 年 11 月 1 日起，海关取消一般认证企业，仅留高级认证企业、一般信用企业和失信企业。

五、AEO 认证贸易合规

企业经认证成为 AEO 之后，进一步提高了国际市场竞争力。其中，出口企业可以争取到更多的国际订单；对于进口企业，供应商也愿意提供账期，因为对于 AEO，国际上第三方信用保险机构（如 COFACE 科法斯信用保险）愿意为其提供信用担保，供应商可以通过向第三方机构对齐应收账款购买保险。

中国海关 AEO 企业，适用下列便利管理措施：

（1）进出口货物平均查验率低于实施常规管理措施企业平均查验率的 20%，法律、行政法规或者海关总署有特殊规定的除外；

（2）出口货物原产地调查平均抽查比例在企业平均抽查比例的 20% 以下，

法律、行政法规或者海关总署有特殊规定的除外；

（3）优先办理进出口货物通关手续及相关业务手续；

（4）优先向其他国家（地区）推荐农产品、食品等出口企业的注册；

（5）可以向海关申请免除担保[①]；

（6）减少对企业稽查、核查频次；

（7）可以在出口货物运抵海关监管区之前向海关申报；

（8）海关为企业设立协调员；

（9）AEO 互认国家或者地区海关通关便利措施；

（10）国家有关部门实施的守信联合激励措施；

（11）因不可抗力中断国际贸易恢复后优先通关；

（12）海关总署规定的其他管理措施。

① 推广高级认证企业免除税款担保。对符合“两步申报”税款担保及高级认证企业免除担保有关文件规定要求的高级认证企业，经直属海关审核企业信用、风险后，可免于提供保函或关税保证保险保单，参考《关于优化汇总征税制度的公告》（海关总署公告 2017 年第 45 号）的要求办理税款总担保备案，备案号作为担保号，供企业在“两步申报”模式下使用。

第七天

THE SEVENTH DAY

做好市场营销

进口货物在海关放行后，即可进入国内市场销售。

本章从进口企业如何搭建营销团队、进口商品如何推广上市、进口商品销售注意事项等方面来进行阐述。

第一节　搭建营销团队

所有企业，无论规模大小，无论从事何种行业、何种项目，都需靠人来做事。因此，如何选拔人才，组建团队就变得非常重要。

一、招聘和选拔销售人才

销售做得好不好，不仅取决于销售人员的类型和数量，还取决于销售人员的质量，即销售人员的能力。

（一）销售人员的类型和数量

外贸企业在用人方面普遍务实，基本上一人一岗，甚至一人多岗。企业初创之时，各方面的人员不可能一步招聘到位，同时也需兼顾企业的成本因素。招聘销售人员，需要根据企业规模和实际业务量统筹规划，做到事事有人管，人人有事做，以便能及时负责跟进客户及市场动态信息。随着互联网高速发展，各种新型的销售模式不断涌现。企业在招聘内销人员时，需结合自身的销售模式组建销售部门或销售团队，一般需要包括如下人员：营销管理人员、销售人员（经销商、直营店面销售人员等）、电子商务人员（网络平台销售人员等）、市场推广人员（品牌推广、广告宣传、美工等）、售后服务人员等。

（二）销售人员的能力要求

外贸企业在招聘和任用销售人员时，往往偏重结果，都想要能够把商品销售出去的优秀人才。任用一个销售人员前，企业需对其综合能力进行如下考评：

1. 专业技能

针对所招聘销售人员的具体岗位，确定需要何种能力，并通过应聘者的从业经历等方面了解其能力水平。

2. 性格德行

了解销售人员的性格特征和德行好坏。性格在很大程度上决定一个人能否胜任工作岗位，同时兼顾品德，企业更愿意重点培养德才兼备的人。

3. 工作态度

任何工作都需要不断创新，因此需要考察销售人员是否具备大胆创新的进取精神，同时考察其是否注重细节，是否有责任心。

4. 学习能力

考察销售人员是否能够不断更新自己的知识库，与时俱进，提升业务水平。

二、留住和激励销售人才

外贸企业是否能够吸引并留住优秀的销售人才，取决于企业能否满足优秀销售人才的以下几个方面的需要，满足得越多，人才越稳定。

（一）工资水平

外贸企业在招聘和任用销售人才时，应该参照行业标准确定销售人员的工资水平，切忌因通过低工资来降低用工成本从而错失优秀的销售人才。员工的工资水平反映了企业对人才的尊重和对其能力的认可程度。

（二）晋升空间

每个人都有职业理想和职业规划。企业应该为员工提供学习锻炼的机会、不断晋升的空间、施展才华的舞台，这样，员工才能展现个人抱负，实现个人价值，从而为企业创造更多的价值。

（三）企业文化

浓厚的企业文化，是企业发展的向心力。良好的企业文化可以让员工有安全感、荣誉感、受尊重感，激励员工全身心投入工作、提高工作效率。因此，企业应营造为公司发展共同努力的良好文化。

（四）特定需求

企业善待员工，关注员工的特定需求，为员工雪中送炭，解决员工的特定难处，有利于加强员工与企业间的联系，降低企业员工的流动性，从而保障企业长期稳定发展。

三、制度化培养和管理销售人才

优秀的企业都有健全的管理制度。外贸企业需要根据公司的行业特性、业务规模结构、发展状况，不断建立并完善企业的各项制度，如岗位职责标准、日常事务管理制度、工作例会制度、业绩考核制度、奖励与处罚制度、教育培训制度、财务制度等，以利于人才的培养和管理。

企业的制度建设不可能一步到位，企业在确定制度时，需根据实际情况，确保制度具有可操作性，并根据实际情况定期更新。

第二节　选择适销商品，打造商品品牌

品牌是商品的语言符号，是区别于其他商品的标记，不仅代表了公司的文化和形象，也体现了商品的品质。当一种品牌商品深入人心时，人们会对其产生信任感，从而通过品牌来选购商品。如何将进口商品的品牌打造成人人皆知的品牌，必须在品牌营销上做足文章。

一、将进口商品品牌转译成中文品牌

（一）品牌转译方法

1. 音译法

音译法的使用较为普遍。译者通常采用与原文发音大致相近的汉字，尽可能表现商品的特性，同时利用中国文字的多义性，加深消费者对商品的印象和记忆。如“Coca-Cola”按音译法被翻译为“可口可乐”。

2. 直译法

直译法指按照外语词语的实际含义进行翻译，能够较好地表达商品的含义。如果某些商品的品牌本身具有鲜明的含义，而且在中西方文化中都具有优雅美好的含义，那么就可以直译。如“Apple iPhone”按直译法被翻译为“苹果手机”。

3. 混译法

有些品牌在单一运用音译或直译方法转换成中文时，效果并不佳。此时

需结合品牌的具体情况采用音译和直译混合的方法，既尽可能接近其原本发音，又能准确反映其商品特性。如“Subway”为速食餐厅品牌，将其翻译为“赛百味”，既接近英文发音，又能使人对美食产生联想，如果按其本意将其翻译为“地铁”，效果就大打折扣了。

（二）品牌转译原则

翻译品牌时，应尽可能地保留原本的意义和结构，再在其形式内容和风格上下功夫，同时充分考虑各国文化间的差异。在此基础上，尽可能做到：

（1）译名响亮、朗朗上口；

（2）译名能够反映产品的属性或特点；

（3）译名符合目标市场心理（如将“Carrefour”译为“家乐福”）；

（4）译名具有可延伸性，以利于商品借助品牌影响力快速进入市场，节约促销宣传费用。

二、品牌建设途径：商标注册

进口商品的品牌转译成中文品牌后，为保护其知识产权，企业在生产经营活动中，应对其商品所用的中文商标取得专用权，并向商标局申请商标注册。随着企业规模不断壮大，商标将成为企业的无形资产，会给企业带来巨大收益。

（一）办理途径

国内的申请人办理商标注册申请有两种途径：一是自行办理；二是委托在国家知识产权局商标局备案的商标代理机构办理。

在文件递交方式方面，申请人自行办理的，申请人可以通过网上服务系统在线提交商标注册申请，提交方法详见中国商标网的“网上申请”栏目，商标网上服务系统网址：http://sbj.cnipa.gov.cn/wssq/；申请人也可以到国家知识产权局商标局注册大厅、商标局驻中关村国家自主创新示范区办事处、商标局在京外设立的商标审查协作中心，或者商标局委托地方市场监管部门或知识产权部门设立的商标业务受理窗口办理。

外国人或者外国企业在中国申请商标注册和办理其他商标事宜的，应当委托依法设立的商标代理机构办理，但在中国有常住地或者营业场所的外国人或外国企业除外。

（二）所需文件

申请商标注册时，所有表格应当按照商标局公布的商品和服务分类表填报。每一件商标注册申请应向商标局提交如下文件：

①《商标注册申请书》1 份；

②商标图样 1 份；

③以颜色组合或者着色图样申请商标注册的，应当提交着色图样，并提交黑白稿 1 份；不指定颜色的，应当提交黑白图样；

④其他证明文件（如营业执照、身份证明复印件等）。

商标注册申请人可以通过一份申请，就多个类别的商品申请注册同一商标。每件商标每次申请办理任何一项注册事宜都视为一件申请，应向商标局提交相应的申请文件，并按规定缴纳费用。

（三）收费标准

每件商标的注册均需按照规定缴纳相关费用。根据《国家计委、财政部关于商标业务收费标准的通知》（计价格〔1995〕2404 号）、《国家发展改革委财政部关于降低住房转让手续费受理商标注册费等部分行政事业性收费标准的通知》（发改价格〔2015〕2136 号）和《财政部国家发展改革委关于清理规范一批行政事业性收费有关政策的通知》（财税〔2017〕20 号），商标注册收费标准见表 7–1。

表 7–1　商标注册收费标准

业务名称	收费标准	备注
受理商标注册费	300 元	限定本类 10 个商品。10 个以上商品，每超过 1 个商品加收 30 元
受理集体商标注册费	1 500 元	
受理证明商标注册费	1 500 元	
补发商标注册证费	500 元	含刊登遗失声明的费用
受理转让注册商标费	500 元	
受理商标续展注册费	1 000 元	
受理续展注册迟延费	250 元	

续表

业务名称	收费标准	备注
受理商标评审费	750 元	
商标异议费	500 元	
变更费	250 元	
出具商标证明费	50 元	
撤销商标费	500 元	
商标使用许可合同备案费	150 元	

资料来源：中国商标网。

（四）商标注册流程

商标注册流程如图 7–1 所示。

进口商品的商标在展览会展出使用过，则注册时享有优先权。

《中华人民共和国商标法》第二十六条规定，商标在中国政府主办的或者承认的国际展览会展出的商品上首次使用的，自该商品展出之日起六个月内，该商标的注册申请人可以享有优先权。

依据法律规定的优先权，申请人在申请注册商标时，选择“基于展会的优先权”，并填写“申请 / 展出国家 / 地区”“申请 / 展出日期”栏。申请人应当同时提交优先权证明文件（包括原件和中文译文）；优先权证明文件应载有展出其商品的展览会名称、在展出商品上使用该商标的证据、展出日期等。优先权证明文件一般由展会主办方出具。

优先权证明文件不能同时提交的，应当选择“优先权证明文件后补”，并自申请日起 3 个月内提交。未提出书面说明或者逾期未提交优先权证明文件的，视为未要求优先权。

三、商品的品牌建设和推广策略

企业在进行品牌建设和品牌推广时，需要有一个区别于竞争对手的品牌名称，并将其用于公司网站、商品包装、商店门头、宣传资料、员工名片等。更重要的是，企业需要在品牌宣传、品牌内涵阐释、品牌推广等方面下功夫。

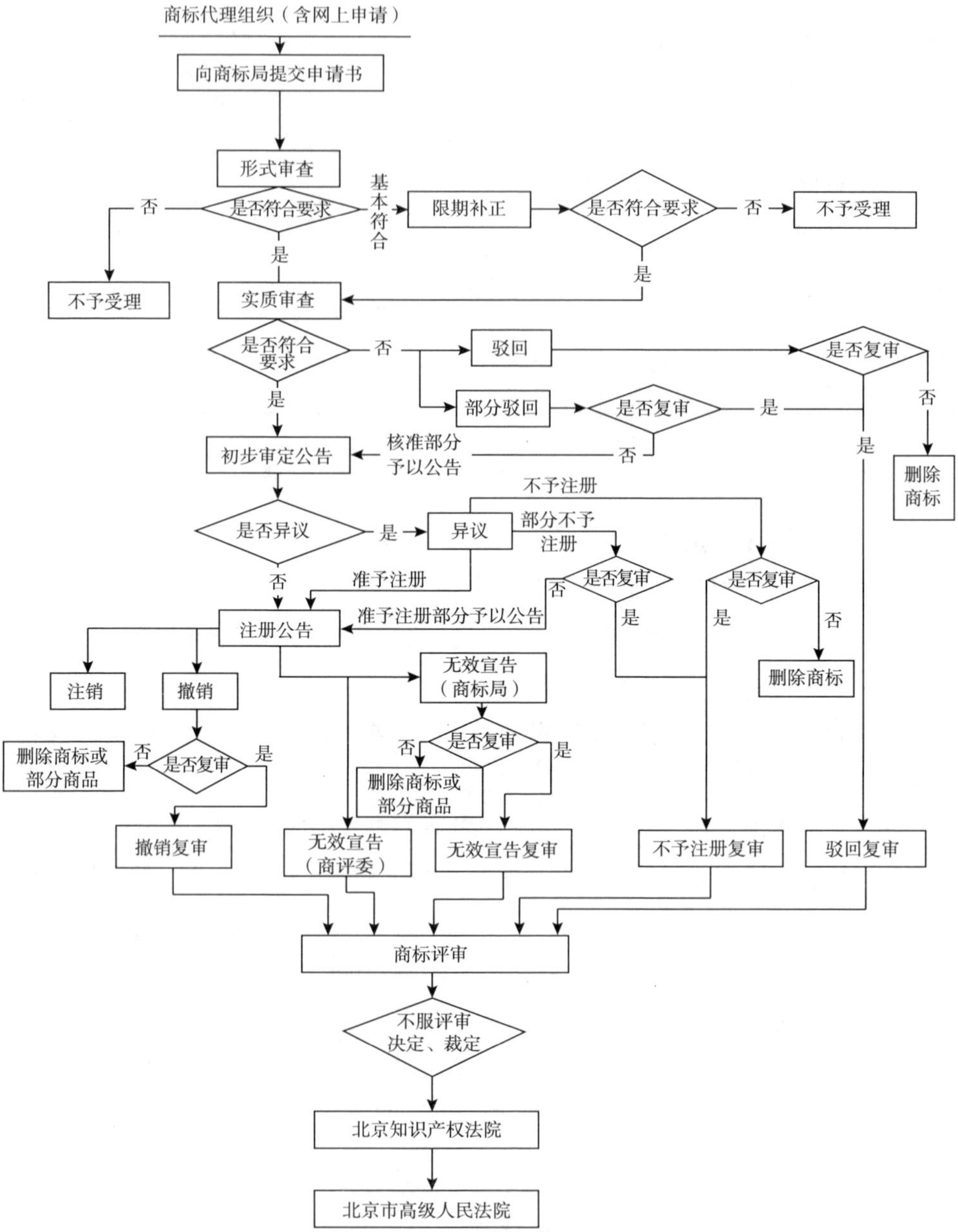

图 7-1　商标注册流程[①]

① 引自中国商标网 https://sbj.cnipa.gov.cn/sbj/sbsq/zclct/200902/t20090205_623.html（国家知识产权局商标局）。

外贸企业在进口商品品牌建设和推广时，可以借鉴传统的4P营销策略。

（一）品牌产品（Product）策略：产品定位

进口商品品牌的内涵需要靠产品质量、口碑及售后服务等综合方面来展示，最后集中体现在产品本身。进口商品作为其品牌的集中体现，是外贸企业内销获利的命脉，它对消费者体验该品牌、口碑传播该品牌或从用户口中听说该品牌，以及企业在推广宣传中如何向客户介绍该品牌，都具有至关重要的影响。

那么，如何建立品牌的产品营销策略？首先需要确定品牌商品在哪些方面有突出优点，有自己的强项，比起竞争产品的优劣势在哪儿；其次需要明确知道该品牌商品能提供给消费者哪些增值服务等。企业在制定产品策略时，主要从以下方面入手：

1. 产品组合策略

为了更好地满足客户需求，充分利用公司内外的现有资源，扩大市场份额，公司需结合商品的特征、品牌效应、市场反馈等适时调整产品组合，适应市场，体现产品的独特优势。

2. 新产品推广策略

根据目标消费人群（如中高档消费人群、大众消费群等）和产品的种类、质量和功效，明确产品处于行业中的位置，加大市场调研力度，以市场需求为导向，有针对性地结合企业的资源优势进行新品推广。

3. 服务质量提升策略

企业一定要在服务质量方面下功夫：抓好售前服务，不断完善售中服务，强化售后服务。

企业可通过建立门户网站，展示产品及其功能、宣讲品牌故事、介绍企业最新活动、开通咨询业务。当企业对新品开设体验专区，客户会面对面前去进行售前咨询。销售人员上岗前，企业务必对其进行专业培训，因为优秀的终端销售人员在某种程度上会给品牌形象加分。客户购买后，应及时跟进产品的使用动态及客户的反馈意见，客户的任何问题都需及时方便地找到有效的售后服务。另外，企业要建立全国终端销售店铺，最好能统一形象、统一制作产品宣传手册，要确保专柜陈列产品整洁、齐全，这些都有助于在一定程度上提升品牌形象。

（二）品牌价格（Price）策略：巧妙定价

研究品牌的价值并制定合理的价格策略，有助于公司实现预期经营目标，为公司参与市场竞争打下坚实基础。

1. 参考行业内领先产品的定价策略

通过调研，明确产品在本行业内的定位，有效挖掘产品能给目标消费者带来的最新价值，从消费者对商品的需要和产品带给顾客的价值感入手，结合公司的成本因素，确定较高利润的市场价格，在竞争对手采取模仿和跟随策略之前，及时获得利润回报。

2. 借鉴行业内同质化产品的定价策略

当进口产品没有突出优势时，可根据市场的变化和主要竞争对手产品品牌的走向定价。企业需要结合自己的产品特性，发现消费者对商品的关注焦点，积极采取适合本企业的营销推广策略，打造属于自己企业的品牌文化，如此才能在激烈的市场竞争中站稳脚跟，立于不败之地。

（三）品牌渠道（Place）策略：渠道推广

1. 借助大型商业机构的影响力

将商品投放到大型的、信誉良好的知名商业机构进行销售，或者在大型商场设立专卖店或专柜，借助商业机构的形象、地位及影响力，不但可以使得目标客户快速了解和认同品牌的价值，还可以更好地提升品牌的知名度，获得多渠道终端商的青睐，推动经销商积极经销。

2. 通过多渠道提升品牌影响力

通过多渠道推广，全面提升商品的市场占有率、品牌的知名度。企业可适时根据品牌的市场成熟度，建立自己的专卖店、直营店、加盟店等多种形式的销售渠道。企业应建立完善的渠道商激励机制，激励渠道成员达成分销目标，建立长期的互利合作关系。只有更多的品牌商品到达消费者手中，消费者才能更好地口口相传，从而吸引更多的消费者，提升品牌的知名度。

（四）品牌促销（Promotion）策略：善于促销

促销已成为企业参与市场竞争的重要获利手段。企业可以结合自己产品的特性、目标受众群体，选择最适当的方式促销品牌产品。如通过电视娱乐节目、赛事赞助、自媒体、展览会等形式，以及政府部门组织的诚信经营企业、行业优质品牌等评选活动，宣传公司产品，提升公司的行业口碑和形象。企业还可以组织职工参加公益活动，出钱、出物、出人，加深企业与公众的感情联系，赢得消费者对企业的信赖，同时提高品牌的知名度与美誉度。

在企业品牌的建设和推广中，企业的经营思路和品牌营销策略影响着品牌的走向。企业需要结合自己的产品特性，发现消费者对商品的关注焦点，积极采取适合本企业的营销推广策略，打造属于自己企业的品牌文化，如此才能在激烈的市场竞争中站稳脚跟，立于不败之地。

第三节　营销渠道的选择与建立

外贸企业进口商品时，在其产品定位完成以后，必然会考虑采取什么销售渠道模式进入市场的问题。

作为进口商，选择最适合自己产品的营销渠道，至关重要。

不同的产品，需采用不同的营销模式。不同的营销模式都有可借鉴之处，但是企业在决策时仍需谨慎。做内销，在起步期的渠道策略选择上将面临两个问题：一是选择怎样的渠道模式；二是如何稳健而有效地建立销售渠道。

一、“互联网 +”时代的营销模式

随着互联网技术的成熟应用，现阶段产品营销的各个环节都体现出“互联网 +”思维，在产品研发、渠道构建、营销模式、经营视野等方面无不处处体现，只有企业不断创新，与时俱进，才能跟着时代的步伐前行。企业要想在市场营销领域中取得成绩，互联网的传播是必不可少的。

玩转“互联网 +”，要的就是客户的参与感，关注用户的体验感觉，以用户为出发点。“互联网 +”到处都在说，各行各业都在玩，花样也是层出不穷。到底有哪些方式能在进口商品领域中得以应用呢？

（一）O2O 新模式

1. 操作模式

O2O 即在线离线 / 线上到线下（Online to Offline），也就是线上线下相结合的营销模式。所谓 O2O 模式，即电子商务和传统模式相结合的做法，在线支付线下的商品、服务，再到线下去提货、享受服务，其营销模式的核心是在线支付。

2. 操作流程

O2O 销售模式操作流程如图 7-2 所示。

选择平台 → 上线产品 → 线上推广销售 → 客户线上下单 → 在线支付 → 客户自提或者选择配送 → 双方评价

图 7-2 O2O 销售模式操作流程

3. 应用行业

（1）进口消费品市场：通过在居民区附近建立配送站或合作网点，客户线上订购，送货上门或门店自提（如销售进口水果、饮料、蛋糕、乳制品等）。

（2）共享经济的应用：进口图书共享借阅或通过第三方平台递送服务等。

案例 7-1

进口成本核算案例

牛肉制品的线上销售：尝试 O2O 新模式。

某品牌清真店铺，消费者可以在其专卖店内看到各种牛肉制品及生鲜牛肉，提供样品试吃，同时，还可以参与网上商城或手机 App 客户端，线上完成下单付款，然后通过以下几种方式拿到商品：

（1）到实体店内自提货物；

（2）选择商家提供的物流配送服务。选择这种方式需加收一定的物流配送费，或当消费满一定金额后提供免费配送服务。

通过 App 或微信公众平台向客户推送专卖店的活动情况和新品上架情况等，鼓励和引导客户在线下单，公司可以对网上下单的客户给予更多的优惠政策。通过网上下单，互联网大数据统计，可以根据客户下单的数量决定各个店面配货品种和数量比例，从而达到科学化的运营管理。

（二）全程可追溯的透明化营销模式

1. 操作模式

在产品上加贴可追溯的二维码或产品序列号，通过网页输入序列码或手机端扫一扫，可对产品的全程进行追溯，全程做到商家诚信，让百姓安心。此模式需投入资金建立适合本企业产品的追溯系统。

2. 操作流程

（1）准备一部智能手机（或电脑），带有二维码扫描软件即可。

（2）在产品包装上找到二维码追溯标签进行扫描。

扫描完成后，在手机端即可自动显示出产品的追溯码、品牌、产品、生产企业、生产日期、进口日期、检疫放行日期、原产地、种植基地等。

通过点击详细信息地址的链接，可以看到产品的基本信息、生产企业的基本信息、种植信息、检测信息等有关质量安全信息。

3. 应用行业

此模式适用于农产品、食品肉类、有机食品等快速消费品行业。

案例 7-2

进口成本核算案例

建立可追溯系统：全程透明化。

某公司坚持以“食品工业·道德工业”为经营理念，建立了牛业追溯体系。这意味着消费者只需拿起手机，轻松扫码，便可知牛肉产品的品种、口龄、饲料、屠宰日期、产地检疫证号、产地官方兽医、药残、农残、养殖场名称、编号、地址等系列信息。随着追溯系统的正式发布运行，牛肉行业实现了从“草原”到“餐桌”的全程透明化。因此，让消费者参与到生产中来，真切感受到产品的安全保障；企业做良心产品，不怕监督，不怕曝光。这种全程透明化的生产过程就是企业的信心所在，始终坚持把最好的产品奉献给消费者，用质量和诚信牢牢抓住消费者的心。

（三）互联网直播带货模式

1. 操作模式

当新产品发布上线，可以选择与直播带货平台合作或企业自己开设直播平台，推出产品，通过直播讲解产品、展示产品、答复客户咨询等服务方式，将产品销售给消费者。

2. 操作流程

互联网直播带货操作流程如图 7–3 所示。

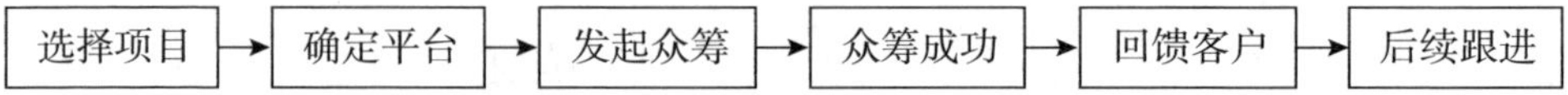

图 7–3　互联网直播带货操作流程

3. 应用行业

以快速消费品为主，也适用于创新型产品等。

综上所述，互联网的发展为我国各行各业的发展注入了新鲜血液，营销模式也随着实践的不断深入变得更加成熟，从而使商品向更多更广的市场去推广成为可能。当然，企业进行互联网转型和营销模式的选择，必须根据自身发展的特点进行，才能在实践中取得“真经”，否则就会得不偿失。

二、参加行业展会或者加入相关协会

（一）参加行业展会

1. 操作模式

参加行业性展会，展销企业产品、宣传企业品牌、寻找潜在客户、达成交易项目。

产品是展会的主角、商家的卖点，只有质量好、产品新、信誉好的企业，其产品才会成为展会的亮点，这也是企业的立足之本，发达之源。

2. 操作步骤

了解和选择行业类专业展会，通过参展，展销进口商品，从而寻找潜在客户。

3. 应用行业

适用于所有行业。

4. 参考网站

（1）中国国际食品和饮料展览会 www.sialchina.cn；

（2）中国国际展览中心 www.ciec-expo.com；

（3）广交会－中国进出口商品交易会 www.cantonfair.org.cn；

（4）中国华东进出口商品交易会 www.ecf.org.cn。

小贴士

行业展会：展出你的魅力

行业展会是吸引专业客户的主要渠道，是宣传产品的重要途径，也是本行业对内对外交流的窗口，那么，行业展会究竟如何才能发挥其应有的功效呢?

第一，精简过多过滥的展会。

我国地域辽阔，行政区域多，各种区域性的大小展会也相应较多。每年除国际性和全国性的展会外，各种小型展会鱼龙混杂，良莠不齐，故需注意选择高品质展会。

第二，加强展会的组织宣传工作。

任何一次展会，组织者、参展商、观众三方的利益一个都不能少，这是宗旨，也是展会吸引力之所在。

第三，参展商重质量、讲信誉。

企业除了参加展会直接面对客户外，平时更应该注意企业形象的宣传，通过专业媒体，增加行业知名度，扩大影响。一个对你似曾相识的客户，在看到你的展位时，定会倍感亲切，合作机会必然大增。

（二）参加行业协会或者组织行业协会

1. 操作模式

选择加入相关行业协会，通过行业协会组织的活动推广宣传产品。

2. 操作流程

行业协会的操作流程如图 7–4 所示。

3. 应用行业

适用于所有行业。

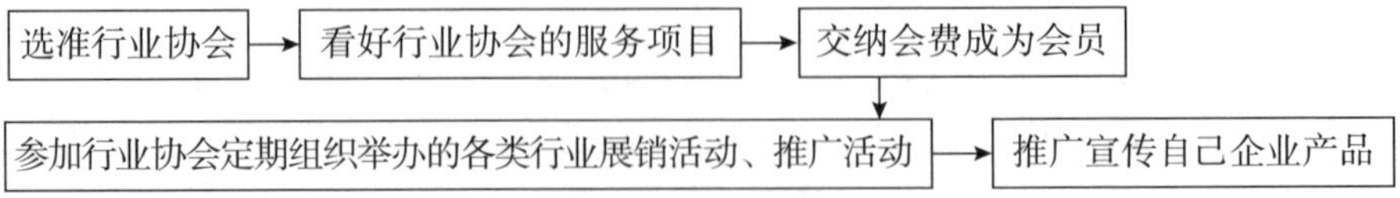

图 7-4　行业协会操作流程

4. 参考网站

广东省进口食品协会 www.gdifa.org.cn；

中国五金制品协会 www.chinahardware.org.cn；

太湖国际商品交易中心 www.thme.cn；

北京国际浆纸交易中心 www.bippex.com。

三、传统模式下的销售渠道

（一）大批发：积少成多，不容小觑

产品通过大流通渠道，可以分销到批发市场。大流通是产品价格相对较低的一个渠道，也是容易走量的渠道。目前而言，批发市场的价格趋于透明，毛利很低，市场竞争非常激烈，企业之间、经销商之间打的是价格战。

1. 批发销售模式

（1）操作模式

①通过专业批发市场将产品批发销售给各地的零售商店，由零售商店销售给终端用户。

②企业欲进入专业批发市场，需找一家在专业市场有规模的企业委托代销，支付其一定的佣金或者约定利润分成来达成约定。

（2）操作流程

批发销售模式操作流程如图 7-5 所示。

（3）参考市场

①北京新发地批发市场；

②北京西南郊肉类批发市场；

③上海国际食品城；

④浙江义乌小商品批发市场。

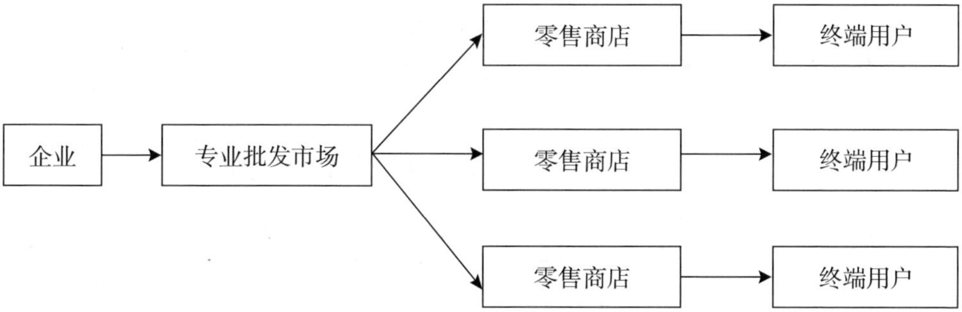

图 7-5　批发销售模式操作流程

除大型专业批发市场以外，每个区域和城市都有集中或分散的中小型批发市场，也是初期选择。

2. 区域代理分销模式

（1）操作模式

在一个区域发展一个或多个代理或经销商，由代理或经销商将产品分销到区域内的各零售端进行销售。

（2）操作流程

区域代理分销模式操作流程如图 7-6 所示。

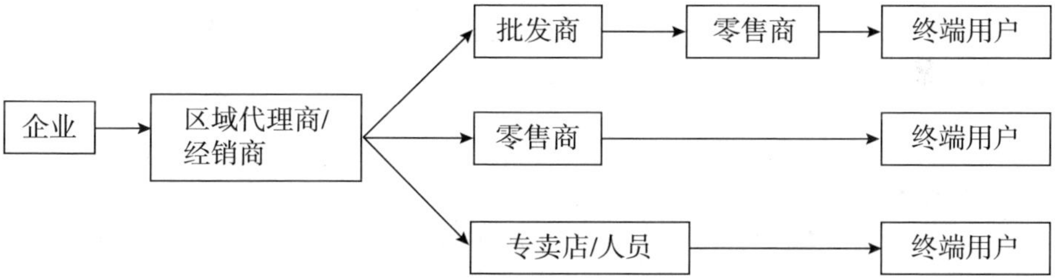

图 7-6　区域代理分销模式操作流程

（3）应用行业

适用于日用消费品市场等。

（二）零售端：企业直击

1. 零售端模式

（1）操作模式

由企业直接将产品配送到零售端进行陈列销售。

（2）操作流程

零售端模式操作流程如图 7-7 所示。

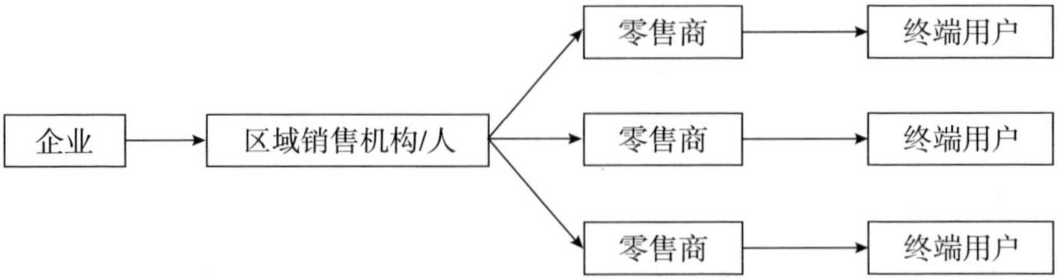

图 7-7　零售端模式操作流程

（3）应用行业

适用于食品、服装、酒类、乳制品等消费品市场。

2. 人员直接销售模式

（1）操作模式

企业向区域市场派出销售人员，直接面向终端用户进行推销。

（2）操作流程

人员直接销售模式操作流程如图 7-8 所示。

图 7-8　人员直接销售模式操作流程

（3）应用行业

适用于电器设备、五金机电等工业品市场，大型设备行业等。

（三）专卖店：建立品牌，容易操作

1. 操作模式

包括企业自建品牌专卖店和发展品牌加盟连锁店。大多数企业是将二者结合起来操作的。

企业新品要想打入市场，必定首先考虑本地，对部分行业产品（如食品、化妆品、奢侈品、服装等）建立专卖店是最好的选择。在专卖店选址上，多选在高档商场、人流量大的闹市中心；在专卖店的建立上，专卖店店铺、产品、物流、销售员等都由企业统一提供，在人员培训、货物供需等方面都有优势。

另外，专卖店通过统一的装修设计，分布在城市的各个位置，对提升品牌知名度十分有效。与商超不同，专卖店内企业有充分的主动权，可以自主安排产品陈列、堆头，根据消费者消费习惯选择适合市场的产品等。消费者进入专卖店后，看到的全部是企业自己的产品，没有其他同行产品竞争，是企业最佳的销售环境。

2. 操作流程

专卖店销售模式操作流程如图 7-9 所示。

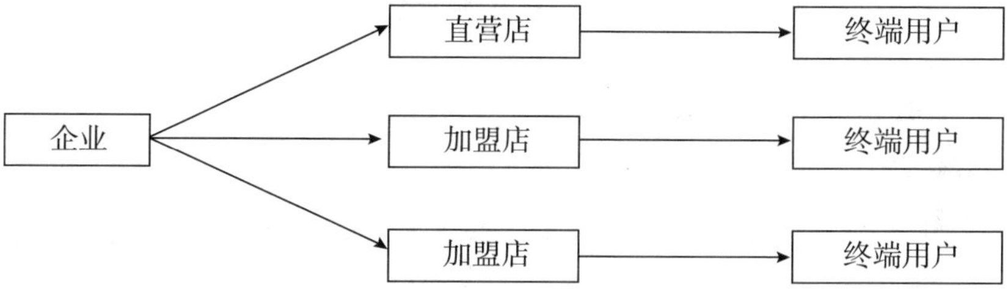

图 7-9 专卖店销售模式操作流程

3. 应用行业

适用于高档进口化妆品、箱包、服装等消费品市场。

（四）大型商业超市：我的地盘我做主

1. 操作模式

通过进入超市来销售产品。

2. 操作流程

商业超市模式操作流程如图 7-10 所示。

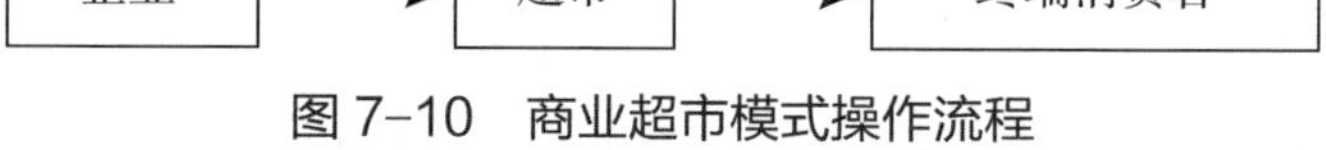

图 7-10 商业超市模式操作流程

大部分的企业将产品进驻大型商业超市（以下简称“商超”），态度都有些“勉强”。商超普遍实行的是先货后款、到期结账的政策，同时，伴有高额的进店费（进超费）、录码费、促销费、店庆费等限制。手续繁杂、运营费用高，是进入商超必须面临的问题，但是因其可以较快提升消费者的认可度，大部分企业也会选择该渠道。因此对于利润不超过10%的商超渠道，企业势必要给经销商足够的政策支持，才能保持正常运作。

3. 操作技巧

（1）企业可以采用见货付款的方式与超市供应商或采购商合作，通过让利，间接进入超市。这样可以减少资金占用额度，盘活现金流。

（2）除了相对高昂的运营费用外，企业最担心的是产品被下架。产品并不是只要付费就可以一直在超市陈列，企业与经销商必须按超市的规则走，假如产品销量不乐观，就会被清场。为了避免清场，企业势必要增加成本雇人促销，有的企业即使亏损还在坚持。

（五）电子商务：是块肥肉，想吃不容易

1. 操作模式

包括建立网上品牌专卖店（如天猫旗舰店、京东旗舰店等）和通过网上商城进行展销（建立自己的门户网站）。

2. 实操解析

大多数企业会把线上销售和线下销售结合起来进行，两条腿走路。

不得不说"互联网+"时代，网购成为热潮。现在企业如不重视电子商务渠道，那就落伍了。电子商务的确是块"肥肉"，但这块被众人看好的"肥肉"，吃起来远没有大家想象中的那样美好。纵然毛利率在40%~50%，没有专卖店的店铺费，无须让利经销商，但电子商务平台的各种费用也让企业愈加苦涩。

以在聚划算推广为例，产品数不胜数，想要提高销量，企业就需要引流，所需费用就相当于广告费。引流项目有几十项，比如弹窗、推窗、秒杀等，假如不做推广，店铺就没有人气，排名就会靠后，销量就上不去。

3. 应用行业

基本上与人们衣食住行息息相关的行业都可以在电子商务渠道开展销售。

（六）电视购物：面纱之下有"干货"

1. 操作模式

电视购物兴起于20世纪90年代，近几年遭遇了严重的信任危机，但仍有市场潜力。

这种专业的购物频道，由国家新闻出版广电总局批准后可开办，电视台主导，专业化运作，全天 24 小时播出，是产品销售的一条“隐形”通道。

对于资金实力欠缺、知名度不够、渠道布局难的中小企业，可不妨尝试选择这种方式。

2. 操作流程

电视购物模式操作流程如图 7-11 所示。

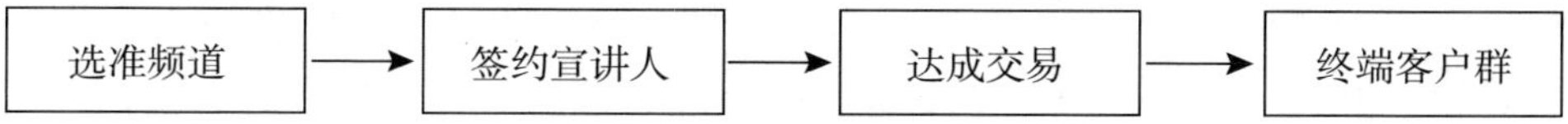

图 7-11 电视购物模式操作流程

3. 应用行业

适用于家电、保健品等快消品。

（七）其他销售渠道——礼品团购

1. 操作模式

礼品团购渠道被业内人士称为企业起家的法宝，很多企业创建初期，都是礼品团购在支撑运营。

2. 操作流程

礼品团购模式操作流程如图 7-12 所示。

图 7-12 礼品团购销售模式操作流程

（八）混合销售渠道

1. 操作模式

同时采用上述多种渠道进行。

2. 操作流程

（1）有的企业在同一区域既采取分销代理模式（由代理商向区域内的中小零售商店分销），也采取零售端渠道模式（由厂家直接向大卖场供货）。

（2）有采取品牌专卖模式的企业同时也采取区域分销模式。

3. 参考商家

宜家家居，既采取实体店销售，也可以网上销售（http://www.ikea.com/cn/zh/）。

四、营销渠道的选择

营销渠道有很多种，企业在选择营销渠道时，需结合自身的实际情况、行业特点和商品特性来选择。那么企业在选择营销渠道时需考虑哪些因素呢？

（一）企业的资金实力

企业的实力，特别是资金实力，在一定程度上限制了企业对渠道的选择。如果缺乏营销预算资金，即使渠道模式有效，也无法实现商品的大规模推广和销售；如果前期已投入资金宣传，后期资金链断裂，必将前功尽弃。

（二）商品的结构和特征

进口商品的品种、价值、技术含量、储存期限和运输要求等决定了应该选择什么样的销售渠道。

（三）目标市场的特征

受到目标市场影响，有的产品适合一对一营销，有的适合进入零售市场展销，有的可以在网络平台上营销。企业需结合商品特征、市场特征及客户的购买方式偏好、消费特征等因素，选择不同的渠道策略。

（四）销售政策

企业对经销商的经销政策、管理模式、回款方式等销售政策也在一定程度上决定着企业销售渠道的选择。

（五）竞争产品现有的营销渠道

分析竞争产品现有的销售渠道，可以从中吸取经验。企业可以分析现有的渠道，在现有基础上优化改进本企业商品的销售渠道。

（六）竞争企业所采用的渠道模式

对行业内的竞争对手，可以对其销售业绩、销售成本、品牌推广、销售渠道等方面进行调查，分析竞争对手所选用渠道的可取之处，规避其不足之处。

五、营销渠道的建立

营销渠道的模式确定后，将建立渠道，检验该模式是否可行。此处仅介绍首次进口的商品在初期上市时如何建立营销渠道。

（一）有效做好样板市场

进口商在初次进口商品时，通常会占用大量资金（如全额支付货款和进口税费）。在资金不充裕的情况下，企业最好先集中做好一两个样板市场，谨慎选择经销商并给予经销商最大的支持，边做边调研，发现市场销售中的问题并及时作出调整，待初见成效后再向其他市场复制扩张。

（二）借助优质商家的渠道

在进行品牌推广时，可借助大型商业机构的影响力。这一策略在产品经销时同样适用。

（三）借助网络营销平台

互联网的发展，使得产品营销更为便捷。新产品在推广初期，企业可以创建网络营销渠道，借助网页端和移动端对产品进行展示，从而实现分销或自销产品的目的。

第四节　新媒介营销

互联网营销，成本低、时效快，越来越受到企业和营销人士的重视。那么，如何借助互联网营销推广产品呢？

一、利用搜索引擎进行营销

搜索引擎营销（Search Engine Marketing，SEM）就是借助搜索引擎平台的网络营销，目的是让用户发现信息，并通过点击进入网页，进一步了解所需要的信息。搜索引擎营销的方法包括搜索引擎优化（Search Engine Optimization，SEO）[①]、付费排名、精准广告以及付费收录等。

进口商在做搜索引擎营销前，首先，需要调查了解企业的客户群体是哪些，这些群体是否会经常上网获取信息，他们使用搜索引擎的频率有多大；其次，利用搜索引擎营销时一定要把握住本企业及产品的核心内涵，找准关键

① SEO是指通过对网站进行站内优化和修复（网站Web结构调整、网站内容建设、网站代码优化和编码等）和站外优化，从而提高网站的关键词排名以及企业产品的曝光度。搜索引擎是当今网民们寻找网上信息和资源的主要手段。在目前企业网站营销中，SOM（SEO+SEM）模式越来越显重要。

词，这样客户通过搜索关键词可以找到产品，能够带来更多的点击和关注，可以增加网站的浏览量，增加产品曝光率，有效提升产品及其品牌的影响力和在行业中的知名度，从而为企业带来更多的商业机会。

现今，使用手机等移动端设备上网的人群数量日益增多。因此，进口商需要更加重视移动端搜索引擎营销的使用。

二、利用媒体新闻进行营销

利用媒体新闻进行营销，就是通过社会热点事件、公益活动等形式，借助媒体新闻，多角度、多层面宣传企业文化和品牌内涵，传播行业资讯，引领消费者购买。通过新闻媒体的营销，可以在较短时间内快速提升产品的知名度，塑造品牌的美誉度和公信力。

在进行新闻营销时，一定要选准时机，紧跟社会热点，一般通过以下途径：

（1）利用企业自身资源，如 CEO 励志故事访谈、履行企业的社会责任等；

（2）借助外部事件，如参与慈善活动、赞助赛事、热点事件等。

三、其他高效低成本的营销策略

（一）口碑营销

“金杯银杯，不如老百姓的口碑”，企业的发展最为看重的是消费者的口碑。在口碑营销中，企业应该把握以下几点：第一，在做口碑营销时，要以诚信为本，不能造假。一旦消费者发现被骗，负面的口碑将带来极其不利的影响。第二，企业在进行口碑营销时，可以深挖进口产品的特性和品牌内涵，借助产品的文化特点进行营销。第三，口碑营销需企业全面系统规划并长期地贯彻，就如网店营销的好评（包括客服、售后、物流、产品质量等各方面的评价），体现在企业经营活动的每一个环节。

（二）新媒体营销

“互联网 +”快速发展，新媒体营销平台不断涌现，包括门户网站、搜索引擎、微博、微信、博客、短视频、手机、移动设备、App、小程序、自媒体等。新媒体营销并不是单一地通过某一种平台进行营销，而是要多种渠道整合营销。在营销资金充裕的情况下，可以与传统媒介营销相结合，形成全方位立体式营销。

第五节　销售合同及会计账务处理

一、期货及现货的销售及合同签订

（一）期货交易须知

销售期货，顾名思义，就是在货未进口到港前就开始销售。

一是根据客户的订购需求，直接定向订购货物（或通过以代理进口的模式帮客户代理进口货物）；二是在资金充裕时，可以自行进口，然后对外销售自己进口的产品。

1. 期货的销售流程

与客户签订意向购销协议→客户支付预付款（或定金）→货物到港后清关放行入库并通知客户提货→客户付清尾款→安排物流装车发货→售后服务

2. 期货的发货流程

（1）期货到货后完成清关，海关放行入库待售（或待出库）；

（2）根据销售部统计出来的预销售通知单（或销售合同）通知各客户支付货款金额；

（3）及时与财务确认货款是否到账，安排仓库发货；

（4）需要实际抄码的货物根据实际重量，开具出库单，通知客户付款；

（5）跟踪记录销售明细及记录客户详细信息，并汇总存档；

（6）将销售单打印出来由财务盖章，将销售单送至仓库，仓库安排发货；

（7）将汇款明细及销售单明细登记入册，以备月底入账和对账。

（二）现货交易须知

现货销售，即有什么货销售什么货。

为了确保回款资金的顺利，通常是企业的销售部、进口采购部、仓储部、物流部等密切配合，根据销售部的订单，财务部确认客户款到账后，通知仓储部放行并通知物流部安排物流发运。各部门需紧密配合衔接，确保货物安全高效到达客户指定地点。

二、进口货物相关增值税的处理

（一）进口环节增值税

企业进口货物时，缴纳进口环节税费后，从进口地海关取得海关进口增值税专用税缴款书。

1. 增值税抵扣凭证

对于增值税一般纳税人企业，海关进口增殖税专用缴款书（以下简称“海关缴款书”）抵扣增值税的作用与增值税专用发票类似。根据现行政策规定，增值税一般纳税人真实进口货物，从海关取得海关缴款书，可以按照规定抵扣增值税税款。

海关缴款书样式如图 7-13 所示。

G S01 天津新港 海关进口增值税 专用缴款书

2206 自报自缴

收入系统：税务系统 填发日期：2022年6月5日 号码 No.02022022

收款单位	收入机关	中央金库		缴款单位（人）	名称	有限公司
	科目	进口增值税	预算级次 中央		帐号	
	收款国库	天津市滨海新区中心支库			开户银行	中国银行

税号	货物名称	数量	单位	完税价格(¥)	税率(%)	税款金额(¥)
1. 0202300090	冷冻去骨牛肉	27000.00	千克		9.0000	
金额人民币（大写）				合计(¥)	¥	

申请单位编号		报关单编号		填制单位	收款国库（银行）
合同（批文）号		运输工具（号）	COSCOSHIPPINGGEMINI	天津新港海关	
缴款期限	2022年6月20日前	提/装货单号			
备注	一般贸易 照章征税 2022-6-6 国标代码 USD 6.7421 系统类别：01 交易流水号20220606			制单人9999 复核人 单证专用章	

（收据）银行收缴签章后交缴款单位或缴款人

自填发缴款书之日起 15 日内缴纳税款（期末遇星期六、星期日或法定节假日顺延），逾期缴纳按日加收税款总额万分之五的滞纳金。

图 7-13 海关缴款书样式

2. 抵扣方式

增值税一般纳税人取得“海关缴款书”后如需申报抵扣或出口退税，按以下方式处理：

（1）增值税一般纳税人取得仅注明一个缴款单位信息的海关缴款书，应当登录本省（区、市）增值税发票综合服务平台（以下简称“综合服务平台”）查询、选择用于申报抵扣或出口退税的海关缴款书信息。通过选择确认平台查询到的海关缴款书信息与实际情况不一致或未查询到对应信息的，应当上传海关缴款书信息，经系统稽核比对相符后，纳税人登录选择确认平台查询、选择用于申报抵扣或出口退税的海关缴款书信息。

（2）增值税一般纳税人取得注明两个缴款单位信息的海关缴款书，应当上传海关缴款书信息，经系统稽核比对相符后，纳税人登录综合服务平台查询、选择用于申报抵扣或出口退税的海关缴款书信息。

3. 抵扣期限

根据国家税务总局公告 2019 年第 45 号，自 2020 年 3 月 1 日起，增值税一般纳税人取得 2017 年 1 月 1 日及以后开具的增值税专用发票、海关进口增值税专用缴款书、机动车销售统一发票、收费公路通行费增值税电子普通发票，取消认证确认、稽核比对、申报抵扣的期限。纳税人在进行增值税纳税申报时，应当通过本省（自治区、直辖市和计划单列市）增值税发票综合服务平台对上述扣税凭证信息进行用途确认。

增值税一般纳税人取得 2016 年 12 月 31 日及以前开具的增值税专用发票、海关进口增值税专用缴款书、机动车销售统一发票，超过认证确认、稽核比对、申报抵扣期限，但符合规定条件的，仍可按照《国家税务总局关于逾期增值税扣税凭证抵扣问题的公告》（国家税务总局公告 2011 年第 50 号，2017 年第 36 号、2018 年第 31 号修改）、《国家税务总局关于未按期申报抵扣增值税扣税凭证有关问题的公告》（国家税务总局公告 2011 年第 78 号，2018 年第 31 号修改）规定，继续抵扣进项税额。

4. 双抬头海关缴款书抵扣

国税发〔1996〕32 号《国家税务总局关于加强进口环节增值税专用缴款书抵扣税款管理的通知》规定：

（1）对海关代征进口增值税开具的增值税专用缴款书上标明有两个单位名称，即既有代理单位名称，又有委托进口单位名称的，只准予其中取得专用缴款书原件的一个单位抵扣税款。

（2）申报抵扣税款的委托进口单位，必须提供相应的海关代征增值税专用缴款书原件、委托代理合同及付款凭证，否则，不予抵扣进项税款。

2017年2月13日增加缴款单位信息比对后，对于双抬头缴款书，由于只准显示一个企业的纳税人识别号，因此对于委托方来说由于不是直接向海关缴的，而是由代理方缴纳，那么缴款书上只会显示代理方的纳税人识别号，这种情况下，委托方进项税额采集比对也可能出现比对不符的结果，出现这种情况就需要向国家税务总局申请异常数据核对。

5. 异常海关缴款书处理

当出现稽核比对结果为不符、缺联、重号、滞留的异常海关缴款书时，按以下方式处理：

（1）对于稽核比对结果为不符、缺联的海关缴款书，纳税人应当持海关缴款书原件向主管税务机关申请数据修改或核对。属于纳税人数据采集错误的，数据修改后再次进行稽核比对；不属于数据采集错误的，纳税人可向主管税务机关申请数据核对，主管税务机关会同海关进行核查。经核查，海关缴款书票面信息与纳税人实际进口货物业务一致的，纳税人登录综合服务平台查询、选择用于申报抵扣或出口退税的海关缴款书信息。

（2）对于稽核比对结果为重号的海关缴款书，纳税人可向主管税务机关申请核查。经核查，海关缴款书票面信息与纳税人实际进口货物业务一致的，纳税人登录综合服务平台查询、选择用于申报抵扣或出口退税的海关缴款书信息。

（3）对于稽核比对结果为滞留的海关缴款书，可继续参与稽核比对，纳税人不需申请数据核对。

（二）内销环节增值税

国内环节增值税体现为销售发票，主要分为增值税普通发票和增值税专用发票。

增值税普通发票主要供增值税小规模纳税人使用，增值税一般纳税人在不能开具专用发票的情况下也可使用普通发票。

增值税专用发票专用于纳税人销售或者提供增值税应税项目的一种发票。专用发票既具有普通发票所具有的内涵，同时还具有比普通发票更特殊的作用。它不仅是记载商品销售额和增值税税额的财务收支凭证，而且是兼具销货方纳税义务和购货方进项税额的合法证明，是购货方据以抵扣税款的法定凭证，对增值税的核算起着关键作用。

某进口商属于一般纳税人企业，销售本企业的一批进口商品，客户要求开具增值税专用发票，希望能抵扣企业的增值税税额，财务人员需根据实际收款金额开具增值税专用发票。

增值税是价外税，发票上的单价为不含税单价，通常销售人员报给客户的价格为含税价格，发票上开具的单价是从含税价倒算过来的。

增值税专用发票的密码区，包含了发票代码、号码、销售方税号、购货方税号、金额等，密码区和实际开票数据不一致的发票就是无效发票。通告税务机关专用发票软件解密以后，是鉴别该发票真伪的唯一标志，每一份增值税专用发票的密码都是唯一的，所以发票的密码区最好不要折，以免影响发票的真伪认证和税款的抵扣认证。

三、销售跟单

（一）制定产品销售追踪信息表，收集产品销售信息

在接到销售订单跟踪任务后，销售工作人员需填写设计出产品销售台账（见表 7-2），分发给客户部门的同事，请他们帮忙收集相关销售资料，进行数据分析。

表 7-2 产品销售台账

序	日期	产品名称	规格型号	月初数	销售数量	库存数量	备注
1							
2							
3							

通过收集销售情况信息，可以发现这批货物销售是否畅销，主要问题出现在哪里。可据此与销售人员一起商讨，不断更新完善销售方案。

（二）收集调阅客户档案，设计调查问卷

为了更好地了解客户，销售经理需不定期调阅之前建立的客户档案（见表 7-3），针对进口产品的具体细节，设计相应的问卷，以电话或邮件的方式对客户进行产品使用和消费信息的收集。

表 7-3　客户档案表

<table>
<tr><td>客户编号</td><td></td><td>所属区域</td><td></td><td>业务
负责人</td><td></td><td>发展日期</td><td></td></tr>
<tr><td colspan="8">基本情况</td></tr>
<tr><td>客户名称
（公司）</td><td></td><td>法定
代表人</td><td></td><td>主营业务</td><td></td><td>代理经销
区域</td><td></td></tr>
<tr><td>统一社会
信用代码</td><td></td><td>成立日期</td><td></td><td>账号</td><td></td><td>通信地址</td><td></td></tr>
<tr><td>业务
负责人</td><td></td><td>联系电话</td><td></td><td>手机</td><td></td><td>邮箱</td><td></td></tr>
<tr><td>业务覆盖
地区</td><td></td><td>门店数量</td><td colspan="2"></td><td>传真</td><td colspan="2"></td></tr>
<tr><td>客户属性</td><td>公司或个体</td><td>客户来源</td><td>互联
网络</td><td>资源介绍</td><td>客户状态</td><td>关系初建</td><td>过往
合作</td></tr>
<tr><td rowspan="3"></td><td>1. 注册资金</td><td colspan="3"></td><td>年营业额</td><td colspan="2"></td></tr>
<tr><td>2. 银行账号</td><td colspan="3"></td><td>银行信誉</td><td colspan="2"></td></tr>
<tr><td>3. 税号</td><td colspan="3"></td><td>纳税情况</td><td colspan="2"></td></tr>
<tr><td>仓储面积</td><td></td><td>收货服务</td><td></td><td>配送车辆</td><td>有或无</td><td>配送车辆
数量</td><td></td></tr>
<tr><td colspan="8">业务记录</td></tr>
<tr><td>日期</td><td>品项</td><td>数量</td><td>单价</td><td>赠品、
数量</td><td>总价</td><td>付款方式</td><td>备注</td></tr>
<tr><td></td><td></td><td></td><td></td><td></td><td></td><td></td><td></td></tr>
<tr><td></td><td></td><td></td><td></td><td></td><td></td><td></td><td></td></tr>
<tr><td></td><td></td><td></td><td></td><td></td><td></td><td></td><td></td></tr>
<tr><td></td><td></td><td></td><td></td><td></td><td></td><td></td><td></td></tr>
<tr><td></td><td></td><td></td><td></td><td></td><td></td><td></td><td></td></tr>
<tr><td>合作方式</td><td></td><td>合作潜力</td><td></td><td>折扣率</td><td></td><td>存货
周转率</td><td></td></tr>
<tr><td>价格级别</td><td></td><td>支出力度</td><td></td><td>市场费率</td><td></td><td>信用期限</td><td></td></tr>
<tr><td>交易总额</td><td></td><td>已收账款</td><td></td><td>应收账款</td><td></td><td>信用额度</td><td></td></tr>
<tr><td>备注</td><td colspan="7">合同编号</td></tr>
</table>

在设计调查问卷时，主要针对客户的年龄、收入、家庭构成情况、购买产品的时间、产品颜色、公司服务情况、对产品满意程度等方面进行调查，采取封闭式方式进行设计，问题简洁明确，不要太过烦琐，节省客户回答时间，

可以提高问卷的反馈正确率。这样问卷结果更有参考价值，为下一次市场销售定位奠定基础。

（三）拜访客户，了解产品畅销或滞销原因

收到调查问卷后，需对客户进行分类，将其分为老客户和新客户两类。同时安排销售人员拜访客户，以老客户作为定期先行拜访的调查对象，找出本次要调查的进口产品畅销的原因或者探讨滞销的问题。

在拜访客户中，销售人员需耐心倾听客户对于此次进口产品的购买感受或者销售情况的反馈，并做相应的记录，需了解此次产品畅销或滞销的原因（如材质、花色、品种等），从而影响了产品的整体销售。

在公司所有销售人员将客户反馈的产品信息收集完毕后，汇总报告，共同探讨，连同进口部门，针对产品的问题提出相应的解决方法和意见。

小贴士

进口产品销售调查要点

进口产品销售调查是对进口产品的销路、进口产品的价值能否实现的调查，只有把进口产品顺利销售出去，产品的价值才能得以实现，企业才能获得利润。

进口产品销售调查的内容包括：

1. 调查是否有同类产品；
2. 调查客户满意情况；
3. 调查产品销售情况，包括产品价格、销售数量等；
4. 调查产品销售趋势；
5. 其他调查，如产品销售渠道、广告、市场环境等。

第六节　营销的风险防范

一、营销应有底线

企业要生存发展，就要有价格底线来维护公司的正常利润和业务开展，无论客户怎么要求降价也不能低于这个底线。底线价格应该是经过市场调研后计算出来的。

俗话说“一分价钱一分货”，价格涉及材料工艺、人工成本、进口税费等，可以跟客户说细致点，让客户自己选择，如果能合作就合作，不能合作就与客户保持良好的沟通关系。

二、营销风险防范

企业的发展壮大离不开持续营销。企业要想安全平稳地运营，必须控制好风险。在营销中，营销风险不仅来自企业外部，有时也来自企业内部，那么，企业应该如何控制和防范营销中的风险？

（一）事前有效评估营销方案中的风险

每一份营销方案实施前，需全面分析，集合公司全体人员进行头脑风暴，适时借助专家及法律顾问的能力，综合评估在实施过程中可能遇到的任何风险，将风险规避到最低。

（二）事中健全风险防控机制

企业在营销过程中需要有健全的风险防控机制作后盾。每一阶段的营销活动开始后，企业需对其营销过程中的相关信息和资料进行分析，评估有效的客户信息资料，对营销环节中的每一步实施监控，做到分工明确、责任到位，增强企业在风险出现时的快速应对能力。

（三）事后全面复盘改进营销方案

营销阶段性工作完成后，企业需要进行全面复盘，发现并分析其中遇到的问题，是外部原因（如政治、经济、竞争者、客户的原因等），还是内部原因（如员工问题、企业管理机制等因素），作出有效整。如果是外部原因，还要分析是什么因素没有完全规避。如果是内部原因，还要分析是员工能力问题还是企业管理机制问题，并安排进行培训或者完善相应机制。

第八天

THE
EIGHTH DAY

后续管理及进口风险防范

进口货物入库后，需要进行后续管理，诸如进口货物入库、出库管理，进口外汇核销管理，进口产品的售后服务及不合格产品的召回，进口产品存在相关争议时的解决等。

作为进口商，要时刻保持学习的心态，实时关注政策，保持谨慎的态度，做好各种风险的防范及应对。

第一节　进口商品的后续管理

待货物入库后，需要进行进口产品的后续管理工作，主要包括：

一、进口货物入库、出库管理

进口货物入库后，进口商需要配合业务发展的需要进行不定期的查库，以确保业务部掌握库存，及时安排进货补货。

在国内销售环节，为控制经营风险，一般情况下要求款到出货。比如，买方一次性付款一次性提货；买方部分付款部分提货；买方以保证金作为最后一笔货款。每次提货数量由跟单员提出，财务人员审核资金受妥情况后签字确认，经理签字同意后发货。此时，跟单员方可开具出库 D/O，通知仓库及提货人。

二、进口外汇核销管理

外汇核销已经由在规定的时间内（货物进口报关后一个月内）携带进口单据到外汇管理局办理外汇核销手续改为总量核销，进口企业不需逐笔提交进口单据进行外汇核销。

当企业的进口报关总量及外汇付汇总量相差悬殊时，可能被外汇管理局监管，进行稽核。企业如果收到外汇管理局的核查通知，需按照要求逐笔整理进口单据向外汇管理局申报，说明对外付汇情况及进口货物报关情况。

三、进口产品的售后服务

所谓进口产品的售后服务就是进口商把产品销售给消费者之后，为消费者提供的一系列服务，包括产品介绍、送货、安装、调试、维修、技术培训、上门服务等。它既是一次营销的过程，也是再营销的开始。

售后服务的内容通常包括：

（1）为消费者安装、调试产品；

（2）根据消费者要求，进行有关使用等方面的技术指导；

（3）保证维修零配件的供应；

（4）负责维修服务，并提供定期维护、定期保养；

（5）为消费者提供定期电话回访或上门回访；

（6）对产品实行“三包”，即包修、包换、包退；

（7）处理消费者来信来访以及电话投诉，解答消费者的咨询。同时用各种方式征集消费者对产品质量的意见，并根据情况及时改进。

在市场竞争激烈的今天，随着消费者维权意识的提高和消费观念的变化，消费者在选购产品时，不仅关注产品本身，在同类产品的质量和性能相似的情况下，更加重视产品的售后服务。因此，企业在提供价廉物美的产品的同时，向消费者提供完善的售后服务，已成为现代企业市场竞争的新焦点。在我国就有海尔集团因售后服务做得好而销量稳步上升的案例。

客观地讲，优质的售后服务是品牌经济的产物，名牌产品的售后服务往往优于杂牌产品。名牌产品的价格普遍高于杂牌产品，一方面是因为产品成本和质量，另一方面是因为名牌产品的销售价格中已经包含了售后服务成本。

就服务体系而言，产品的售后服务，既有生产厂商直接提供的，也有经销商提供的，但更多的是以厂家、商家合作的方式展现给消费者的。

四、不合格产品的召回

不合格产品的召回流程如图 8–1 所示，包括两种情况：企业主动召回与强制召回。

在这两种情况下，强制召回是社会整体利益最大化的要求。强制召回会对制造商的商业信誉造成严重的影响。

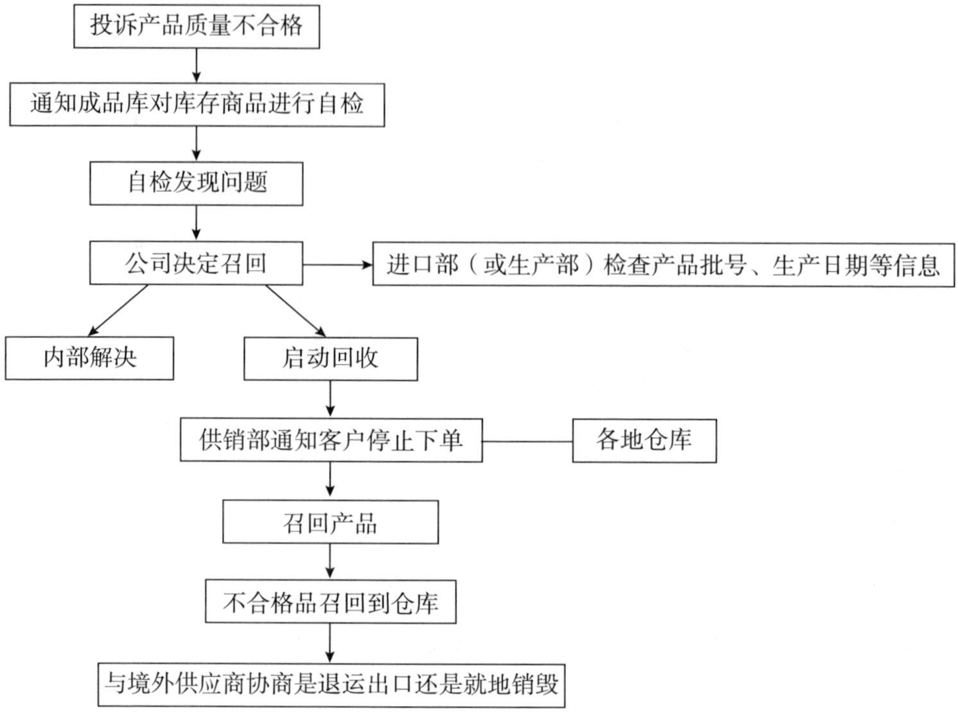

图 8-1　产品召回流程

如果政府相关主管部门经过评估最终认定产品存在可能引发严重危害的缺陷，企业应立即着手制定召回计划，并实施召回，这个过程属于主动召回；如果企业隐瞒缺陷，拒不履行报告义务，在主管部门要求召回或法院通过判决要求召回的情况下仍拒绝召回，则由政府强制企业进入召回实施阶段，这个过程属于强制召回。

第二节　争议的解决与救济方式

一、争议的处理

（一）协商

1. 协商的定义

协商即和解（Compromise），是指国际贸易纠纷的当事人，直接就纠纷案件的内容与解决方案进行磋商、沟通、讨论，直至达成最后协议，解决双方的纠纷。

和解成立后，当事人所争取的权利即归确定，所放弃的权利随即消失。和解一经成立，当事人不得任意反悔要求撤销。但是，如果和解所依据的文件事后发现是伪造或涂改的，和解事件已为法院判决所确定、而当事人于和解时不知情的，当事人对重要的争执有重大误解而达成协议的，当事人都可以要求撤销和解。

2. 协商解决的优缺点

（1）优点。由当事人协商解决，最能顾及彼此的情谊，不仅可以迅速解决纠纷，还不至于影响双方未来的业务关系。争议双方的互相谅解和妥协是双方坚持平等互信原则的结果，必然有利于双方商贸关系的改善和进一步加强。当事人对整个交易过程最清楚，而且对于纠纷发生的环境、原因与过程也最清楚。因此，若能互相谅解，进而由双方自行和解，最为合适。另外，通过和解自行解决纠纷，可以不对外张扬，能够保持双方的良好信誉。

（2）缺点。友好协商是建立在双方平等互信基础上的，而这种基础在现实中是很难确定和保持的，这无疑减少了协商的机会。文化、意识、政策或法律方面的差异，很可能使这种协商变得更困难或变得不可能。

（二）调解

1. 调解的定义

调解（Mediation or Conciliation），是指买卖双方发生纠纷时，双方协商不成，邀请第三者居间调停以谋求解决纠纷。调解虽然比仲裁和诉讼简便，但在法律上对当事人双方并无约束力。调解人的作用是帮助当事人弄清事实、分清是非，并找到一种双方均可接受的解决方法。若调解成功，双方应签订和解协议，作为一种新的契约予以执行。若调解意见不为双方或者其中一方所接受，则该意见对当事人无约束力，调解即告失败。

2. 调解的优缺点

（1）优点。第三方参加调解，有利于增加双方谈判的可能性，缓和争议双方的矛盾情绪，为有建设性的谈判创造良好的环境基础。第三方参加调解，有利于形成一种外在压力，争议双方可能出于对企业声誉的考虑，也可出于与对方特定关系的考虑，重新回到协商解决上来。

（2）缺点。调解涉及第三方，可能会增加双方解决争议的成本。另外，外来人员或机构参与，可能会影响争议双方以往的良好信誉。

3. 我国采用的调解方法

我国仲裁机构采取调解与仲裁相结合的办法，收到了良好的效果。其具体做法是：结合仲裁的优势和调解的长处，在仲裁程序开始之前或之后，仲裁庭可以在当事人自愿的基础上，对受理的争议进行调解。如调解不成功，仲裁庭仍按照仲裁规则的规定继续进行仲裁，直到作出最终裁决。

（三）仲裁

1. 仲裁的定义

仲裁是指按仲裁程序，由仲裁员做裁判，对双方争议的事项作出裁决。仲裁员的裁决是有约束力的。如果败诉方不执行裁决，胜诉方有权向法院申请强制执行。法院可根据胜诉方的要求，出面强制败诉方执行仲裁裁决。

2. 仲裁的优点

仲裁的判决与法院判决具有同等效力，且仲裁具有以下优点。

（1）解决迅速。《中国国际经济贸易仲裁委员会仲裁规则》第四十八条规定，仲裁庭应在组庭后6个月内作出裁决书；经仲裁庭请求，仲裁委员会仲裁院院长认为确有正当理由和必要的，可以延长该期限。

（2）具有保密性。商务上的争议常常牵涉当事人的商业机密，如付诸诉讼，无异于将商务机密公开，绝非当事人所愿，而商务仲裁属于私人间根据契约解决争议，双方不需出庭，可在秘密情况下进行，不致为大众所知。

（3）节省费用。商务仲裁可以节省双方当事人的时间、金钱和精力，一般而言，当事人需要负担的仲裁员的仲裁费用比诉讼费用要少很多。

（4）专家仲裁。仲裁员通常选择理论与实务经验均丰富的公证人士担任，较法官更了解贸易实务，因此，仲裁比诉讼更适合解决贸易纠纷。

（5）判决有效。《中华人民共和国仲裁法》第九条规定，仲裁实行一裁终局的制度。裁决作出后，当事人就同一纠纷再请仲裁或者向人民法院起诉的，仲裁委员会或者人民法院不予受理。

3. 仲裁协议

《中国国际经济贸易仲裁委员会仲裁规则》第五条规定，仲裁协议系指当事人在合同中订明的仲裁条款或以其他方式达成的提交仲裁的书面协议。仲裁协议有如下特点。

（1）仲裁协议必须以书面形式作出。书面形式包括合同书、信件、电报、电传、传真、电子数据交换和电子邮件等可以有形地表现所载内容的形式。

（2）仲裁协议只能由有利害关系的双方当事人或其合格的代理人订立。否则双方当事人不受该仲裁协议约束。仲裁协议是当事人申请仲裁、排除法院管辖的依据。

（3）仲裁协议具有相对独立性。合同中的仲裁条款应视为与合同其他条款分离的、独立存在的条款，附属于合同的仲裁协议也应视为与合同其他条款分离的、独立存在的一个部分。合同的变更、解除、终止、转让、失效、无效、未生效、被撤销以及成立与否，均不影响仲裁条款或仲裁协议的效力。

《中华人民共和国仲裁法》第十六条规定，仲裁协议包括合同中订立的仲裁条款和以其他书面方式在纠纷发生前或者纠纷发生后达成的请求仲裁的协议。

仲裁协议书是指当事人之间订立的，一致表示愿意将他们之间已经发生或可能发生的争议提交仲裁解决的单独的协议。这种仲裁协议的特点是它是单独的仲裁协议，是在合同中没有规定仲裁条款的情况下，双方当事人为了专门约定仲裁内容而单独订立的一种协议。而且，当事人既可以在争议发生之前，也可以在争议发生之后订立。

4. 仲裁程序

仲裁程序是指进行仲裁的程序和做法，一般包括提出仲裁申请、组成仲裁庭、审理案件、作出裁决 4 个环节。各国仲裁法和仲裁机构的仲裁规则对仲裁程序都有明确的规定。

（1）提出仲裁申请。这是仲裁程序的首要手续。各国法律对申请书的规定不一致。在我国，根据《中国国际经济贸易仲裁委员会仲裁规则》的规定，当事人一方申请仲裁时，应向该委员会提交包括下列内容的签名申请书：①申诉人和被诉人的名称和住所；②申请仲裁所依据的仲裁协议；③案情和争议的要点；④申诉人的仲裁请求及所据的事实和证据。申诉人向仲裁委员提交仲裁申请书时，应附具本人要求所依据的证明文件，指定一名仲裁员，预缴一定数额的仲裁费。如果委托代理人办理仲裁事项或参与仲裁的，应提交书面委托书。

（2）组成仲裁庭。我国仲裁规则规定，申诉人和被申诉人各自在仲裁委员会仲裁员名册中指定一名仲裁员，并由仲裁委员会主席指定一名仲裁员为首席仲裁员，共同组成仲裁庭审理案件。双方当事人亦可在仲裁委员名册共同指定或委托仲裁委员会主席指定一名仲裁员为独任仲裁员，成立仲裁庭，单独审理案件。

（3）审理案件。仲裁庭审理案件的形式有两种：一是不开庭审理，这种审理一般是经当事人申请，或由仲裁庭征得双方当事人同意，只依据书面文件进行审理并作出裁决；二是开庭审理，这种审理按照仲裁规则的规定，不公开审理，如果双方当事人要求进行审理时，由仲裁庭作出决定。

（4）作出裁决。裁决是仲裁程序的最后一个环节。裁决作出后，审理案件的程序即告终结，因而这种裁决被称为最终裁决。根据我国仲裁规则，除最终裁决外，仲裁庭认为有必要或接受当事人之提议，在仲裁过程中，可就案件的任何问题作出中间裁决或者部分裁决。中间裁决是指对审理清楚的争议所作的暂时性裁决，以利于案件的进一步审理。部分裁决是指仲裁庭对整个争议中的一些问题已经审理清楚，而先行作出的部分终局性裁决。这种裁决是最终裁决的组成部分。仲裁裁决必须于案件审理终结之日起45天内以书面形式作出，仲裁裁决除由于调解达成和解而作出的裁决书外，应说明裁决所依据的理由，并写明裁决是终局的和作出裁决书的日期地点，以及仲裁员的署名等。

（四）索赔

在履行进口合同过程中，往往因供应商未按期交货或货到后发现品质、数量和包装等方面的问题，致使进口商遭受损失，而需向有关方面提出索赔。进口环节索赔事件虽不是每笔交易一定发生，但为了维护进口商的利益，进口商对此项工作应当常备不懈，随时注意。一旦出现供应商违约或发生货运事故，应切实做好进口索赔工作。为此，进口商必须注意如下事项：

1. 确定索赔对象

在查明原因、分清责任的基础上确定索赔对象，根据事故性质和质损原因的不同，向责任方提出索赔。例如：

（1）凡属原装短少和品质、规格与合同不符，应向供应商提出索赔。

（2）货物数量少于提单所载数量，或在签发清洁提单情况下货物出现残损短缺，则应向承运人索赔。

（3）由于自然灾害、意外事故而使货物遭受承保险别范围内的额外损失，则应向保险公司索赔。

2. 提供索赔证据

为了保证索赔工作的顺利进行，必须提供切实有效的证据，如事故记录、短缺或残缺损证明和联检报告等，必要时，还可提供物证或实物照片等。

3. 掌握索赔期限

向责任方提出索赔，应在规定的期限内提出，过期提出索赔无效。合同一般都规定了索赔期限：向供应商索赔，应在合同规定的索赔期限内提出，如合同未规定索赔期限，按《联合国国际货物销售合同公约》规定，进口商向供应商声称货物不符合合同的时限，是进口商实际收到货物之日起 2 年；向船运公司索赔的期限，按《统一提单的若干法律规则的国际公约》规定，是货物到达目的港交货后 1 年；向保险公司索赔的期限，按中国人民保险集团股份有限公司制定《海洋运输货物保险条款》规定，为货物在全部卸离海轮后 2 年。

4. 确定索赔金额

索赔金额应适当确定，除包括受损商品价值外，还应加上有关费用（如检验费等）。索赔金额究竟是多少，其中究竟包括哪些费用，应根据具体情况而定。

（五）诉讼

1. 诉讼的性质

诉讼是指买卖双方当事人发生纠纷，无法以当事人协商解决、由第三方协调及商务仲裁或其他方法解决时，所采用的诉诸法律途径、请求法院审判解决的处理办法。

通过诉讼解决贸易纠纷，自起诉开始至判决，要经过漫长的繁杂的司法程序，往往耗费当事人相当大的精力和时间，因此是解决贸易纠纷的下策。从事国际贸易的双方分属于不同的国家，因此国际诉讼不仅需要花费时间与诉讼费用，光是对外国人提起诉讼本身就很不容易，外国人也可能置之不理。即使耗尽心力之后胜诉，如果外国人逃之夭夭，胜诉者所获得的只是一张胜诉判决，并无其他意义。因此，除非无法协商、调解或仲裁，才考虑提起国际诉讼。此外，进行诉讼将耗费的金钱与时间成本也应事先加以考虑，以免得不偿失。

2. 诉讼的原则和标准

各国法律为了确定司法管辖权都规定了一些原则和标准。大多数国家都根据属地管辖和属人管辖这两个标准来确定法院的管辖权。凡根据人或者事物所在地或诉讼原因发生地来行使管辖权的就是主张属地管辖。凡根据当事人的国籍归属来行使管辖权的就是主张属人管辖。因此，在涉外民事案件中，若在诉讼的当事人或其财产、诉讼的标的物、产生争议的法律关系或法律事实中有其中一项是在某国境内或者发生在该国境内，或者当事人一方具有该国国籍，该国就可能据此认为其对该案有管辖权。

按照大多数国家的法律或审判实践，在民事诉讼中，一般都认为被告住所地国家的法院有管辖权，而原告在诉讼时，应当向被告所在地国家的法院起诉，这就是所谓的"原告就被告"原则。当然，这只是一个普遍的原则，在实践中还有例外，原告所在地的法院也有管辖权。另外，有时出现两个或两个以上的国家的法院对某一案件存在管辖权的冲突时，当事人双方可以以协议管辖来解决此类冲突。所谓协议管辖，是指双方当事人对某一案件在争议发生之前，或争议发生之后，用协议的方式来确定一个国家的法院来管辖。协议管辖可以是明示的，也可以是默示的。各国一般都承认协议管辖的效力。

二、争议的避免

在国际贸易中，买卖双方在履行合同中发生争议是经常的、不可避免的。一旦发生争议，不仅有可能造成经济损失，也不利于双方关系的维持和发展。如何认识、理解和处理争议，尽可能避免争议的发生，是买卖双方都非常关心的问题。

（一）争议产生的原因

1. 合同方面的原因

（1）合同条款规定的不够明确。比如合同条款规定的双方权利、义务和责任不明确，导致各方对条款的理解产生分歧。

（2）双方权利义务不对等。合同片面地规定约束一方当事人的条款，对双方的约束力不同。

（3）合同条款有遗漏。对同一问题，各国法律和国际贸易惯例往往有不同的解释。比如对 FOB 术语的解释，在美国和《国际贸易术语解释通则 2000 版》（INCOTERMS2000）、《国际贸易术语解释通则 2010 版》（INCOTERMS2010）、《国际贸易术语解释通则 2020 版》（INCOTERMS2020）中的买卖双方责任就有差异。所以，在合同未涉及法律适用条款的情况下极易产生争议。另外，根据各国法律，尽管一般来说不可抗力是免责条款，但如果在合同中不加以规定不可抗力条款，在发生不可抗力事件时，也容易引起争议。更何况什么属于不可抗力本身也是不确定的，还有对解决争议的方式的遗漏，也是容易产生争议的原因。

2. 当事人方面的原因

当事人方面主要是当事人一方主观上不履行，或不完全履行合同规定的义务，比如出口方故意延迟交货；出口方故意延迟单据的寄送；T/T 付款方式下，不按时装船等。值得注意的是，有些不良商人甚至在订立合同之前就存在欺诈动机。

（二）如何有效地避免争议

要避免争议，在发生争议前做好防范和应对是非常重要的。应从以下几个方面做好工作。

1. 谈判中注意的问题

（1）对将来的商业伙伴尽可能做全面的了解和调查，对其公司的经济状况、生产能力、商业信誉等要心中有数。对法律诉讼情况等做全面掌握，不要盲目相信其公司的表面情况，也不要盲目相信熟人和朋友的介绍，最好自己亲自调查掌握第一手资料。

（2）平等协商，在交易中与对方保持地位平等，不畏惧对方的实力，发挥企业自身的优势，以达到最好的谈判效果。

（3）派出本公司具有谈判经验的业务人员，必要时要有律师精诚合作，共同参与谈判。

（4）不要盲目同意对方起草的文件，应自行承担起草文件的责任，控制起草文件的权利。这是非常重要的。

2. 起草合同时应注意的问题

作为进口方，公司自身起草进口采购合同更具有优势，不要为了省事，让出口商起草文件。起草文件需注意：

（1）注重合同的所有条款。在经济合同中，买卖双方不但要注重数量、品质和价格条款，还应全面地考虑所有的合同条款，注意避免承担错误的有约束力的义务。

（2）注重合同中的争议解决条款。这一条款关系到双方在发生争议时，选择仲裁还是诉讼解决争议。当事人应当根据交易情况及各种争议解决方式的特点，谨慎选择争议解决方式。

在进出口贸易中，进出口商越来越多地选择仲裁的方式解决贸易纠纷。根据《中华人民共和国仲裁法》的规定，当事人达成了有效的仲裁协议，就排除了法院的管辖权，人民法院不再予以受理。因此，当事人选择仲裁解决争议应当在合同中予以明确。如果在合同中没有约定仲裁条款，事后又不能与对方达成仲裁协议，双方发生争议只能到法院去诉讼。需提醒进口商注意的是，双方一旦发生纠纷，要想重新达成仲裁协议是非常困难的。因此，在起草合同时，应当注重争议解决条款的约定。

（3）注重律师在法律工作中或合同起草中的作用，避免出现法律问题造成的缺憾，事后弥补困难。

（4）注重合同条文的清楚、完整和连贯性。合同条款应清楚明确，避免模糊不清发生争议；合同条款内容详尽，可最大限度减少争议；合同条款用词应保持一致，概念应统一，避免因用词不当和偷换概念而发生争议。

3. 注重在履行合同过程中双方书面往来函电的作用

双方在履行合同时，避免用电话等口头形式达成协议，对合同的修改和补充以及临时补救措施都应采用书面的形式，并及时收集保留，做到有据可查，保护当事人自身的合法权益。

双方当事人只要认真履行合同，诚实守信地按合同办事，纠纷是可以避免的。一旦出现纠纷，争议不可避免，要及时利用调解、仲裁、诉讼等法律手段，保护自身的合法权益。

第三节　防范进口贸易欺诈

国际贸易本身就有风险，大部分的业务员都或多或少碰到过欺诈案例，不可不防。外贸中由于存在进出口商语言交流不便、国际惯例不熟悉、各国法律风俗差异、距离遥远、昼夜颠倒、跨国费用高昂、追讨困难等因素，从而为形形色色的国际欺诈提供了便利的条件。国际贸易欺诈大致可分为两类：一类是纯粹的骗子型，一开始就设计好骗局引人上钩；一类则属于奸商型，即生意照做，只是利用各种手段在交易过程中设置障碍，以次充好，欺骗进口商的购货款。

一、骗子型欺诈

（一）合同陷阱

合同陷阱是最常见的一种欺诈方法，设陷者往往利用合同并以“法律”的招牌来引诱进口商，其表现形式为：

1. 利用合同条款

在国际贸易中，许多设陷者利用有些条款不完善或制造不完善条款进行欺诈，比如利用品质条款、索赔条款、担保条款、违约金条款等。

2. 变更合同条款

设陷者以变更合同条款为由设置陷阱实施诈骗，如变更合同主体条款，设陷者称因各种原因建议由第三方代替自己履约，受骗者往往轻易答应上当；变更合同运输条款，改班轮运输为租船运输；变更支付条款，改 L/C 支付为托收或电汇付款；变更检验条款，要求改为外放检验机构或第三方检验机构。

3. 不签书面合同

设陷者以《联合国国际货物销售合同公约》第十一条为由，并振振有词提出，进口商可不必担心没有书面合同，只要双方认同即可。

案例 8-1

某进口商进口了一批三极管新品。到货后经检验表明该芯片无法正常使用，工厂拒绝付款。但出口商却认为货物质量没有问题。在合同中，双方并没有规定货物验收标准。出口商认为以商检合格为准，进口商认为以技术检验为准，但却无法提供有效的商检报告。双方互相扯皮长达一年之久，出口商申请仲裁，要求付款，进口商不同意支付。合同中条款对进口商的申诉不予支持。进口商只得忍痛把钱给了出口商。

贸易纠纷往往只讲证据，不看事因。所以，合同签订必须慎之又慎。外贸人员要不断研究、熟悉合同条款要素，才能防止失误和疏漏。

（二）“天上掉馅饼”

骗子型案例中最常见的是“天上掉馅饼”的方式。

案例 8-2

境内某进口商接到境外各种报盘，有的贸易商的报盘的价格很低，和国内市场同类产品相比利润巨大，通常这些贸易商会找各种借口说不熟悉 L/C 交易，希望通过 T/T 付款，而且为 30% 预付款 +70% 的装船后见提单付款。如果这样做，风险很大。在当前经济全球化的背景下，出现巨额利润的情况很少。如果遇到这种情况就该警惕了。

二、防骗有术——境外供应商资信调查和风险防范

上面介绍了外贸诈骗的类型。尽管其中有的诈骗手段比较高明，但总会露出一些破绽，能做到天衣无缝的可能性不大。只要进口商提高警惕，掌握识别陷阱的方法，完全可以避免上当受骗。

下面总结几种识别与防范方法，以供借鉴。

（一）审查业务的真实性

审查业务的真实性是进出口业务中最重要的识别方法。“真实性”审查就是排除“四自三不见”业务，排除误入虚假业务陷阱。如何审查业务的真实性呢？

（1）应具备“五有”。在进口业务中，有卖方、有买方、有产品、有运输方、有最终用户；代理进口项下有正本代理进口协议。在出口业务中，有卖方、有买方、有对应产品、有生产产品的工厂、有运输方。

（2）在业务操作中，一般具有规范的操作程序和规则，并有银行参与。此类业务以自营业务为多。

（3）不是同一人（即便是代理业务，买方、卖方、运输方也不能为同一人）。

（二）完善合同条款

在进口业务中，如在真实性的识别中难以如愿，对方几方面串通，互相配合，并多次反复强调真实性，而进口商又想尝试的情况下，可采取签订严谨的合同来识别和防范，如在合同里面订立品质条款、认证条款、价格条款、检验条款、索赔条款、支付条款、所需单据条款、运输条款以及定出详尽的规格、要求等，并要求对方具有法人代表签字（需提供对方护照）或其委托书上签字盖章的文书。特别强调签约地在本地区。

在进口合同中要订有严格的仲裁条款，规定进口国为解决争议、纠纷的仲裁地点。在进口合同中，强调证明进口商品的质量标准、评估条款、保护性条款、检验条款、运输要求等。注意在进出口中一定要签订书面合同，因为书面合同具有确定性、告诫性和公开性，并具有证据的作用。有一些欺诈在书面合同中肯定会露出破绽，外贸公司在签订合同时可及时识别和防范。

（三）做好资信调查

在做进出口贸易时选择交易对象非常重要，一定要慎重考查对方身份的真实性，查清对方的资信情况。如看营业执照正副本，同时对正副本的真实性进行验证，并通过合法途径了解、核实其经营活动和现在是否仍在合法地进行经营活动。同时了解其货物情况、注册资本、法定地址等。还要考察对方注册信用的真实性和履约能力，了解其开设的基本账户和经营活动情况。当事人的资信情况关系到其有无承担债务责任的能力和有无履约诚意。在资信调查识别时，要对主体资格识别清楚。如对方以自然人身份出现，或者以法人或非法人经济组织身份出现，或者法定代表人的身份，或者委托代理人的身份出现。

调查方法还有银行查询、海外机构查询、行业查询、进出口商会查询、有关机构查询等。

银行常用资信评价用语：优级（Excellent）；良级（Good）；一般级（Ordinary）；差级（Bad）。

（四）高科技识别

（1）识别欺诈者所伪造的各类重要单据。伪造单据的一般特点是：色泽浓淡不均；细密的线条不完整、不清晰；图案、花纹、线条变形，粗细不匀，或出现差异；复杂的图案模糊。有些伪造单据尽管也使用一些精密仪器制成，肉眼难辨真假，但通过电子技术分析，在细密线条上容易出现图文不着墨的“漏白”现象。在对水印的鉴别上，伪造单据对着光看时，看不出图像的层次。真单证水印透视时清晰、自然、有层次。在紫外线下检验伪单证水印发荧光，真单证水印不发光等。

（2）进出口贸易电子网络能迅速反馈当事人的各种情况和数据，由工商、海关、税务、外汇、银行等部门掌握并进行识别。

案例 8-3

关于巴西牛肉进口的卫生证书真假识别

笔者在从事肉类进口业务时，曾碰见过巴西出口商利用假的卫生证书欺骗进口企业预付款的情况。为避免此类情况，需在付汇前核验巴西出口商提供的卫生证真实有效。一是可以通过联系进口口岸海关的食品检验科室的关员，通过海关管理系统来查询卫生证书的真实性。二是通过登录巴西农业部官方网站（www.gov.br/agricultura.pt-br/），输入卫生证上的 32 位真实性编码查询核验卫生证上的相关信息是否与进口合同一致。

（五）充分运用规避风险的手段

运用规避风险的手段在进出口贸易实践中非常重要，如在金额巨大的成套设备买卖中或在分批交货的贸易中，进口商应力争使用循环 L/C，用此方法规避风险。一般情况下，欺诈者当然会反对使用循环 L/C，因为这种方式可使最终的付款发生在设备妥善安装或各批货物交完之后，可保证出口商提供货物的质量达到 L/C 的要求。在 L/C 开立上，不开可转让 L/C，避免使用自由议付 L/C。要明确订立 L/C 条款的内容。出口商可考虑尽量使用保兑 L/C，正确选择国际贸易术语。为防止 L/C 欺诈，出口商应尽量使用 C 组贸易术语（如 CFR、CIF、CPT、CIP 等），进口商应尽量使用 F 组贸易术语［如 FCA（货交承运人）、FAS（船边交货）、FOB 等］。在交易租船订舱中，避免与“皮包公司”性质的方便旗船船东打交道，同时要注意不租订老船、旧船，选用适应货物特性的船型，以确保货物在运输途中的安全。另外，要严格审核单证，加强对假冒 L/C、“软条款”L/C 的识别，一旦发现，应提出修改 L/C。

（六）严防授人以柄

戒贪、戒急、戒虚荣心和坚持原则是生意场上最基本而永恒的防骗之道。明白外贸原理，则可灵活操作而万变不离其宗；积累实践经验，方能雾里看花而方寸不乱。

（七）心理识别

在实际业务中，在设陷人与受骗人之间，也进行着一种心理战，这就需要外贸公司的业务人员，能把握住自己的心理活动，并通过自己的心理来识别或引出对方的实际心理。因为在进出口经营活动中外贸公司的一些业务人员往往存在求胜心理、利益驱动心理、只要不动资金就无风险心理、求全心理等。这些心理，往往为设陷人所掌握并施以各种手段迷惑外贸公司的业务人员。设陷人心理一般为不露破绽、制造悬念、表白自己、张冠李戴、移花接木、伪造自己等。外贸公司的业务人员在进行识别时可提出，是否可以反担保，以试探对方，如对方提出不同意见则可以反测对方，如遇对方要求改 L/C 条款或合同条款，如改付款条件、改合同主体、改运输人、改主要条款等，外贸公司要及时回复，表明自己的意见，坚持不改，并说明不能改的理由。这样可察言观色看对方的反应，这叫心理相持；如对方坚持要改，或提出如不改就要如何如何之类的语言，则应采取相关措施以防不测，因为这种态度已经告诉我们，对方是强行逼外贸公司就范，所以外贸公司一方面要坚持，另一方面要依法依规争取主动以防范陷阱，这叫心理延迟。一般情况下，通过心理相持与心理延迟识别，设陷者迟早会露出马脚。

（八）法律识别

为了整顿和规范市场经济秩序，国家制定了一系列进出口法律法规，因此，正确掌握和运用这些法律法规对进出口业务的运作进行规范和鉴别，能起到积极有效的防范作用。在出口业务中，运用《中华人民共和国涉外经济合同法》《中华人民共和国对外贸易法》《中华人民共和国海关法》《中华人民共和国产品质量法》《出口收汇核销管理办法》《中华人民共和国进出口商品检验法》等法律法规的有关条款进行比照识别，分析本笔出口业务的不规范之处和风险大小，最后决定运作与否。在进口业务中，运用《中华人民共和国涉外经济合同法》《中华人民共和国对外贸易法》《中华人民共和国海关法》《进口付汇核销贸易真实性审核规定》等法律法规的有关条款进行比照识别，严防“四自三不见”业务，防止以进口业务之名，行骗汇之实。在进出口代理业务中，要严格对照《关于对外贸易代理制的暂行规定》《规范进出口代理业务的若干规定》《中华人民共和国外汇管理条例》等法律法规进行鉴别，通过上述法律法规在实践中的运用和程序规范，可进一步识别对方隐藏的欺诈手段，发现破绽，使外贸公司警觉并采取相关措施防患于未然。

在进出口经营实践中，任何利益的获得必须经过企业的辛勤劳动和有序竞争。只要我们善于学习、勤于思考、勇于实践、学会运用法律武器和其他有效手段，就能有效地识别陷阱，防范风险。

第九天

THE NINTH DAY

跨境电商时代的进口

随着互联网与“外贸 + 互联网”的发展，跨境电商应运而生。国家政策的便利，人民生活水平的提升，加之“一带一路”建设加速了各国（地区）的互联互通，为跨境电商企业创造了新的机遇。

本章主要介绍“一带一路”建设及跨境电商给进口商带来的改变及影响，以及如何顺应时代的发展，更好地做好进口贸易。

第一节 “一带一路”下的进口贸易

2015 年 3 月，中国政府发布《推动共建丝绸之路经济带和 21 世纪海上丝绸之路的愿景与行动》，描绘了贯穿亚欧非大陆，一头连接活跃的东亚经济圈，一头连接发达的欧洲经济圈，涵盖中间广大腹地国家的“一带一路”（the Belt and Road）倡议路线图。

“一带一路”是“丝绸之路经济带”和“21 世纪海上丝绸之路”的简称。“一带”，即“丝绸之路经济带”，是在“古丝绸之路”概念基础上形成的一个新的经济发展区域。丝绸之路经济带东边牵着亚太经济圈，西边系着欧洲经济圈，被认为是“世界上最长、最具有发展潜力的经济大走廊”。

“一路”，即“21 世纪海上丝绸之路”，是基于历史，着眼中国与东盟建立战略伙伴十周年这一新的历史起点上，为进一步深化中国与东盟的合作，构建更加紧密的命运共同体，为双方乃至本地区人民的福祉而提出的战略构想。

一、贸易畅通：看“一带一路”沿线国家和地区的市场潜力

投资贸易合作是“一带一路”建设的重点内容，大力解决投资贸易便利化问题，消除投资和贸易壁垒，构建区域内和各国良好的营商环境，积极同沿线国家和地区共同商建自由贸易区，激发释放合作潜力，做大做好合作“蛋糕”。

截至 2023 年 1 月 6 日，中国已经同 151 个国家和 32 个国际组织签署 200 余份共建“一带一路”合作文件，涵盖互联互通、投资、贸易、金融、科技、

社会、人文、民生、海洋、电子商务等领域，覆盖国家涵盖非洲（52个）、亚洲（40个）、欧洲（27个）、大洋洲（11个）、南美洲（9个）、北美洲（12个）。已同中国签订共建“一带一路”合作文件的国家见表9–1。

表9–1 已同中国签订共建“一带一路”合作文件的国家一览表（截至2023年1月）

洲别	国家
非洲（52个）	苏丹、南非、塞内加尔、塞拉利昂、科特迪瓦、索马里、喀麦隆、南苏丹、塞舌尔、几内亚、加纳、赞比亚、莫桑比克、加蓬、纳米比亚、毛里塔尼亚、安哥拉、吉布提、埃塞俄比亚、肯尼亚、尼日利亚、乍得、刚果布、津巴布韦、阿尔及利亚、坦桑尼亚、布隆迪、佛得角、乌干达、冈比亚、多哥、卢旺达、摩洛哥、马达加斯加、突尼斯、利比亚、埃及、赤道几内亚、利比里亚、莱索托、科摩罗、贝宁、马里、尼日尔、刚果（金）、博茨瓦纳、中非、几内亚比绍、厄立特里亚、布基纳法索、圣多美和普林西比、马拉维
亚洲（40个）	韩国、蒙古国、新加坡、东帝汶、马来西亚、缅甸、柬埔寨、越南、老挝、文莱、巴基斯坦、斯里兰卡、孟加拉国、尼泊尔、马尔代夫、阿联酋、科威特、土耳其、卡塔尔、阿曼、黎巴嫩、沙特阿拉伯、巴林、伊朗、伊拉克、阿富汗、阿塞拜疆、格鲁吉亚、亚美尼亚、哈萨克斯坦、吉尔吉斯斯坦、塔吉克斯坦、乌兹别克斯坦、泰国、印度尼西亚、菲律宾、也门、叙利亚、巴勒斯坦、土库曼斯坦
欧洲（27个）	塞浦路斯、俄罗斯、奥地利、希腊、波兰、塞尔维亚、捷克、保加利亚、斯洛伐克、阿尔巴尼亚、克罗地亚、波黑、黑山、爱沙尼亚、立陶宛、斯洛文尼亚、匈牙利、北马其顿（原马其顿）、罗马尼亚、拉脱维亚、乌克兰、白俄罗斯、摩尔多瓦、马耳他、葡萄牙、意大利、卢森堡
大洋洲（11个）	新西兰、巴布亚新几内亚、萨摩亚、纽埃、斐济、密克罗尼西亚联邦、库克群岛、汤加、瓦努阿图、所罗门群岛、基里巴斯
南美洲（9个）	智利、圭亚那、玻利维亚、乌拉圭、委内瑞拉、苏里南、厄瓜多尔、秘鲁、阿根廷

续表

洲别	国家
北美洲（12 个）	哥斯达黎加、巴拿马、萨尔瓦多、多米尼加、特立尼达和多巴哥、安提瓜和巴布达、多米尼克、格林纳达、巴巴多斯、古巴、牙买加、尼加拉瓜

注：上述排名不分先后，根据“中国一带一路网”（https://www.yidaiyilu.gov.cn/xwzx/roll/77298.htm）相关数据整理。

小贴士

“一带一路”沿线国家和地区投资指南查询

登录中国一带一路网，在首页“国际合作”项下，可以查看“各国概况”“国别美图”“投资指南”等信息，同时可下载各国别（地区）的详细投资指南。

根据《中国“一带一路”贸易投资发展报告 2022》显示，2021 年中国与“一带一路”沿线国家和地区货物贸易额再创新高，达 1.8 万亿美元，同比增长 32.6%。东盟成为中国与共建“一带一路”国家和地区开展货物贸易最集中的地区。中国与东盟货物贸易总额达 8 782.1 亿美元，占与沿线国家和地区货物贸易总额的 48.9%，占与共建“一带一路”国家和地区货物贸易总额的 34.8%。

2013 年至 2021 年，中间产品占中国对“一带一路”沿线国家和地区出口比重由 2013 年的 49.8% 升至 2021 年的 56.2%。

2021 年中国对“一带一路”沿线国家和地区出口机电产品、劳动密集型产品分别为 3.55 万亿元、1.25 万亿元，同比分别增长 18.8%、15.2%，合计占当年中国对沿线国家和地区出口总值的 72.9%。同期，出口医药材及药品 1 181.3 亿元，同比增长 168.6%。

中国自“一带一路”沿线国家和地区进口原油、农产品、金属矿砂和天然气分别为 1.18 万亿元、3 565.5 亿元、2 127.7 亿元和 1 854.5 亿元，同比分别增长 44%、26.1%、24.9% 和 38.9%。

随着中国与“一带一路”沿线国家和地区的贸易额的逐年增长，产业链、供应链合作更加密切，将给广大企业带来广阔的市场机遇。

二、设施联通：看“一带一路”道路的发展和物流的创新

“一带一路”的发展，离不开物流的发展。物流的发展，也更好地促进了“一带一路”沿线国家和地区的经济发展。

（一）丝绸之路创新——中欧班列的开通对进口的便利

1. 中欧班列简介

中欧班列（CHINA RAILWAY Express，缩写 CR Express）是由中国铁路总公司组织，按照固定车次、线路、班期和全程运行时刻开行，运行于中国与欧洲以及“一带一路”沿线国家和地区间的集装箱等铁路国际联运列车，是深化我国与沿线国家和地区经贸合作的重要载体和推进“一带一路”建设的重要抓手。

中欧班列通道不仅连通欧洲及沿线国家，也连通东亚、东南亚及其他地区；不仅是铁路通道，也是多式联运走廊。

目前，中欧班列共有西、中、东三条通道：

——西通道。一是由新疆阿拉山口或霍尔果斯口岸出境，经哈萨克斯坦与俄罗斯西伯利亚铁路相连，途经白俄罗斯、波兰、德国等，通达欧洲其他各国。二是由霍尔果斯或阿拉山口口岸出境，经哈萨克斯坦、土库曼斯坦、伊朗、土耳其等国，通达欧洲各国；或经哈萨克斯坦跨里海，进入阿塞拜疆、格鲁吉亚、保加利亚等国，通达欧洲各国。三是由吐尔尕特或伊尔克什坦，与规划中的中吉乌铁路等连接，通向吉尔吉斯斯坦、乌兹别克斯坦、土库曼斯坦、伊朗、土耳其等国，通达欧洲各国。

——中通道。由内蒙古二连浩特口岸出境，途经蒙古国与俄罗斯西伯利亚铁路相连，通达欧洲各国。

——东通道。由内蒙古满洲里或黑龙江绥芬河口岸出境，接入俄罗斯西伯利亚铁路，通达欧洲各国。

2. 我国开通中欧班列情况

自 2011 年 3 月 19 日首列中欧班列开行，中欧班列按照固定车次、线路、

班期和全程运行时刻开行，分别从中国重庆、成都、郑州、武汉、苏州、义乌等开往德国、波兰、西班牙等国家的主要城市。

自 2020 年 7 月起，铺画中欧班列专用运行线 70 条。其中去程 35 条，回程 35 条。

欲了解《中欧班列开行周期表》，可访问中铁集装箱网站。

（二）欧亚国际铁路运输联通

铁路基础设施、国际铁路运输联通是“一带一路”建设中“设施联通”范畴的重要内容，其中涵盖国际铁路设施联通和国际多式联运。

“一带一路”建设框架下，连接欧亚大陆的铁路干线主要有北、中、南三条，分别是俄罗斯的铁落干线网络、中亚铁路干线、泛亚铁路的部分干线和“欧洲—高加索—亚洲交通走廊”铁路的连接等。

“一带一路”视域下欧亚铁路的互联互通进一步推动了中国和欧亚各国的经贸往来，加速了欧亚铁路一体化建设，也促进了“丝绸之路经济带”沿线地区的经济发展，搭建起了与沿线国家和地区的经济联系和文化桥梁。

欧亚铁路主要包括俄罗斯的铁路干线网络和中亚铁路干线。

“一带一路”建设中“丝绸之路经济带”的铁路干线在中国国内主要连接兰新线、陇海线，在国外主要通过哈萨克斯坦的铁路干线同泛欧铁路联系起来。

中亚铁路干线主要包括：

1. 哈萨克斯坦的铁路干线

哈萨克斯坦地处欧亚大陆结合部，是贯通欧亚大陆及附近里海的枢纽。哈萨克斯坦境内共有 4 条过境铁路干线：亚洲大陆桥（中国—哈萨克斯坦—土耳其）、亚欧大陆桥（中国—哈萨克斯坦—俄罗斯—欧洲其他国家）、中亚铁路和西部铁路。

西部铁路可以用于水路联运（通往阿克套海港，能满足哈萨克斯坦最大石油加工基地的运输需求）。

2. 中亚班列（连云港—中亚五国）

中亚班列是自中国或经中国发往中亚五国以及西亚、南亚等国家的快速集装箱直达班列，目前，列车编组不少于 50 车。

目前中亚班列口岸有 5 个，分别是连接中亚、西亚的阿拉山口、霍尔果斯口岸，连接蒙古的二连浩特口岸，以及连接南亚的山腰、凭祥口岸。中亚班列货物主要分为两类：一类是中国的进出口货物，另一类是经日本、韩国、东南亚等地过境中国的过境货物。

中亚班列主要线路班列开行情况如下：

（1）中亚班列（连云港—塔什干）。从连云港港口站始发，由霍尔果斯出境，途经哈萨克，至乌兹别克塔什干等 3 站，运行时间约 7 天。

（2）中亚班列（西安—阿拉木图）。从西安新筑站始发，由阿拉山口出境，至哈萨克斯坦阿拉木图站，运行时间约 8 天。

3. 泛亚铁路

目前，中国货物通过“南线”和“北线”走廊（包括通过海运）运输至英国、法国、德国以及其他欧洲国家需要 45~62 天，而如果通过巴库—第比利斯—卡尔斯铁路运输至欧洲仅需 12~15 天，缩短为原来的约 1/4。

小贴士

关于“一带一路”的英文译文

2015 年 9 月，国家发展和改革委员会会同外交部、商务部等部门，共同发布了“一带一路”英文译法的官方规范：

1. 在对外公文中，统一将“丝绸之路经济带和 21 世纪海上丝绸之路”的英文全称译为“the Silk Road Economic Belt and the 21st-Century Maritime Silk Road”，“一带一路”简称译为“the Belt and Road”，英文缩写用“B&R”。

2. “倡议”一词译为“initiative”，且使用单数。不使用“strategy”“project”“program”“agenda”等措辞。

3. 考虑到“一带一路”倡议一词出现频率较高，在非正式场合，除首次出现时使用英文全称译文外，其简称译法可视情况灵活处理，除可使用“the Belt and Road Initiative”外，也可视情使用“the land and maritime Silk Road initiative”。其他译法不建议使用。

三、资金融通：看“一带一路”的融资渠道

（一）亚洲基础设施投资银行

亚洲基础设施投资银行（Asian Infrastructure Investment Bank，AIIB）是一个政府间性质的亚洲区域多边开发机构。重点支持基础设施建设，其宗旨是促进亚洲区域互联互通化和经济一体化的进程，并且加强中国及其他亚洲国家和地区的合作，是首个由中国倡议设立的多边金融机构，总部设在北京，法定资本 1 000 亿美元，中国出资 500 亿美元。截至 2021 年 10 月 28 日，亚投行有 104 个正式成员。

（二）丝路基金

丝路基金（Silk Road Fund）是由中国外汇储备、中国投资有限责任公司、中国进出口银行、国家开发银行共同出资，按照市场化、国际化、专业化原则设立的中长期开发投资基金，重点是在“一带一路”发展进程中寻找投资机会并提供相应的投融资服务。

丝路基金于 2014 年 12 月 29 日正式注册，其宗旨是服务“一带一路”，促进互联互通。

（三）中国进出口银行

中国进出口银行（The Export-Import Bank of China）是由国家出资设立、直属国务院领导、支持中国对外经济贸易投资发展与国际经济合作、具有独立法人地位的国有政策性银行。依托国家信用支持，积极发挥在稳增长、调结构、支持外贸发展、实施“走出去”战略等方面的重要作用，加大对重点领域和薄弱环节的支持力度，促进经济社会持续健康发展。截至 2021 年年底，在国内设有 32 家营业性分支机构和香港代表处；在海外设有巴黎分行、东南非代表处、圣彼得堡代表处、西北非代表处等。

业务范围涵盖：

1. 经批准办理配合国家对外贸易和“走出去”领域的短期、中期和长期贷款，含出口信贷、进口信贷、对外承包工程贷款、境外投资贷款、中国政府援外优惠贷款和优惠出口买方信贷等；

2. 办理国务院指定的特种贷款；

3. 办理外国政府和国际金融机构转贷款（转赠款）业务中的 3 类项目及人民币配套贷款；

4. 吸收授信客户项下存款；
5. 发行金融债券；
6. 办理国内外结算和结售汇业务；
7. 办理保函、L/C、福费廷等其他方式的贸易融资业务；
8. 办理与对外贸易相关的委托贷款业务；
9. 办理与对外贸易相关的担保业务；
10. 办理经批准的外汇业务；
11. 买卖、代理买卖和承销债券；
12. 从事同业拆借、存放业务；
13. 办理与金融业务相关的资信调查、咨询、评估、见证业务；
14. 办理票据承兑与贴现；
15. 代理收付款项及代理保险业务；
16. 买卖、代理买卖金融衍生产品；
17. 资产证券化业务；
18. 企业财务顾问服务
19. 组织或参加银团贷款；
20. 海外分支机构在进出口银行授权范围内经营当地法律许可的银行业务；
21. 按程序经批准后以子公司形式开展股权投资及租赁业务；
22. 经国务院银行业监督管理机构批准的其他业务。

相关链接

“一带一路”相关网站

1. 中国一带一路网 https://www.yidaiyilu.gov.cn
2. 亚洲基础设施投资银行 https://www.aiib.org/en/index.html
3. 丝路基金官网 http://www.silkroadfund.com.cn
4. 中国进出口银行 http://www.eximbank.gov.cn

四、政策沟通：中国海关全方位服务“一带一路”建设

“一带一路”涉及的政策内容涵盖财税支持政策、金融支持政策、投资贸

易合作支持政策、海关支持政策、交通运输支持政策等。

在海关政策方面，自“一带一路”倡议提出后，中国海关以促进“五通”（进行政策沟通、推动设施联通、促进贸易畅通、服务资金融通、带动民心相通）为目标，以“共识、共通、共赢”为着力点，以“监管互认、执法互助、信息互换”（以下称“三互”）为合作支柱，努力推动“一带一路”沿线国家和地区海关大通关合作机制的建立，取得积极进展。主要表现在以下方面：

（一）开展沿线海关的“大协作”

合作领域涉及推动贸易便利化、支持中欧陆海快线建设和中欧班列发展、中欧安全智能贸易航线试点计划（简称“安智贸”）、风险管理、打击走私、“经认证的经营者”（AEO）合作、监管结果互认、能力建设等内容。

（二）构建高效安全的“大通关”

积极开展AEO互认合作，使企业享受到所在国（地区）海关提供给本国（地区）企业的通关便利化措施。积极开展口岸合作，推行边境口岸快速通道，实现进出口产品的快速通关。推动中欧安全智能贸易项目合作。

（三）建设便捷顺畅的“大通道”

大力支持中欧班列的运营与发展，推动新亚欧大陆桥建设。

（四）实现互利共赢的“大发展”

重点项目合作促进了我国与沿线国家和地区的经贸与产能合作，实现了中国海关与外方海关、商界共发展、同进步的多赢局面。例如，中国与欧盟AEO互认后，中国AEO认证企业出口到欧盟的货物，均可以享受和对方境内AEO认证企业一样的通关便利。据估算，通关平均查验率降低约50%，通关速度提高30%以上。

第二节　跨境电商进口

跨境电商是位于不同关境的贸易主体通过电子商务平台达成交易，进行支付和结算，并通过跨境物流交付商品以完成交易的国际商业活动。跨境电商按照商品流动方向，可分为出口跨境电子商务和进口跨境电子商务。本节仅介绍进口跨境电子商务。

一、跨境电商进口的模式

跨境电商进口是指中国境内消费者通过跨境电商第三方平台经营者从境外购买商品，通过网购保税进口模式（海关监督方式代码 1210）和直购进口模式（海关监督方式代码 9610）入境的消费行为。它是一种利用“互联网 + 外贸”向境内引进境外产品的零售形式。一般流程为，境外供应链企业向境内代理人提供供应链企业销售的产品信息，并在跨境电商平台上进行展示，买方下单购买商品，卖方出货，通过报关、清关等一系列流程，将商品通过国际物流或者境内物流送达买方手中。

（一）网购保税进口模式（海关监管方式代码 1210）

符合条件的电子商务企业或平台与海关联网，电子商务企业将整批商品运入海关特殊监管区域或保税物流中心（B 型）内并向海关报关，海关实施账册管理。境内个人通过网上购买监管区内的商品后，电子商务企业或平台将电子订单、支付凭证、电子运单等信息传输给海关，电子商务企业或其代理人向海关提交清单，海关按照跨境电子商务零售进口商品征收税款，验放后账册自动核销。

网购保税进口模式的操作如图 9-1 所示。

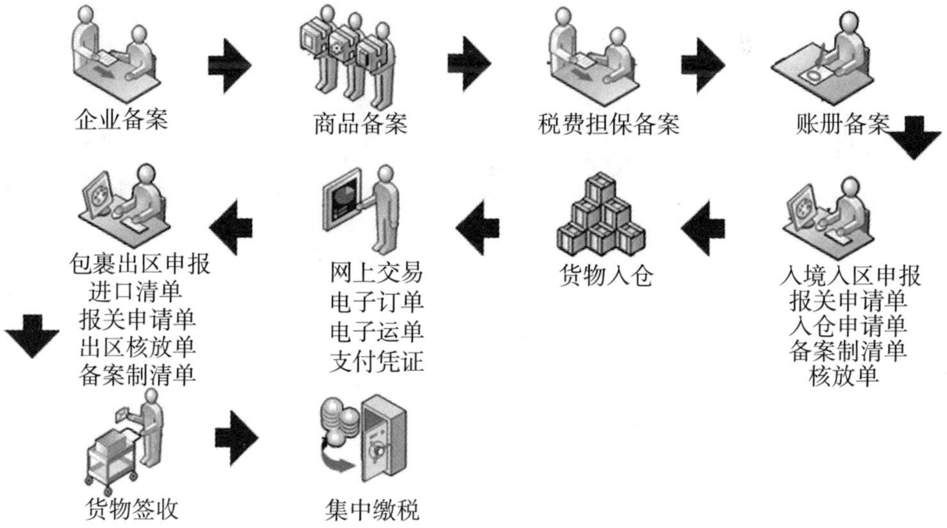

图 9-1　网购保税进口模式

电子商务企业完成备案及通关手续，电商进口的货物批量入境，进入海关监管场所或保税监管区域。电商企业根据境内个人在网上所下的订单，在监管区内打包并申报清单，捆绑车辆配送出区，事后集中缴纳税款。

（二）直购进口模式（海关监管方式代码 9610）

符合条件的电子商务企业或平台与海关联网，境内个人跨境网购后，电子商务企业或平台将电子订单、支付凭证、电子运单等信息传输给海关，电子商务企业或其代理人向海关提交清单，商品以邮件、快件方式运送，通过海关邮件、快件监管场所入境，按照跨境电子商务零售进口商品征收税款。

直购进口模式的操作如图 9-2 所示。

电子商务企业完成备案手续，根据境内个人网上购买商品的订单，由电商平台或其代理机构将电商包裹按照现有跨境快速通关方式入境，进入海关监管场所分拣、清关，放行包裹捆绑车辆配送出区，事后集中缴纳税款。

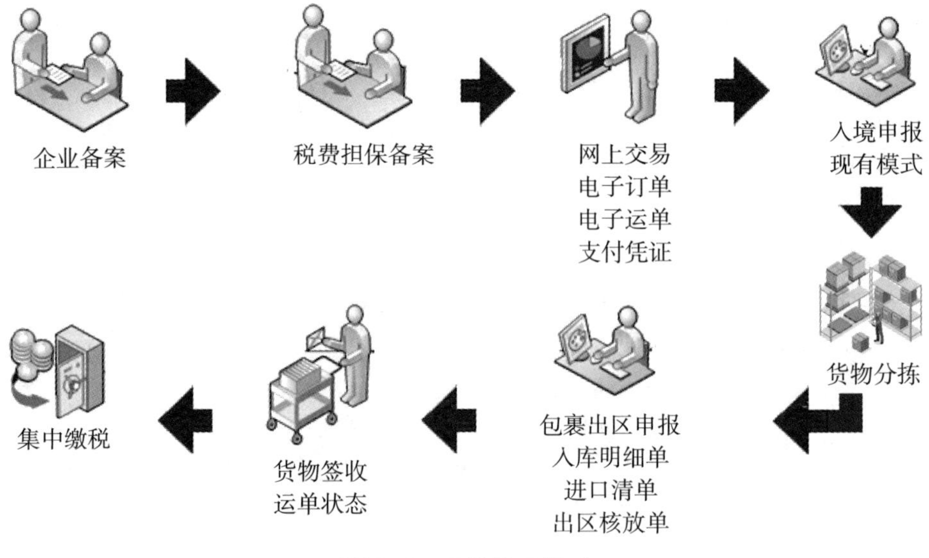

图 9-2 直购进口模式

二、跨境电商零售进口操作指引

跨境电商进口操作流程如图 9-3 所示。

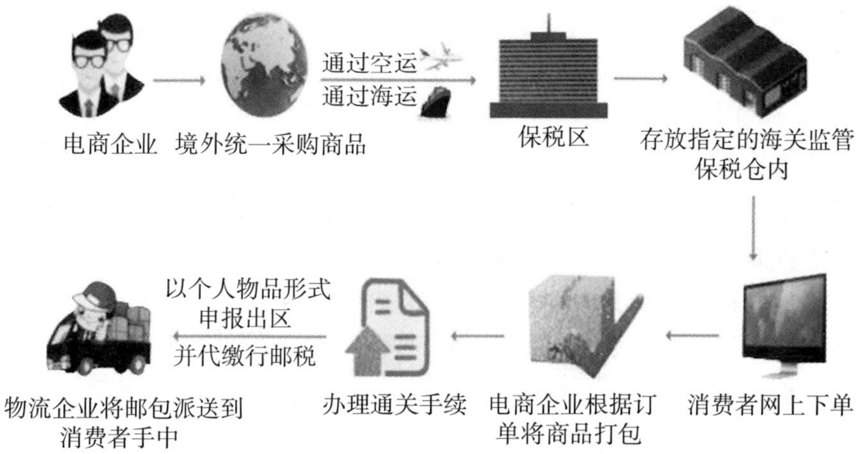

图 9-3　跨境电商进口操作流程

（一）下单前

1. 查看购买额度

（1）额度：跨境电子商务零售进口商品的单次交易限值、年度交易限值：单次交易限值人民币 5 000 元，年度交易限值人民币 26 000 元。

（2）额度查询：可下载掌上海关 App，注册登录后，点击下方服务栏目，选择其他信息中的跨境电商个人消费信息进行查询。

2. 风险须知

购买前请认真、详细阅读电商网站上的风险告知书内容，结合自身风险承担能力做出判断，同意告知书内容后方可下单购买。

（二）下单时

1. 需提供的信息

提供本人真实有效身份信息，如姓名、身份证号、收件地址等。

2. 完税价格

完税价格超过 5 000 元单次交易限值但低于 26 000 元年度交易限值，且订单下仅一件商品时，可以自跨境电商零售渠道进口，按照货物税率全额征收关税和进口环节增值税、消费税，交易额计入年度交易总额，但年度交易总额超过年度交易限值的，应按一般贸易管理。

3. 购买范围

属于跨境电子商务零售进口商品清单内且仅限个人自用。

（三）下单后

1. 明细查询

可通过下载掌上海关 App 查询个人年度交易限额使用明细，注册登录后，点击下方服务栏目，选择其他信息中的跨境电商个人通关数据进行查询，如果想了解税款信息，可点击跨境电商个人税款信息进行查询。

2. 用途限制

对于已购买的跨境电商零售进口商品，不得再次销售。

3. 退货相关事宜

消费者将退货需求提交电商平台企业，相关电商企业或其委托的报关企业办理退货通关手续，经海关审核同意后，相应调整个人年度交易累计金额。（退回的商品应当符合二次销售要求并在海关放行之日起 30 日内申请退货，45 天内运抵原监管作业场所）

三、跨境电商的费用构成

跨境电商费用包括商品金额、国内消费税、运费、关税、跨境平台服务费及仓储及保险费。

（1）商品金额：海外网站商品售价。

（2）国内消费税：大多数国家都会向消费品征收消费税。

（3）运费：包含国际运费和国内运费两部分。通常国际运费可询问国际快递公司（如 FedEx、UPS、DHL、TNT 等）；商品到达国内后通过国内快递发运到消费者手中。

（4）关税：海关对进口货物计征的税收。

（5）跨境平台服务费：一般平台公司都会收取一定比例的商品服务费。

（6）仓储及保险费：正规的海外代购公司都会收取此部分费用，用于仓储以及货物保险。

小贴士

跨境电商年度个人额度查询

个人可以通过"单一窗口"查询跨境电商年度个人额度。在微信小程序中搜索"掌上单一窗口"，进入"单一窗口状态查询"，再进入"跨境个人额度查询"，输入姓名和身份证号，即可查询跨境电商年度个人额度，包括本年已用额度和本年可用额度。

跨境电商年度个人额度自2019年1月1日起，由20 000元提高至26 000元，今后将随居民收入提高相应调高。同时个人单次交易限值提高至5 000元。完税价格超过单次交易限值但低于年度交易限值，且订单下仅一件商品时，可以自跨境电商零售渠道进口，按照货物税率全额征收关税和进口环节增值税、消费税，交易额计入年度交易总额。已经购买的跨境电商零售进口商品不得进入国内市场再次销售。

四、进口跨境电商平台

进口跨境电商平台主要有天猫国际、京东全球购、唯品会全球特卖、洋码头、苏宁全球购、网易考拉海购、顺丰海淘、1号店、蜜芽、亚马逊中国等。根据经营模式可以划分为海外直接代购平台、自营跨境进口平台及第三方海外商品闪购平台。

（一）海外直接代购平台（C2C）

如天猫全球购、京东全球购、易趣全球集市等。客户通过小卖家代购或自助海淘，根据个人需要选择定制化代购服务，利用海外资源，采用直邮形式，实现点对点的服务。

（二）自营跨境进口平台（B2C）

如海淘1号、中粮我买网、蜜芽宝贝、苏宁全球购等。平台根据一般贸易采购货物，大多数商品由平台自己备货，通过平台进行销售，客户下单后直接邮寄。

（三）第三方海外商品闪购平台（B2C）

如蜜淘、天猫国际、聚美优品海外购、洋码头等。贸易公司通过规模化国际采购，与第三方跨境电子商务平台合作，定期推出国际知名品牌的商品，客户下单后，通过国内保税仓发货。

五、海关对跨境电商的监管

（一）事前监管

1. 对企业进行管理

跨境电子商务平台企业、物流企业、支付企业等参与跨境电商零售进口业务的企业，应当依据海关报关单位备案管理相关规定，向所在地海关办理备案手续；境外跨境电子商务企业应委托境内代理人（以下称“跨境电子商务企业境内代理人”）向所在地海关办理备案手续，纳入海关信用管理。

2. 对场所进行管理

跨境电子商务网购保税进口业务应当在特殊区域或物流中心内开展。特殊区域或物流中心应建立满足海关监管需要的信息化系统等，设置查验场地，配备非侵入式查验设备。仓储企业设置专用区域存放网购保税进口商品，未经海关同意，不得与其他货物混存。

（二）事中监管

1. 一线进境

网购保税进口商品从境外进入区域（中心），应按现行规定办理进境申报手续，一线进境通关环节应按照《跨境电子商务零售进口商品清单》要求对报关单（备案清单）对应的核注清单进行校验。对跨境电子商务网购保税进口的商品，按照个人自用进境物品监管，不执行有关商品首次进口许可批件、注册或备案要求，但对相关部门明令暂停进口的疫区商品和对出现重大质量安全风险的商品启动风险应急处置时除外。海关对跨境电子商务零售进出口商品及其装载容器、包装物按照相关法律法规实施检疫，并根据相关规定实施必要的监管措施。针对高风险动植物产品，需要在进境前获得检疫准入，包括国家准入、产品准入。

2. 区间、区内流转管理

网购保税进口商品可在特殊区域和物流中心之间、同区域（中心）企业与企业之间进行流转，并按现行规定通过核注清单办理流转手续。

3. 申报清单通关管理

跨境电子商务平台企业或跨境电子商务企业境内代理人、支付企业、物流企业应当分别通过“单一窗口”标准版或跨境电子商务通关服务平台向海关传输交易、支付、物流等电子信息，并对数据真实性承担相应责任。身份信息未经国家主管部门或其授权的机构认证的，订购人与支付人应当为同一人。跨境电子商务企业境内代理人或其委托的报关企业应提交《中华人民共和国海关跨境电子商务零售进出口商品申报清单》(以下简称《申报清单》)。

4. 海关审核和查验

海关对《申报清单》进行审核，并根据布控指令进行查验。《申报清单》的修改或者撤销，参照海关《中华人民共和国海关进（出）口货物报关单》修改或者撤销有关规定办理。

5. 出区管理

《申报清单》审核通过后，由跨境电商仓储企业申报出区核注清单、核放单，海关在出区环节实施必要的风险布控、重量比对等监管措施。

6. 税收征管

跨境电商零售进口关税税率暂设为0%，进口环节增值税、消费税暂按法定应纳税额的70%征收。完税价格为实际交易价格。跨境电商零售进口商品消费者（订购人）为纳税义务人，在海关备案的跨境电子商务平台企业、物流企业或申报企业作为税款的代收代缴义务人，代为履行纳税义务，并承担相应的补税义务及相关法律责任。代收代缴义务人可凭保证金、保函等办理网购保税进口商品税款担保，海关《申报清单》放行后30日内未申请或修撤单的，代收代缴义务人在放行后第31日至第45日内向海关办理纳税手续。

（三）事后监管

1. 退货管理

跨境电子商务企业及其境内代理人应保证退货商品为原跨境电商零售进口商品，并承担相关法律责任。退货企业可以对原《申报清单》内全部或部分商品申请退货。退货企业在《申报清单》放行之日起30日内申请退货，并且在《申报清单》放行之日起45日内将退货商品运抵原特殊区域或物流中心的，相应税款不予征收，并调整消费者个人年度交易累计金额。

2. 退运、销毁管理

已按网购保税进口商品申报进入区域（中心）内的，因归类错误、超出限额等原因或企业经营实际，无法办理零售进口通关手续的，应当按照货物办理结转、进口或退运手续。已申报进入区域（中心）内的网购保税进口商品，对超过保质期或有效期、商品或包装损毁、不符合我国有关监管政策等不适合境内销售的跨境电子商务零售进口商品，企业可申请办理退运或销毁手续。

3. 商品风险监测

为防范进出口商品质量安全风险，海关对跨境电商零售进口商品实施质量安全风险监测，责令相关企业对不合格或存在质量安全问题的商品采取风险消减措施，对尚未销售的按货物实施监管，并依法追究相关经营主体责任；对监测发现的高风险商品发布风险警示并采取相应管控措施。

4. 包装物料管理

对于网购保税进口商品在储存、打包、运输过程中产生的从境外进口的包装物料，企业需运往特殊区域或物流中心外的，海关按出特殊区域或物流中心时的实际状态征税。

5. 后续监管

海关可根据监管需要，结合风险程度，对参与网购保税进口业务的仓储企业采取全盘、抽盘等方式进行盘库，根据核查情况作相应处理。必要时，可引入第三方中介机构为海关开展核查出具专业结论或者意见。海关对违反参与制造或传输虚假交易、支付、物流“三单”信息、为二次销售提供便利、未尽责审核消费者（订购人）身份信息真实性等，导致出现个人身份信息或年度购买额度被盗用、进行二次销售及其他违反海关监管规定情况的企业依法进行处罚。对涉嫌走私或违规的，由海关依法处理；构成犯罪的，依法追究刑事责任。

六、电商企业开展跨境电商网购保税进口的主要流程

（一）开办流程

1. 建立符合海关监管要求的计算机管理系统

跨境电子商务企业、跨境电子商务平台企业、物流企业、支付企业等参

与跨境电子商务零售进口的企业应建立符合海关监管要求的计算机管理系统，并按照海关要求联网交换电子数据。

2. 办理企业信息登记或注册登记

（1）参与跨境电子商务零售进口的企业应当事先向所在地海关提交报关单位情况登记表，如需向海关办理报关业务，应当按照海关对报关单位备案管理的相关规定办理备案登记。

（2）物流企业应获得国家邮政管理部门颁发的快递业务经营许可证。

（3）支付企业在向所在地注册海关办理注册或信息登记手续时，应当提交相关资质证书。其中，支付企业为银行机构的，应具备银保监会或者原银监会颁发的金融许可证；支付企业为非银行支付机构的，应具备中国人民银行颁发的支付业务许可证，支付业务范围应当包括互联网支付。

3. 接入数据传输系统

（1）参与跨境电商、物流的企业，向本地跨境电商公共服务平台申请。

（2）由该服务平台填写《××关区跨境电商公共服务平台企业接入申请表》后，递交属地海关数据分中心。

（3）由该中心审核后报经海关总署数据中心审核，通过后由属地海关数据分中心向该跨境电商公共服务平台提供企业用户ID编号，并由该平台指导企业对接后续事宜。

（4）企业通过审核后，即可开展业务，并传输跨境电商报文给指定监管机构。

4. 设立专用跨境物流账册

（1）以仓储企业为单元向海关申请设立跨境物流账册，实施料号级管理，记录商品的进、出、转、存等情况。

（2）同一仓储企业可以根据海关监管需要设立一本或多本账册。

（3）账册设立时企业应预先审核提交的商品是否在《跨境电子商务零售进口商品清单》范围内，以及其商品品名、商品编码和规格型号是否符合海关的规范填报要求。

5. 办理网购保税进口商品的税款担保

代收代缴义务人应在业务开展前凭保证金或保函到海关办理网购保税进口商品的税款担保，海关将据此对“进口统一版”的担保额度和担保范围进行维护。

6. 办理网购保税进口商品的进出区手续

货料一线入区（从境外进入区域或中心）：

（1）一线入区按照货物监管模式报关入区，仓储企业按现行规定办理进境申报手续，《中华人民共和国海关进境货物备案清单》和《进口保税核注清单》（以下简称《核注清单》）的监管方式应填报“保税电商”（代码 1210）。

（2）网购保税进口商品一线进境进入区域（中心）及跨区域（中心）流转申报中，报关单或备案清单、核放单被布控指令命中的，海关按指令要求及查验规范实施查验。

（3）商品入区后，企业电子账册数据相应核增。

（二）销售出区流程

即跨境电商企业将商品从区域内或中心内售往国内订购人的流程。主要包括：

1. 通关

（1）二线出区参照个人自用物品监管模式，通过“跨境电子商务进口统一版”报关出区；

（2）消费者（订购人）在电子商务交易平台购买商品；

（3）电子商务交易平台企业、支付企业、物流企业分别向海关发送交易、支付、物流等“三单”信息；

（4）“三单”电子信息比对通过后，电子商务企业或其代理人向海关申报《跨境电子商务零售进口商品申报清单》办理通关手续。

《跨境电子商务零售进口商品申报清单》中的监管方式应与一线入区域（中心）时申报的监管方式一致，运输方式应为二线出区域（中心）对应的运输方式。

《跨境电子商务零售进口商品申报清单》经审核放行后，企业根据《跨境电子商务零售进口商品申报清单》汇总形成的《核注清单》向海关申报，通过后再申报《出区核放单》。

2. 查验

主管海关在包裹出区环节对车辆或核放单进行抽核。被布控需查验的车辆或核放单，包裹应按照布控指令的有关要求通过分拣线进行查验。查验正常的，海关予以放行；查检异常的，按相关规定处置。

3. 出区

货物实际出区后，企业电子账册底账数据相应核减。

4. 汇总征税

消费者（订购人）为纳税义务人。参与网购保税进口的企业可以作为税款代收代缴义务人，应当如实、准确向海关申报进口商品的商品名称、规格型号、税则号列、实际交易价格及相关费用等税收征管要素。对符合汇总征税等条件的，海关放行后30日内未发生退货或修撤单的，代收代缴义务人在放行后第31日至第45日内向海关办理纳税手续。

（三）适合开展网购保税进口业务的区域范围

所有自由贸易试验区、跨境电商综试区、综合保税区、进口贸易促进创新示范区、保税物流中心（B型）所在城市（及区域）。

（四）参与跨境电商网购保税进口企业

跨境电子商务企业、跨境电子商务平台企业、物流企业、支付企业等参与跨境电子商务零售进口的企业。

相关链接

常用跨境电子商务服务平台

1. 上海跨境电子商务公共服务平台 /“单一窗口” http://www.shcepp.com/
2. 深圳市跨境贸易电子商务通关服务平台 http://www.szceb.cn/
3. 宁波跨境贸易电子商务服务平台进口申报系统 http://i.kjb2c.com/
4. 北京跨境电子商务公共信息平台 https://www.bjkjb2c.com/
5. 跨境电商网 http://www.100ec.cn/zt/wmds/
6. 海淘族 https://www.haitaozu.org/
7. 河南保税物流中心 http://www.hnblc.com/
8. 跨境购（宁波跨境贸易电子商务服务平台）http://www.kjb2c.com/

第三节 自贸区的进口

自贸区，需要区别“自由贸易区”和“自由贸易试验区”这两个词语。通俗地讲，自由贸易区是通过贸易谈判“谈”出来的，自由贸易试验区是本国自己“划”出来的。

一、自由贸易区

（一）概念

自由贸易区（Free Trade Area，FTA）是国际经贸领域的专有名词，是指两个以上的主权国家或单独关税区通过签署协定，在世界贸易组织最惠国待遇基础上，相互进一步开放市场，分阶段取消绝大部分或全部货物的关税及部分非关税壁垒，改善服务和投资的市场准入条件，从而形成的实现贸易和投资自由化的特定区域。与商业合同类似，协定内容不是一方说了算，而是缔约各方共同商议制定，因此 FTA 是某个国家或地区和其自贸伙伴“谈”出来的，也可以说是“对外”的。

全球影响较大的自由贸易区包括：北美自由贸易区（NAFTA），中国－东盟自由贸易区（CAFTA）、《全面与进步跨太平洋伙伴关系协定》（CPTPP）以及《区域全面经济伙伴关系协定》（RCEP）等。

截至 2023 年 6 月，我国已经签署自由贸易协定 20 个，涉及国家 / 地区 27 个。①

（二）优惠覆盖范围

自由贸易区是跨国界或跨边境的“朋友圈”，覆盖签署自由贸易协定的各成员的全部关税领土，而非其中的某一部分。近年来，主要经济体纷纷将商谈自由贸易区作为重要战略推动，自贸协定已成为大国开展地缘政治和经济博弈的重要手段。开展区域贸易协定谈判，是扩展“朋友圈”的有效手段。如 RCEP 包含亚洲和大洋洲的 15 个国家，CPTPP 包含北美洲、南美洲、亚洲和大洋洲的 11 个国家。

自由贸易区只对签订自由贸易协定的“朋友圈”的特定范围开放。

（三）优惠政策

自由贸易区框架下的货物关税、服务和投资等优惠政策仅对签订自由贸易协定的国家适用，没有签订自由贸易协定的国家则无法享受，具有强烈的排

① 来源：商务部中国自由贸易区服务网（http://fta.mofcom.gov.cn/）。

他性。也就是说，只有签署自由贸易协定的成员才算是“好友”，相互给予优惠待遇，没有进入“朋友圈”的无法享受。进一步看，即使同属某一方的自由贸易“朋友圈”，各个“好友”享受的权限也各不相同，具体内容取决于每个自由贸易协定伙伴之间的相互约定。例如，韩国和澳大利亚都是我国的自由贸易伙伴，我国对自韩国进口的速溶咖啡在协定生效 15 年内取消关税，对自澳大利亚进口的则在 5 年内取消关税。自由贸易“朋友圈”的一方在判定是否对进口货物或跨境服务、投资给予“好友”优惠待遇时是有依据的，对货物来说主要看是否为自由贸易伙伴原产；对服务和投资来说，主要看提供主体是否来自自由贸易伙伴。

二、自由贸易试验区

（一）概念

自由贸易试验区（Free Trade Zone，FTZ）是指在某一国家或地区境内设立的实行优惠税收和特殊监管政策的小块特定区域。它的设立相对简单，由单个主权国家或地区根据世界海关组织（WCO）的相关规定自主设立，不需要与其他国家谈判，可以说是“对内”的。其做法是主权国家或地区在其关境范围内自主“划”定一片区域，在该区域内实行税收优惠甚至关税减免、放宽供应商投资准入和海关特殊监管等政策，属于单方面的开放行为。

自由贸易试验区的范围如图 9–4 所示。

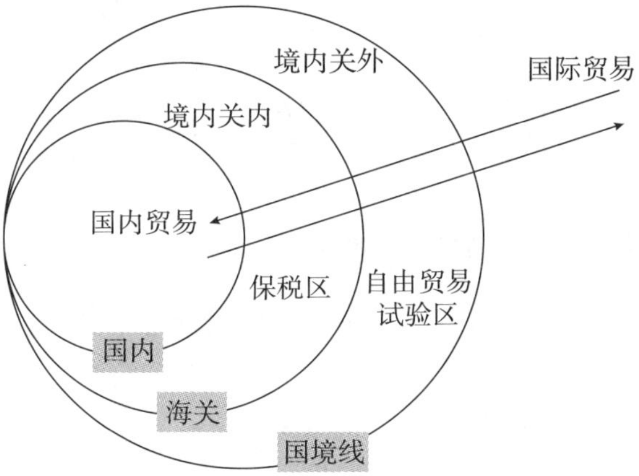

图 9–4　自由贸易试验区的范围

（二）优惠覆盖范围

自由贸易试验区是某一国家或地区在其关境范围内划出的一个或多个实行特殊优惠政策的“小圈子”，仅覆盖特定区域。当货物、服务和投资进入自贸试验区这个“小圈子”后可以享受特殊优惠政策，而在该国或地区的其他区域则无法享受。

自由贸易试验区则对进入该区域的“所有人”开放。

（三）优惠政策

自由贸易试验区与自由贸易区的排他性特点不同，它对在试验区内开展经贸活动的“所有人”开放。一般来说，谁都可以进入自由贸易试验区开展经贸活动，一旦进入后即可享受该试验区的全部优惠政策，具有普适性的特点。例如，我国与美国尚未签署自由贸易协定，但美国企业也可以享受我国自由贸易试验区的优惠政策。

相关链接

中国的自由贸易试验区

自2013年9月29日中国（上海）自由贸易试验区正式挂牌成立至今，我国已先后在全国范围内建立了21个自由贸易试验区和海南自由贸易港，形成了覆盖东西南北中的试点格局，更大范围、更宽领域、更深层次对外开放进一步深化，以开放促改革、促发展成效不断显现。

这21个自由贸易试验区包括上海、广东、天津、福建、辽宁、浙江、河南、湖北、重庆、四川、陕西、海南、山东、江苏、河北、云南、广西、黑龙江、北京、湖南、安徽。

三、自由贸易试验区的进口政策

在自由贸易试验区出现以前，货物入境就需要缴纳关税，这给进出口企业带来了资金压力。

保税区出现后，货物停留在保税区内无须缴税，可以对货物进行存储、加工、改装、混合、分类、展览等；货物离开保税区入境则需要缴税；货离开保税区出境则不需要缴税。

自由贸易试验区的优惠政策更多，可简要归纳为“五个自由”：

（一）贸易自由

推动跨境货物贸易、服务贸易和新型国际贸易结算便利化，促进跨境贸易各要素自由便捷流动，逐步推进区域性新型国际贸易中心建设。

货物贸易领域：实施“零关税”，有效配置国际国内两种资源；服务贸易领域：“既准入又准营”，破除服务贸易壁垒。

实施进出口商品管制负面清单管理；高标准建设国际贸易“单一窗口”；建立“一线”放开、“二线”管住口岸监管新模式；推动各类贸易融合发展，建设区域性离岸新型国际贸易中心。

（二）人员进出自由

建立与国际接轨、有中国特色的人才服务管理机制，建立市场导向的人才引进和认定机制，建立外国人来华工作许可负面清单管理制度及工作居留许可一体化管理模式等。

（三）资金流通自由

实质上是金融开放，如人民币资本项目放开、实施离岸金融中心政策等，使跨境资金流动更自由便利。

（四）货物存储自由

在自由贸易试验区内，货物存储期限不受限制，和保税区仅能在固定期限内存储相比更具优势。

（五）货物进出自由

在自由贸易试验区，货物流通畅通，多数自由贸易试验区采取门岗管理方式，运作手续简化，比保税区的“账册管理”更为简化，交易成本更低。

四、自由贸易试验区进口带来的实惠

通过自由贸易试验区进口，可以让消费者享受到很多看得见摸得着的实惠，举例说明如下：

（一）购买进口商品更便捷

自由贸易试验区与全球经济互联互通，消费者可以在自由贸易试验区内买到海外进口商品。同时，进口商品存储在自由贸易试验区内，顾客网购进口商品时，从自由贸易试验区发货更快捷方便。

（二）自由贸易试验区进口商品价格更实惠

自由贸易试验区内设立进口商品直销店，从自由贸易试验区发货，物流成本和时间成本更低，因此价格也更实惠。

（三）平行进口汽车更具优势

自由贸易试验区允许进口商直接从汽车原产地进口。同款进口汽车，从自由贸易试验区购买，省去中间环节，价格优势突出，价格比从 4S 店购买便宜 15%~30%。

（四）在国内享受高端医疗服务

基于自由贸易试验区的税费优惠政策，外资医院在设立、税费、设备进口等方面的成本大大降低。而且，很多外资医院进口的是国际先进的医疗设备，可以带来高端医疗服务。

笔者建议读者经常关注各自由贸易试验区的相关政策。目前，各自由贸易试验区正处于制度探索创新阶段，政府鼓励因地制宜，差异化发展，这样一方面可以激发当地的经济，另一方面，也可以搭上“一带一路”的顺风车，结合中欧班列等拓展国际物流大通道，通过自由贸易试验区对外开放的的窗口，中国建立了更加紧密的国际贸易关系，企业可以借此机会大有可为。

第十天

THE
TENTH DAY

重点领域进口流程解析

第一节　进口预包装食品

一、概述

根据《中华人民共和国食品安全法》第一百五十条规定，食品，指各种供人食用或者饮用的成品和原料以及按照传统既是食品又是中药材的物品，但是不包括以治疗为目的的物品。预包装食品，指预先定量包装或者制作在包装材料、容器中的食品。

本节将详细介绍进口商在进口食品（含预包装食品）时的相关操作流程，包括进口前的准备工作、进口时的操作流程、进口后的管理等相关内容。文中涉及部分特殊的预包装食品进口时，会加以备注说明。

二、进口前的准备工作

根据《中华人民共和国进出口食品安全管理办法》（海关总署令第 249 号）第十九条规定，向中国境内出口食品的境外出口商或者代理商（以下简称“境外出口商或者代理商”）应当向海关总署备案。食品进口商应当向其住所地海关备案。境外出口商或者代理商、食品进口商办理备案时，应当对其提供资料的真实性、有效性负责。境外出口商或者代理商、食品进口商备案名单由海关总署公布。

当境外出口商或者代理商、食品进口商备案内容发生变更的，应当在变更发生之日起 60 日内，向备案机关办理变更手续。海关发现境外出口商或者代理商、食品进口商备案信息错误或者备案内容未及时变更的，可以责令其在规定期限内更正。

笔者建议企业在进口食品前，贸易相关各方需对进口食品的收货人（即“进口商”）和向中国境内出口食品的生产商及出口商或者代理商的资质进行审核，以便在后续能顺利进口。

（一）进口食品进口商备案

拟开展进口食品业务的境内进口商（即外贸合同的买方、B/L 等单据上的收货人、报关单上的境内收货人等，如下简称“进口商”），应当在进口前向其工商注册地海关申请备案。

1. 进口商备案条件

（1）取得营业执照，且营业执照经营范围包含所经营的食品类别。

经营食品种类包括：肉类、蛋及制品类、水产及制品类、中药材料、粮谷及制品类、油脂及油料类、饮料类、糖类、蔬菜及制品类、植物性调料类、干坚果类、罐头类、酒类、乳制品类、蜂产品类、卷烟类、糕点饼干类、蜜饯类、调味品类、茶叶类、其他加工食品类、特殊食品类、其他植物源性食品类、其他。

（2）食品添加剂、食品相关产品、部分粮食品种、部分油籽类、水果、食用活动物等依照有关规定执行，不适用于本指南。

注意，拟进口食品种类若包含肉类产品，需同步完成进口肉类收货人备案。

2. 备案申请材料

进口食品进口商备案材料见表 10-1。有关第三章中涉及的企业具体资质在此不再赘述。

表 10-1　进口食品进口商备案材料一览表

序号	材料名称	备注
1	进口食品收货人备案申请表（海关总署网站可下载）	见表 10-2
2	有效的企业资质证明文件（复印件），包括企业法人营业执照、法定代表人身份证件等	需校验正本，部分地区只需提供副本并加盖公章
3	与食品安全相关的组织机构设置、部门职能和岗位职责	机构设置与职责需体现安全管理制度的执行情况
4	拟经营的食品种类、存放地点	
5	2 年内曾从事食品进口、加工和销售的，应当提供相关说明（食品品种、数量）	未从事经营活动的需提供“未从事相关说明”

续表

序号	材料名称	备注
6	进口食品安全管理制度文件。根据《中华人民共和国食品安全法》所涉及的食品安全管理制度，至少包含： a. 食品安全培训制度； b. 从业人员健康管理制度； c. 境外出口商和境外生产企业审核制度； d. 食品安全自查制度； e. 食品进口查验记录制度与进口记录； f. 食品销售记录制度； g. 进口不合格追溯和召回制度	

注：上述资料均需加盖申请单位公章，扫描成电子版，提交一份。

3. 备案（或变更）办理流程

企业备案登记时，需取得电子口岸 IC 卡或者 U 盾。需提醒的是，若为无卡用户，企业需要注册新用户。相关流程如下：

（1）系统录入

方式一：登录“互联网 + 海关”平台（http://online.customs.gov.cn）—企业管理和稽查—进口食品化妆品进出口商备案—进口食品进口商备案（如图 10-1 所示）。

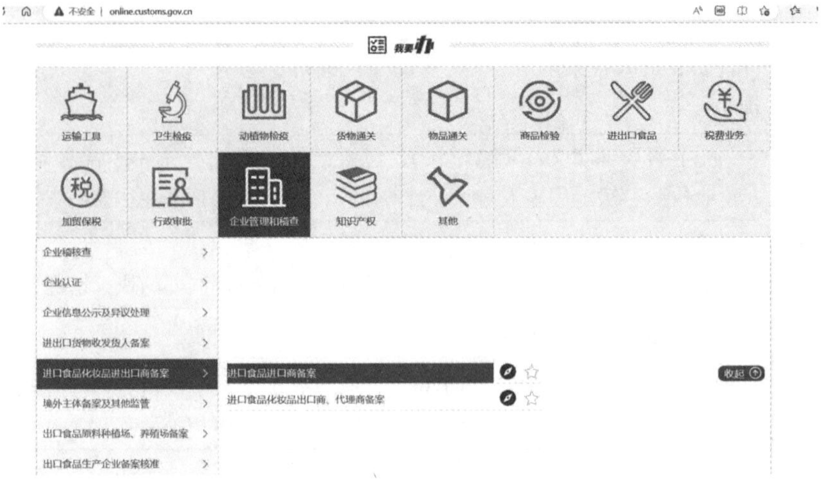

图 10-1 “互联网 + 海关”平台备案登录界面

方式二：登录“单一窗口”—企业资质—进口食品化妆品进出口商备案（如图 10–2 所示）。

图 10–2　“单一窗口”备案登录界面

（2）填写信息并提交纸质资料

进入系统后，进口商通过备案系统填写信息（如图 10–3 所示），同时向所在海关提交完整的纸质申请资料。进口商需对所提供备案信息的真实性负责。

进口商在系统中提交申请之后，将所需纸质版资料交至属地海关企业备案办事窗口，海关通过收取的纸质资料受理系统申请。部分海关实现无纸化办公，如要求企业备案材料扫描压缩成一个电子文件（压缩文件名称为“食品收货人首次申请—企业全称”或“食品收货人变更申请—企业全称”，包内每份文件标注名称，一式一份，无格式要求）发送至海关公布的指定邮箱（如北京海关要求发送至 bjhgfood@sina.com），邮件标题请注明企业全称，即视为递交纸质材料。

（3）备案进度查询

进口商在系统内提交备案信息后，系统生成申请号与查询编号，可凭申请号和查询编号查询备案进程或者修改备案信息（如图 10–4 所示）。

注意，企业在系统申请后，同时向海关递交纸质资料，海关方可受理。

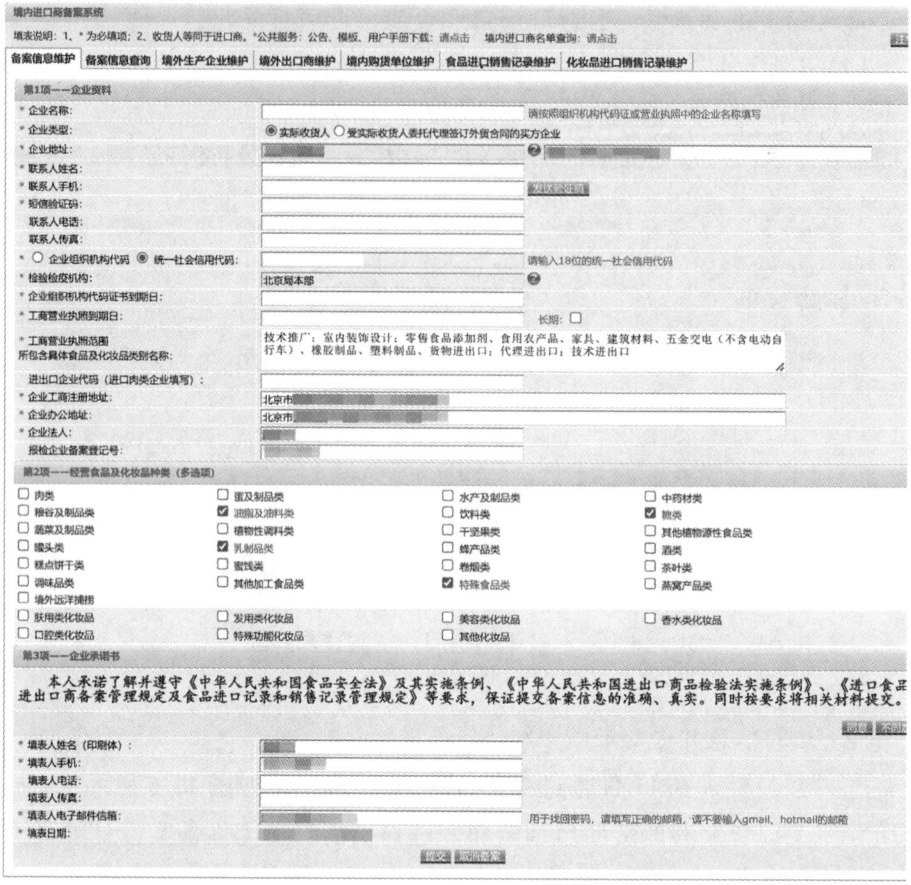

图 10-3　备案信息填写界面

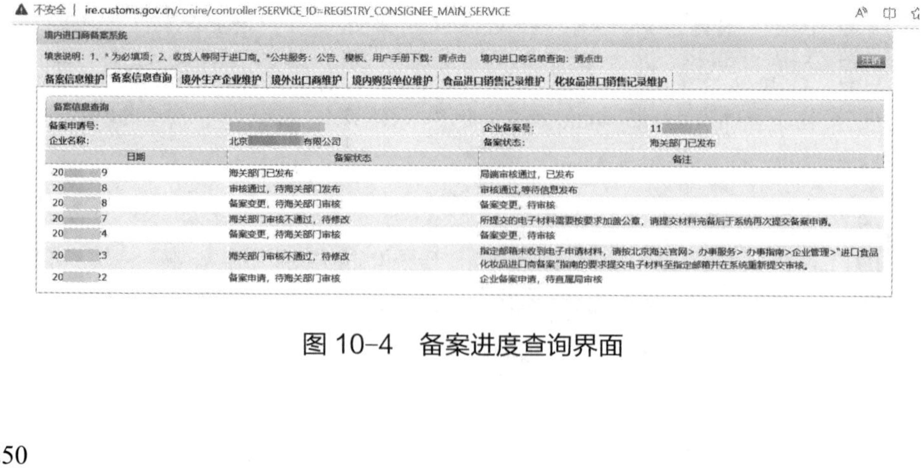

图 10-4　备案进度查询界面

（4）海关审核

备案申请资料齐全的，海关自受理申请之日起 5 个工作日内进行审核，核实进口商提供的信息和资料。信息、资料真实完整的，予以备案并通过备案系统发布备案号。

审核不通过的，通过备案系统告知备案不通过原因，并退回备案申请。

（5）信息变更

已获得备案的进口商备案信息发生变化时，应及时向主管海关申请变更，办理流程可参照备案申请。如进口商（或收货人）名称、地址、电话等发生变化时，应当及时通过备案管理系统提出修改申请。

4. 办理机构及结果查询

海关对进口商提交的备案资料及电子信息进行核实，核实通过后，准予受理备案并提交海关总署审核，海关总署审核通过后，通过备案系统发布备案号。

进口商通过“进口食品进出口商备案系统”（http://ire.customs.gov.cn/）查询备案状态（如图 10-5 所示）。

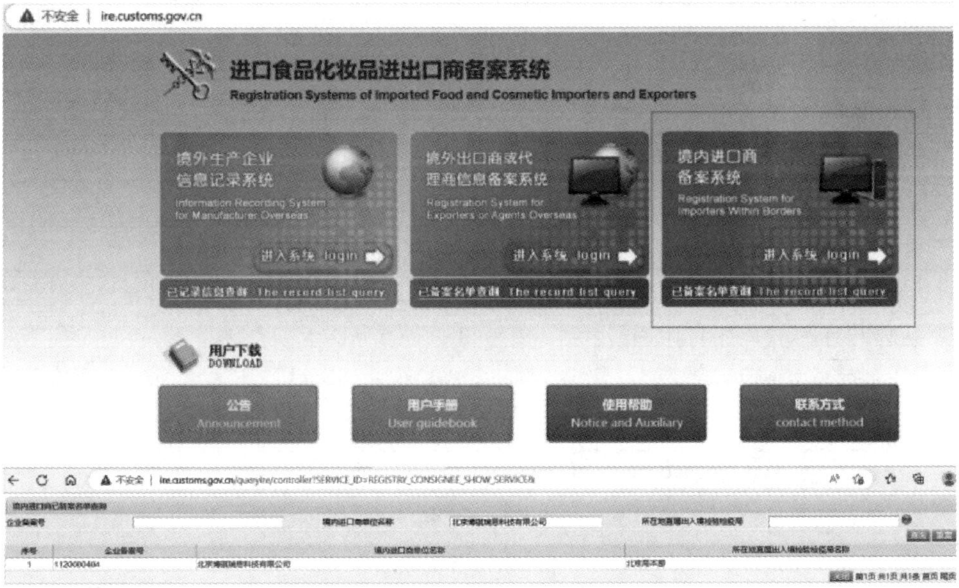

图 10-5 境内进口商已备案名录查询

5. 法定办理时限

备案申请资料齐全的，海关应当受理并在 5 个工作日内完成备案工作。

6. 注意事项

（1）进口食品进口商的备案资质是长期有效的。

（2）根据《关于取消进口肉类收货人、进口化妆品境内收货人备案的公告》（海关总署公告 2021 年第 108 号），自 2022 年 1 月 1 日起，取消进口肉类收货人备案事项。企业如需进口肉类，只需在进口食品进口商备案环节在经营食品种类中勾选肉类即可。

只有取得企业备案号的公司才允许作为进口食品单据上的收货人在进口报关时向有关海关申报。

当企业没有取得进口食品收货人备案号时，若想进口食品时，通过委托一家已经取得进口食品进口商备案资质的企业来代理进口。进口食品收货人备案申请见表 10-2。

表 10-2　进口食品收货人备案申请表

第 1 项——备案申请项目
□初次备案
第 2 项——企业资料
* 企业名称：
* 企业地址：　　　　　　　省（市、自治区）　　　　　　　市
* 联系人姓名：
* 联系人电话　　　　　　　传真：　　　　　　　手机：
* 企业组织机构代码：
* 企业组织机构代码证书到期日：
* 工商营业执照到期日：
* 工商营业执照范围：
* 进出口企业代码（进口肉类企业填写）：
* 企业工商注册号：
* 企业工商注册地址：
* 企业办公地址：
* 企业法人：

续表

* 第 3 项——经营食品种类（多选项）
□肉类 meat □蛋及制品类 egg and egg products □水产及制品类 aquatic products and preserved aquatic products □中药材类 traditional Chinese medicinal materials of animal and plant origin □粮谷及制品类 grains and grain products □油脂及油料类 oil and oil seeds □饮料类 soft drinks and drinking water □糖类 sugar □蔬菜及制品类 vegetable and vegetable products □植物性调料类 processed flavorings of plant origin □干坚果类 dried fruits and nuts □其他植物源性食品类 other plant origin food □罐头类 canned foods □乳制品类 dairy products □蜂产品类 bee products □酒类 alcoholic beverage □糕点饼干类 pastry biscuits and crackers □蜜饯类 candied (preserved) fruits □卷烟类 cigarette □茶叶类 tea □调味品类 processed flavorings □其他加工食品类 other processed foods □特殊食品类 foods for special dietary uses □其他，请描述 others, please describe
第 4 项——企业承诺书
兹承诺上述信息准确、真实。
* 填表人姓名（印刷体）：
* 填表人电话 / 传真或者手机：
* 填表人电子邮件信箱：
* 填表日期：
第 5 项——填表说明
1、标“*”的项目必须填写。

相关链接

相关法律法规链接

1.《中华人民共和国食品安全法》第九十六条

2.《国务院关于加强食品等产品安全监督管理的特别规定》第八条

3.《关于发布〈进口食品进出口商备案管理规定〉及〈食品进口记录和销售记录管理规定〉的公告》(国家质检总局 2012 年第 55 号)

4.《中华人民共和国进出口食品安全管理办法》(海关总署令第 249 号)

(二)进口食品境外生产企业注册登记

为加强进口食品安全监管，为规范管理进口食品境外生产企业，海关总署规定，自 2022 年 1 月 1 日起，所有向中国境内出口食品的境外生产、加工、贮存企业(即进口食品境外生产企业)，应当获得海关总署注册方能进口，一厂一号。

进口食品境外生产企业申请注册、变更、延续、注销，申请方式包括所在国家(地区)主管当局推荐和企业申请两种。其中，18 类食品的境外生产企业由所在国家(地区)主管当局向海关总署推荐注册，分配其注册系统账号，通过注册系统按流程提交申请。境外主管当局的注册系统账号，由海关总署予以分配。

这 18 类食品包括肉与肉制品、肠衣、水产品、乳品、燕窝与燕窝制品、蜂产品、蛋与蛋制品、食用油脂和油料、包馅面食、食用谷物、谷物制粉工业产品和麦芽、保鲜和脱水蔬菜以及干豆、调味料、坚果与籽类、干果、未烘焙的咖啡豆与可可豆、特殊膳食食品、保健食品。

除上述所列的 18 类进口食品境外生产企业，其他食品境外生产企业，应自行或者委托代理人申请其注册系统账号，按注册系统流程向海关总署提交申请。

1. 注册登记流程

(1)登录进口食品境外生产企业注册管理系统(以下简称“注册系统”，如图 10–6 所示)，访问地址为：https://cifer.singlewindow.cn/，或可通过“单一窗口”(https://www.singlewindow.cn/)门户网站首页—进口食品境外生产企业注册管理系统访问登录。

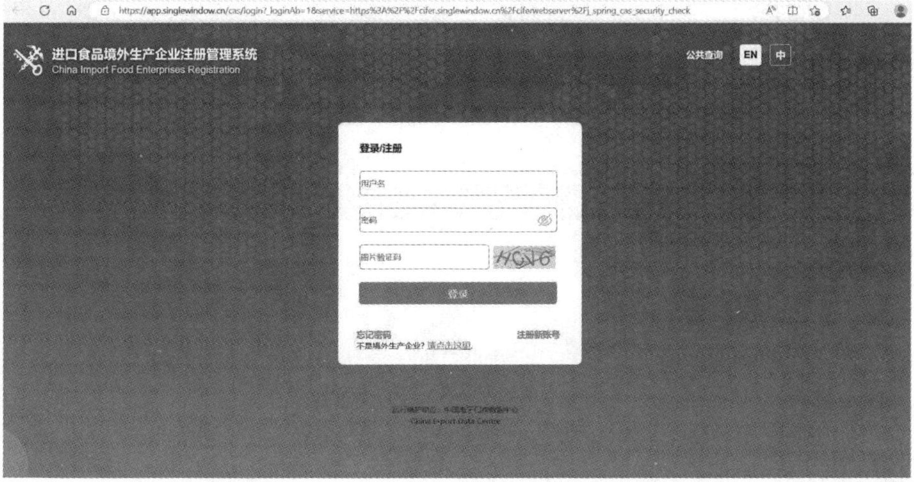

图 10-6　进口食品境外生产企业注册管理系统

（2）点击“注册新账号”，带（*）星号为必填项，填写完成后点击最下方的“立即注册”。其中“所在国家（地区）注册编号”，应填写企业所在国家（地区）主管当局授予企业生产经营的注册编号，或者填写本企业在所在国的税号或营业执照注册登记号。

（3）注册好账号后登录系统，在左侧选中“企业注册”申请，选择对应类别，按要求填写信息，一定要求真实准确（如图 10-7 所示）。

图 10-7　进口食品境外生产企业注册系统界面（之一）

（4）每种产品注册项下，共有 4 个页面需要填写上传资料，分别是“企业基本信息”“生产相关信息”“企业声明”和“附件信息”，完善后提交申报（如图 10-8 所示）。生产企业按照本企业情况如实填写并提交申请。

图 10-8　进口食品境外生产企业注册系统界面（之二）

（5）进口食品境外生产企业注册涉及产品的类别与相应商品编号（HS 编码）、检验检疫名称（检验检疫编码），可在注册系统中通过首页菜单—产品类别查询，输入产品 HS 编码 / 商品名称 / 检验检疫编码，即可查询（如图 10-9 所示），在注册时选择与本企业产品相符的产品。

图 10-9　境外生产企业注册涉及产品类别及商品编号查询界面

（6）海关审核通过并发布在华注册编号。注册申请资料提交后，真实完整、提交齐全的，海关予以受理并通过系统发布境外生产企业的在华注册编号。

详细的进口食品境外生产企业注册业务流程如图 10-10 所示。

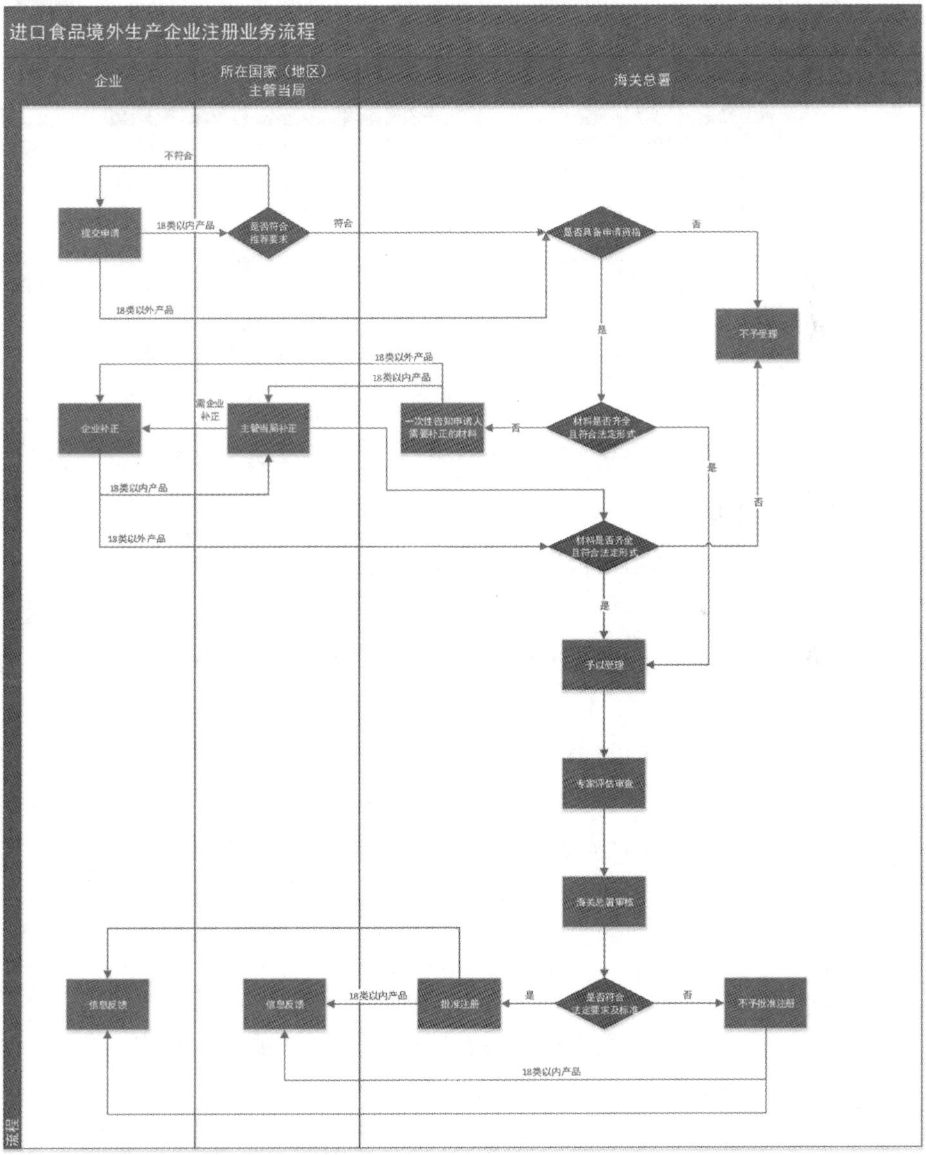

图 10-10　进口食品境外生产企业注册业务流程图

2. 境外生产企业信息查询

境外生产企业注册成功后，海关总署会统一公布获得注册的进口食品境外生产企业名单。已注册进口食品境外生产企业可在海关总署官方网站或注册系统查询其在华注册编号、有效期等信息。

查询网址为：https://ciferquery.singlewindow.cn/（如图 10–11 所示）。

图 10–11　进口食品境外生产企业注册信息查询界面

3. 注册有效期

进口食品境外生产企业注册有效期为 5 年。

已获注册的进口食品境外生产企业，其注册资格继续有效。已注册企业在注册有效期届满前 3~6 个月期间，应按照《中华人民共和国进口食品境外生产企业注册管理规定》第二十条相关要求办理延续注册。未按规定申请延续注册的企业，海关总署将予以注销。

4. 注册费用

实施进口食品境外生产企业注册是免费的，海关总署不收取任何费用。

小贴士

进口食品申报要求及包装标识规范

一、关于进口食品境外生产企业的进口申报

2022 年 1 月 1 日起启运的输华食品，在进口申报时应在报关单“产品资质”项下“进口食品境外生产企业注册”证书栏（许可证类别代码519）规范填写该企业在华注册编号。在实施2020版申报项目的海关申报进口食品，应在“其他企业”项下的“其他企业类别”栏选择“进口食品境外生产企业”，在“编号或企业名称”栏填报该企业在华注册编号。未按要求规范填报的，海关不接受申报。

二、关于注册编号标注及包装标签标识

2022年1月1日起生产的输华食品，应当在输华食品的内、外包装上标注在华注册编号或者所在国家（地区）主管当局批准的注册编号。

《中华人民共和国进出口食品安全管理办法》关于包装和标签、标识的要求，适用于自2022年1月1日起生产的输华食品；2022年1月1日前生产的输华食品包装和标签、标识要求适用原规定要求。

相关链接

相关法律法规链接

1.《中华人民共和国进口食品境外生产企业注册管理规定》（海关总署第248号令，自2022年1月1日起实施）

2.关于《中华人民共和国进口食品境外生产企业注册管理规定》和《中华人民共和国进出口食品安全管理办法》实施相关事宜的公告（海关总署公告2021年第103号）

三、进口时的操作流程

以进口冷冻肉类产品（HS编码0202.3000.90）为例，首先通过核验确定进口商和出口商（或代理商）的资质后，买卖双方将就交易事项达成协议，双方签订合同，进口商支付预付款，出口商备货、装船，运输至境内指定进口口岸，同时卖方提供并邮寄全套进口单据给进口商，包括合同、发票、箱单、无木质包装证明、原产地证、卫生证明、清真证明等。同时国内进口商需要根据实际进口数量申请动植检许可证、自动进口许可证、大宗农产品备案等文件，具体流程详见图10–12的进口肉类流程图所示，相同部分请参考前述章节，此处不再赘述。

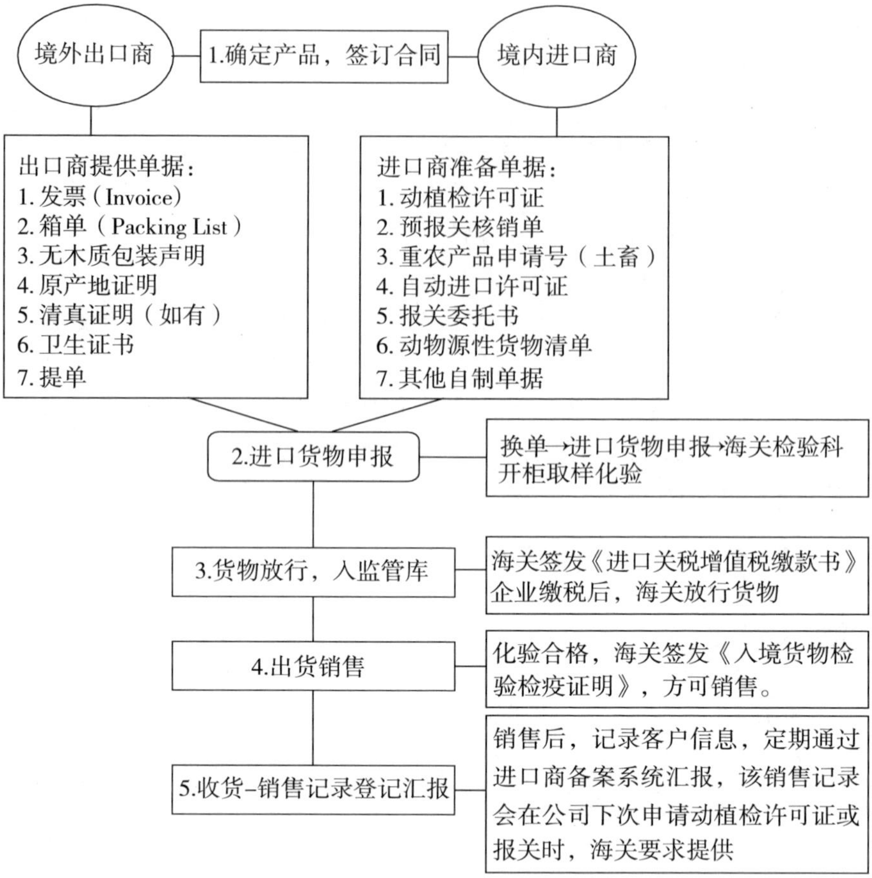

图 10–12　进口肉类部分流程

（一）进口合同约定进口口岸及单证要求等注意事项

1. 指定口岸进口：进境肉类指定监管场地查询（含指定口岸 / 查验场名单）

进口肉类产品需要在规定的口岸办理通关手续。同时，海关在查验进口肉类货物时，需将货柜调至海关指定的进境肉类指定监管场地进行查验。

进境肉类指定监管场地查询网址：https://customs.chinaport.gov.cn/carpubquerywebserver/views/queryAppointPlace.html（链接可能因网站调整而有变化）。

查询流程：海关总署网站—首页“我要查”—“指定监管场地查询”—*指定监管场地类型选择“进境肉类指定监管场地”，同时选择指定监管场地直属海关（即进口海关），查询即可。

2. 进口肉类：境外装运单据清单

出口商（生产商）需提供的单据，包括：

序号	文件名称
①	提单（B/L）
②	发票（Invoice）
③	箱单（Packing List）
④	原产地证明（Certificate of Origin）
⑤	清真证明（Hala）
⑥	无木质包装声明
⑦	生产批号
⑧	卫生证明

3. 进口商国内单据申请办理

国内进口商需申请和准备的单据，包括：

文件名称	说明
外贸合同	
进境动植检许可证	详见下文进境动植检许可证申请
报关预核销单	同上
自动进口许可证	见下文自动进口许可证（非机电产品）申请

4. 免箱费（Free Demurrage）及免堆期（Free Detention）

笔者建议货物装船后，要求出口商申请货柜在目的港免箱期 10~14 天，通常在货物未到达目的港前都可以申请，最好申请时间长点，主要是担心遇上节假日产生箱使费。通常，单证齐全、海关审价无异议，一般 3 天左右就可以通关，故 10~14 天的免箱费基本上能满足要求。

（二）自动进口许可证（非机电产品）申请

申请进口的商品（含有监管条件含 7：自动进口许可证）的货物时，进口商需向商务部或者商务部委托的机构申领自动进口许可证。在进口货物申报环节，进口商需凭自动进口许可证向海关办理报关验放手续。

1. 适用商品范围

自动进口许可货物有37种，包括牛肉、猪肉、羊肉、鲜奶、奶粉、木薯、大麦、高粱、大豆、油菜子、食糖（关税配额外）、玉米酒糟、豆粕、烟草、原油、成品油、化肥、二醋酸纤维丝束、烟草机械、移动通信产品、卫星广播电视设备及关键部件、汽车产品、飞机、船舶、肉鸡、植物油、铁矿石、铜精矿、煤、钢材、工程机械、印刷机械、纺织机械、金属冶炼及加工设备、金属加工机床、电气设备、医疗设备。

详见《自动进口许可管理货物目录（2022年）》（商务部　海关总署公告2021年第51号），进口商以当年商务部最新公布政策为准。

2. 受理机构

（1）商务部。

（2）受商务部委托的各省、自治区、直辖市、计划单列市及新疆生产建设兵团商务主管部门（以下简称“省级地方商务主管部门”）。

（3）受商务部委托的地方、部门机电产品进出口办公室（以下简称“地方、部门机电办”）。

3. 受理条件

（1）申请人通过“单一窗口”或“互联网+海关”提交进出口货物收发货人备案登记申请。

（2）申请人已依法订立货物进口合同。

（3）申请人已获得进口国营贸易经营资格或非国营贸易允许量（适用于原油、成品油进口申请）。

4. 申请流程

在申请自动进口许可证之前，进口商应先从商务部申领用于企业身份认证的电子钥匙，并完成“单一窗口”注册用户与电子钥匙的绑定操作。完成绑定后，企业即可进入“单一窗口”标准版中的【监管证件】项下的“自动进口许可证（非机电产品）”模块（如图10–13所示），直接向商务部办理自动进口许可证申请、重农企业信息备案等业务。

绑定流程：企业使用操作员账号登录“单一窗口”系统后，点击右上角企业名称进入账号信息管理页面，在“我的IC卡”菜单下，选择“商务部电子钥匙”，插入电子钥匙后点击绑定（注意：在登录和申报环节，要保证电子钥匙插在电脑上，否则，不能进行相关业务操作）。

图 10-13　自动进口许可证（非机电产品）申请界面

5. 核发证书

商务部审核通过后，会将审核结果通过“单一窗口”反馈给企业，企业可在线查看许可证申请表状态，并打印电子许可证。

相关链接

相关法律法规

1.《中华人民共和国行政许可法》

2.《中华人民共和国对外贸易法》

3.《中华人民共和国货物进出口管理条例》

4.《货物自动进口许可管理办法》（商务部　海关总署令 2004 年第 26 号）

5.《机电产品进口管理办法》（商务部　海关总署　质检总局令 2008 年第 7 号）

6.《机电产品自动进口许可实施办法》（商务部　海关总署令 2008 年第 6 号）

7.《商务部关于修改部分规章的决定》（商务部令 2018 年第 7 号）

（三）大宗农产品进口报告

所谓大宗农产品是指生产量、消费量、贸易量、运输量等较大的关系国计民生的农产品。进口商在进口此类产品前，应向中国食品土畜进出口商会备案，履行有关进口信息报告义务。

商务部委托中国食品土畜进出口商会负责组织实施进口报告信息的收集、整理、汇总、分析和核对等日常工作。

1. 进口报告管理范围

并非所有的进口产品都需要进行大宗农产品备案，具体商品税号以商务部公布为准，目录外的肉类及副产品不需要备案。需要进行大宗农产品备案的产品包括：

（1）豆类及植物油产品（包括大豆、油菜籽、菜籽油、豆油、棕榈油、玉米酒糟和豆粕等）；

（2）肉类制品（包括猪牛羊肉及其副产品）；

（3）奶制品（包括鲜奶、奶粉等）；

（4）食糖（进口关税配额外）。

2. 备案材料

需提供资料名称	资料要求
①大宗农产品进口报告企业备案登记表	加盖公章的扫描件
②企业营业执照	复印件加盖公章
③拟申请备案产品品种（如肉类）的意向性进口合同（意向合同需体现出贸易双方的基本信息及进口产品的生产方信息，规格、数量、单价、装运港、报关口岸等基本信息，合同需双方签字盖章）	复印件加盖公章

注：上述表格可登录中国食品土畜进出口商会网站（http://www.cccfna.org.cn/）下载。

3. 备案流程

（1）企业将上述 4 项材料按要求加盖公章后，依次扫描并合并为一个 PDF 文件（不接收网盘和压缩包形式）添加为邮件附件，文件大小请尽量控制在 10M 以内。

（2）请将上述第一项《大宗农产品进口报告企业备案登记表》填写后以word 文档（.doc/.docx）格式保存（无须签字加盖公章）添加为邮件附件。

（3）将包含以上两个附件的邮件发送至商会相关产品备案负责人邮箱，邮件标题应为“企业名称 –xx 产品备案申请材料”，并按邮件一般格式填写正文部分。

（4）商会备案负责人收到备案材料后，在 1~2 个工作日内根据材料情况，通过回复备案表中企业填报人（作为贵司联系人）邮箱通知备案结果，或告知企业补全、修改相关信息。企业备案资料符合要求后，将于不超过 10 个工作日内发送备案成功邮件及电子版大宗系统操作使用手册。

注意，相关备案信息联系方式以中国食品土畜进出口商会公布的信息为准。

相关链接

相关网站及文件

1. 中国食品土畜进出口商会 http://www.cccfna.org.cn/

2. 关于调整《实行进口报告管理的大宗农产品目录》的公告（商务部公告 2020 年第 23 号）

3.《大宗农产品进口报告和信息发布管理办法（试行）》（商务部令 2008 年第 10 号）

（四）商务部企业电子秘钥申请

在申请《自动进口许可证》及大宗农产品进口信息备案时，需先在“单一窗口”绑定商务部电子钥匙。在申报环节，要保证电子钥匙插在电脑上，才能进行相关业务操作。

1. 首次申请流程

企业登录在线填报系统，平台网址为：http://careg.ec.com.cn/busLoginController.do?toLogin，在线填写《企业 CA 电子钥匙申请表》，并上传相关申请材料，即完成申请。

第一步，提供商平台用户注册：进入在线填报系统后，首次申请请点击页面右侧“点击这里”进行注册，用户在线注册成功后，注册系统将自动发账户激活邮件至注册所填写的邮箱中，请查收“调用商务部统一用户管理平台激活企业账户”主题的邮件，根据邮件内容激活账户。

第二步，在线填写申请表：登录在线填报系统后开始填写申请表。首先根据企业自身情况和预计办理许可的种类，在表格上端选项上做正确勾选。

填写“用户登录名”时，如是机电进口企业，可直接录入事先注册的机电产品进口单证系统的用户；如是补办，直接录入遗失或损坏的原用户名；如是以上两种情况以外的普通用户，需点击“获取登录名”由商务部业务系统统一平台自动分配用户名。

完成申请表的填写并提交。

第三步，下载打印并盖章：点击“确认提交”完成后，根据页面提示“点击此处将申请表保存至本地”，下载填写的申请表及电子签章申请确认函，打印后，请签字并加盖企业公章。

第四步，扫描申请材料并上传附件：请点击“下一步”进入上传附件界面。将以下所需申请材料的扫描件上传至系统（每张图片小于 200k），选择相关附件，点击“上传”后，请务必再次点击“确认上传”按钮。

申请材料均对原文件进行扫描，包括：“第三步”中货物进出口行政许可电子认证证书和电子钥匙申请表；含统一社会信用代码的企业法人营业执照；电子签章申请确认函（授权用户签字盖公章）；对外贸易经营者备案登记表如下情况可不提供：未进行过对外贸易经营者备案且只办理机电产品进口单证的企业；已向地方商务主管部门进行过信息注册的自贸区企业；营业执照中能体现是外商投资的企业；授权用户（经办人）身份证正反面。

第五步，验核：企业可在网上提交申请 2 个工作日后，登录在线填报系统查询办理进度。

由省级商务主管部门进行预审，如系统提示“验核通过”则表示申请材料完整无误，进入复核阶段；

由电子钥匙服务商进行复核，如系统提示“复核通过”则表示进入制作 CA 电子钥匙及电子签章阶段；

如系统提示“验核未通过”或“复核未通过”，查看“备注”审核意见了解具体原因，并根据备注提示按要求重新提交。

第六步，制作和送达省级商务主管部门：电子钥匙服务商为复核通过的企业制作 CA 电子钥匙（含电子签章），并将电子钥匙快递至省级商务主管部门。

第七步，企业接收电子钥匙：省级商务主管部门收到电子钥匙后，须在 2 个工作日内通知企业领取或按企业要求寄送。

2. 办理时限

企业在线确认提交材料无误后，验核时间为 2 个工作日，复核及制作电子钥匙时间为 5 个工作日。收到电子钥匙后，省级商务主管部门须在 3 个工作日内通知企业。

3. 办理费用

根据商务部配额许可证事务局的通告，现已对许可证电子钥匙申请及更新流程进行调整，电子钥匙申领为免费服务。

相关链接

技术支持：

CA 钥匙客服电话：010–58103599

在线填报系统网：http://careg.ec.com.cn/busLoginController.do?toLogin

在线更新网址：https://vpnpublic01.gfapki.com.cn

其他链接：

商务部配额许可证事务局网址：xkzj.mofcom.gov.cn

商务部业务系统统一平台企业端（右侧电子钥匙申请与更新）

https://ecomp.mofcom.gov.cn/loginCorp.html

北京国富安电子商务安全认证有限公司 http://www.gfapki.com.cn/support/index.jsp

（五）进口货物申报

进境食品肉类进行进口申报时，需向直属海关提供如下企业的备案号，分别是：

（1）境外生产企业的备案登记号；

（2）境外出口商或代理商的备案登记号（在生产商和出口商不一致时提供）；

（3）境内进口商企业备案登记号。

不允许从未经进口食品备案系统备案的进口食品肉类产品的生产厂家进口食品肉类产品。

海运货物到港前，进口商可以预先申报。等货物一到港，换单，提货，将集装箱运到海关指定监管库。海关动检科拆箱取样，化验。通常 2 周左右，商品检验合格，口岸海关签发《入境货物检验检疫证明》。

货物入监管库，等待化验结果。

报关完成，海关放行后，取得口岸海关签发的《入境货物检验检疫证明》文件，方可提货进入市场销售。如：进口鲜冻肉类产品如果经检验检疫合格后，就会签发《入境货物检验检疫证明》，企业就能对该肉类开展生产、加工、销售、使用等活动。

《入境货物检验检疫证明》会注明进口肉类产品的集装箱号、生产批号、生产厂家名称和注册号、唛头等信息，便于追溯。

海关实施输华肉类检疫风险预警及快速反应制度，对发现的风险或潜在风险及时进行控制。经检验检疫不合格的，签发检验检疫处理通知书。有下列情形之一的，作退回或者销毁处理：

（1）无有效进口动植检疫许可证的；

（2）无输出国家或者地区官方机构出具的相关证书的；

（3）未获得注册的生产企业生产的进口肉类产品的；

（4）涉及人身安全、健康和环境保护项目不合格的。

经检验检疫，涉及人身安全、健康和环境保护以外项目不合格的，可以在海关的监督下进行技术处理，合格后，方可销售或者使用。

确定 HS 编码，确定进口关税税率和进口增值税税率，可以预估海关进口税费。完成正式报关，海关签发《进口货物关税 / 增值税缴款书》，企业完税后，海关放行货物。

综上所述，进口货物海关放行后，同时取得直属海关签发的《入境货物检验检疫证明》后才准予销售。

四、进口后的管理

1. 进口食品的进口商或收货人应建立食品进口记录和销售记录

进口食品的进口商或收货人应建立食品进口记录和销售记录并如实填写。

食品进口记录应当包括以下内容：进口食品的名称、品牌、规格、数/重量、货值、生产批号、生产日期、保质期、原产地、输出国家或者地区，生产企业名称及在华注册号，出口商或者代理商备案编号、名称及联系方式，贸易合同号、进口口岸、目的地、根据需要出具的国（境）外官方或官方授权机构出具的相关证书编号、申报单号、入境时间、存放地点、联系人及电话等内容。

进口食品（肉类）入库登记见表 10–3。

表 10–3　进口食品（肉类）入库登记表

填表单位：×××× 有限公司

序号	日期	品种	数量（件）	重量（吨）	集装箱号/海关封识号	申报单号	包装是否完好	存放库位	备注

记录人：　　　　　　　　　　　　负责人：

进口食品销售记录应当包括以下内容：进口食品名称、规格、数/重量、生产日期、生产批号、销售日期，购货人（使用人）名称及联系方式，出库单号，发票流水编号，食品召回后处理方式等信息。

上述记录应当真实，记录保存期限不得少于 2 年。进口食品（肉类）出库登记见表 10–4。

表 10–4　进口食品（肉类）出库登记表

填表单位：×××× 有限公司

记录	日期	品种	数量（件）	重量（吨）	规格	包装是否完好	申报单号	用途	备注

记录人：　　　　　　负责人：　　　　　　记录日期：

进口食品（肉类）销售记录表参见本书附录十。

关于销售记录，请境内收货人通过进口食品化妆品进出口商备案系统（网址为 http://ire.customs.gov.cn）提交备案信息并填写进口和销售记录（如图 10-14 所示）。

图 10-14　进口食品化妆品进出口商备案系统“销售记录登记”界面

2. 进口食品的仓储库房或场所的基本要求

（1）进口食品的仓储库房或场所需经过海关的认可和备案；

（2）储存进口预包装食品的仓储库房应该是全封闭，不得与其他有污染风险的产品特别是化学品同放一库；

（3）要时刻保持仓储库房清洁卫生、通风良好，并且有防虫防鼠设施；

（4）仓储货物的底层应有垫物，不合格或超过保质期的产品应放置在特定的区域并进行标识；

（5）要建立并保持进口预包装食品仓储库房安全卫生管理制度、出入库台账和销售记录；

（6）企业固定使用的、长期储存进口预包装食品的库房，企业应设置视频监控系统；

（7）海关总署及所在地海关对进口水产品、肉类等仓储有特殊要求的，要按其相应规定执行。

五、其他进口食品须知

（一）符合评估审查要求的国家或地区输华肉类产品名单

该名单中公布了各个国家允许出口到中国的肉类产品大类、品名、注册企业厂号、状态（是否允许出口或者暂停进口等）。

进口企业可以根据公布的注册企业厂号（即所在国家或地区的注册编号），到进口食品境外生产企业注册信息查询平台，查询该境外企业名称、生产场所地址、在华注册编号、注册日期以及有效期等信息。

查询网址为：http://www.customs.gov.cn/spj/xxfw39/cpjgzyxx/lsdwyxsp/fhpgscyqdgjhdqshrlcpmd/index.html。

（二）符合评估审查要求和传统贸易要求的国家或地区食品目录

该目录对境外输华国家或地区食品安全体系进行规范化评估和审查，不仅便于国内外监管部门了解相关信息，也为进口商或消费者提供了诸多便利。查询方式主要包括进口食品目录查询、产品名称查询、国家或地区查询等。

目前，该目录可查询的产品包括水产品、乳制品、植物源性食品等产品信息，海关总署会根据评估和审查结果进行动态调整。

查询网址为：http://43.248.49.223/。

（三）进口食品化妆品进出口商备案系统名单查询

该系统包括境外生产企业信息记录系统、境外出口商或代理商信息备案系统和境内进口商备案系统 3 部分。通过在各个模块点击“进入系统”进行备案。已经备案成功的企业可以点击“已备案名单查询”，可获得企业备案号。

查询网址为：http://ire.customs.gov.cn/。

案例 10-1

进口食品化妆品——境内进口商备案号查询

以“××××××××× 有限公司”为例查询，在图中点击右下角的“已备案名单查询”，然后输入备案的公司名称，查询结果如图 10-15 和图 10-16 所示。

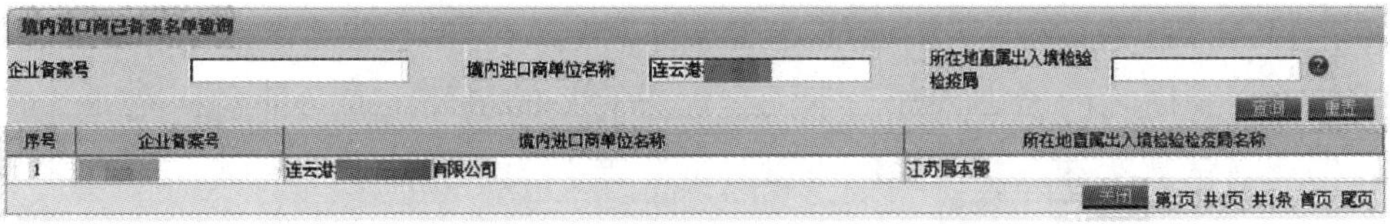

图 10-15　境内进口商备案名单查询

图 10-16　境外出口商名单查询

注：只有取得企业备案号的公司才允许作为进口食品的单据上的发货人在进口报关时向有关部门申报。境外出口商或代理商信息备案的周期在5个工作日左右，可由国内公司代为办理。

（四）进口婴儿配方乳粉产品配方注册

拟向我国境内出口婴幼儿配方乳粉的境外生产企业或者在我国境内生产并销售婴幼儿配方乳粉的生产企业，在从事生产经营前，需通过国家市场监督管理总局（www.samr.gov.cn）或国家市场监督管理总局食品审评中心（www.cfe-samr.org.cn），进入婴幼儿配方乳粉产品配方注册申请系统，按规定格式和内容填写并打印申请材料，注册取得《婴幼儿配方乳粉产品配方注册证书》，此注册证书有效期为5年。

申请材料清单包括：

（1）婴幼儿配方乳粉产品配方注册申请书；

（2）申请人主体资质证明文件；

（3）原辅料的质量安全标准；

（4）产品配方；

（5）产品配方研发论证报告；

（6）生产工艺说明；

（7）产品检验报告；

（8）研发能力、生产能力、检验能力的证明材料；

（9）标签和说明书样稿及其声称的说明、证明材料。

（五）进口特殊医学用途配方食品注册

拟向我国境内出口特殊医学用途配方食品的境外生产企业和拟在我国境内生产并销售特殊医学用途配方食品的生产企业，在生产经营前，需通过国家市场监督管理总局网站或总局食品审评中心网站进入特殊医学用途配方食品注册申请系统，按规定格式和内容填写并打印注册申请材料并扫描成电子版上传至注册申请系统，取得《特殊医学用途配方食品注册证书》，此有效期为 5 年。

（六）进口保健食品备案

进口保健食品的境外生产厂商，拟向我国境内出口保健品，在从事相关经营业务前，需向通过国家食品药品监督管理总局或国家食品药品监督管理总局保健食品审评中心申请获得《保健食品注册证书》，此证书有效期为 5 年。

同时，该保健品的境外生产厂商（备案人）也需向国家市场监督管理总局食品审评中心申请注册，获得《进口保健食品备案凭证》。

相关链接

部分行业内网站链接

1. 进口食品化妆品进出口商备案系统 http://ire.customs.gov.cn/
2. 进口食品境外生产企业注册信息 https://cifer.singlewindow.cn/
3. 中国国家认证认可监督管理委员会 http://www.cnca.gov.cn/
4. 中国食品土畜进出口商会 http://www.cccfna.org.cn/

上述网站链接可能因网站调整而有变化，以实际公布情况为准。作为进口食品行业的从业人员，需随时关注并熟悉行业政策信息，才能跟随行业的脚步不断前行。

第二节　进口化妆品

一、概述

根据《化妆品标识管理规定》，化妆品是指以涂抹、喷、洒或者其他类似方法，施于人体（皮肤、毛发、指趾甲、口唇齿等），以达到清洁、保养、美化、修饰和改变外观，或者修正人体气味，保持良好状态为目的的产品。

二、进口化妆品的准备工作

（一）进口普通化妆品备案管理

根据2021年1月1日起施行的《化妆品监督管理条例》第四条规定，国家按照风险程度对化妆品、化妆品原料实行分类管理。化妆品分为特殊化妆品和普通化妆品。国家对特殊化妆品实行注册管理，对普通化妆品实行备案管理。

化妆品原料分为新原料和已使用的原料。国家对风险程度较高的化妆品新原料实行注册管理，对其他化妆品新原料实行备案管理。

（二）境内收货人备案

首次进口化妆品的境内收货人应当在化妆品进口前向其工商注册登记地海关提出备案申请，通过“互联网＋海关”进口食品化妆品进出口商备案系统（网址为http://ire.customs.gov.cn/）或“单一窗口”选择“进口食品化妆品进出口商备案”选项申请备案，取得进口化妆品境内收货人备案资格。

进口化妆品境内收货人备案须提供以下材料：

（1）《收货人备案申请表》；

（2）营业执照、统一社会信用代码登记证书、法定代表人身份证明、对外贸易经营者备案登记表等的复印件并交验正本；

（3）企业质量安全管理制度；

（4）与化妆品安全相关的组织机构设置、部门职能和岗位职责；

（5）拟经营的化妆品种类、存放场所；

（6）两年内曾从事化妆品进口、加工和销售的，应当提供相关说明（化妆品品种、数量）。

三、进口化妆品检验检疫相关要求

（一）首次进口相关要求

1. 申报要求

进口化妆品境内收货人或者其代理人应当按照海关总署相关规定申报，包括但不限于对进口化妆品按照名称、品牌、原产国家（地区）、规格、数/重量、生产批号/生产日期等内容逐一申报。

2. 首次进口认定

首次进口化妆品指无既往进口记录的化妆品，既往进口记录等证明材料应由进口化妆品境内收货人提供，凡不能提供真实有效既往进口记录证明材料的应视为首次进口化妆品。境外生产企业、产品名称（包括产品品牌）、配方、境外发货人、境内收货人等信息完全一致的产品视为同一产品。

3. 首次进口特殊要求

依据《进出口化妆品检验检疫监督管理办法》（海关总署令第 243 号）第八条相关规定，首次进口特殊用途化妆品应取得国家药品监督管理局核发的进口化妆品卫生许可批件，首次进口非特殊用途的化妆品应取得国家药品监督管理局核发的备案凭证。

4. 首次进口化妆品申报时口岸海关的审核要求

对首次进口的化妆品应当审核以下文件：

（1）国家实施卫生许可的化妆品，应对进口化妆品卫生许可批件电子数据进行系统自动比对验核。

（2）国家实施备案的化妆品，应审核备案凭证。

（3）国家没有实施卫生许可或者备案的化妆品，应当审核下列材料：

①具有相关资质的机构出具的可能存在安全性风险物质的有关安全性评估资料；

②在生产国家（地区）允许生产、销售的证明文件或原产地证明。

（4）销售包装化妆品成品除前三项外，还应当提交中文标签样张和外文标签及翻译件，为企业申明持有材料，在检验检疫过程中需要验核原件的，可要求企业提供。

（5）非销售包装的化妆品成品还应当提供包括产品的名称、数 / 重量、规格、产地、生产批号和限期使用日期（生产日期和保质期）、加施包装的目的地名称、加施包装的工厂名称、地址、联系方式。

5. 中文标签的要求

企业制作进口化妆品中文标签时，中文标签应符合《消费品使用说明化妆品通用标签》（GB 5296.3—2008）及《进出口化妆品检验检疫监督管理办法》等标准、法规的规定。

化妆品中文标签应涵盖化妆品的名称、成分表、净含量、日期标示、批准文号、原产国（地区）、代理商或经销商信息等基本信息。

小贴士

广大消费者在选购进口化妆品时请仔细阅读其中文标签，选择功效、属性适合自己的产品，妥善保存，并在产品标签所标识的有效期内使用，必要时可以登录国家药品监督管理部门的官方网站查询进口化妆品的备案文号或批准文号，以确保买得放心，用得安心。

登录国家药品监督管理局（https://www.nmpa.gov.cn/）网站，首页—化妆品—化妆品查询，输入产品名称 / 批准文号 / 产品类别 / 产品名称等信息即可查询核验。

（二）检验检疫

海关受理报关后，将根据我国技术规范的强制性要求等对进口化妆品进行检验检疫，包括现场查验、抽样留样、实验室检验、出证等，流程如图 10–17 所示。

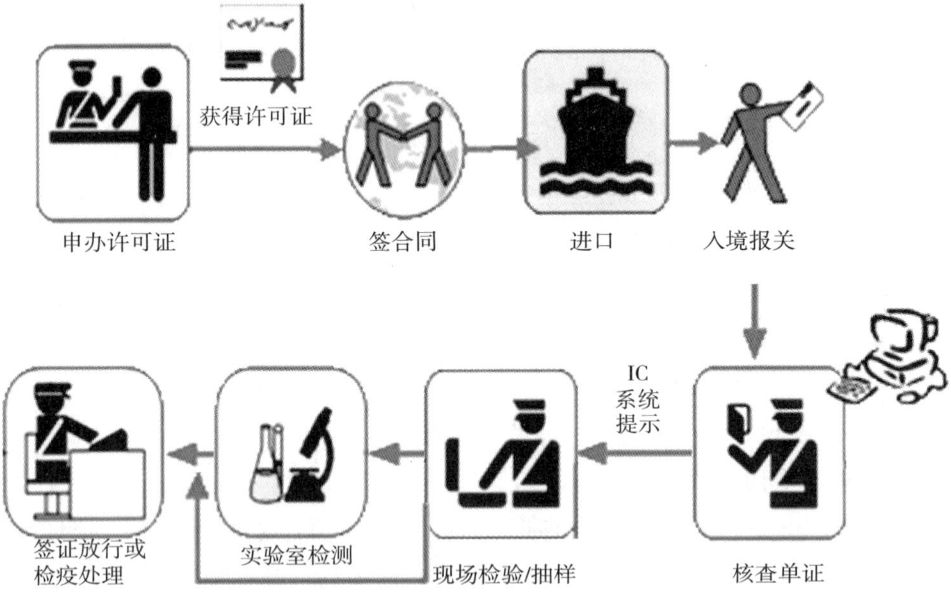

图 10–17　进口化妆品检验检疫流程

经检验检疫合格的，由海关出具《入境货物检验检疫证明》方可销售、使用。

经检验检疫不合格的，由海关出具不合格证明。涉及安全、健康、环境保护项目不合格的，海关责令当事人销毁，或者出具退货处理通知单，由进口商办理退运手续。其他项目不合格的，可以在海关监督下进行技术处理，经重新检验检疫合格后，方可销售、使用。

四、进口化妆品报关

进口化妆品的报关可以参考第六章，此处简单说明一下：

（1）确定相关化妆品的 HS 编码，查看监管条件、税率等，根据监管条件，确定是否需要申请特殊进口证件等。

（2）查看或询问境外生产厂家有关此进口化妆品的详细申报要素，如品名、用途、材质、品牌、型号、全球贸易项目代码、化学物质登录码、其他（非必要申报要素，请根据实际情况填报）。

（3）确定税率，是否需要缴纳消费税等。

五、进口化妆品后续管理

（一）进口记录和销售记录

收货人应当建立化妆品进口记录和销售记录，并指派专人负责，需分别在获得《入境货物检验检疫证明》和产品销售后 2 个工作日内完成相关信息记录。

（二）后续监管

海关将跟踪监督不合格进口化妆品处理情况，并监督、指导进口化妆品收货人建立化妆品进口和销售记录。

相关链接

相关法律法规

1.《化妆品监督管理条例》

2.《化妆品注册备案管理办法》（2021 年 1 月 7 日国家市场监督管理总局令第 35 号公布，自 2021 年 5 月 1 日起施行）

第三节　进口新 / 旧机电产品

一、机电产品概述

《机电产品进口管理办法》规定中所称机电产品（含旧机电产品）是指机械设备、电气设备、交通运输工具、电子产品、电器产品、仪器仪表、金属制品等及其零部件、元器件。机电产品的具体范围见表 10–5。

表 10–5　机电产品范围

商品类别	海关商品编号
一、金属制品	7307—7326、7412—7419、750727508、7609—7616、7806、7907、8007810192—810199、810292—81029981039、81043、81049、810598106009、81079、81089、810998110009、8111009、811219、811299 82–83 章
二、机械及设备	84 章
三、电器及电子产品	85 章
四、运输工具	86–89 章 (8710 除外)
五、仪器仪表	90 章
六、其他 （含磨削工具用磨具、玻亮、钟表及其零件、电子乐器、运动枪支、飞机及车辆用坐具、医用家具、办公室用金属家具、各种灯具及照明装置、儿童带轮玩具、带动力装置的玩具及模型、健身器械及游艺设备、打火机等）	680421、6804221、6804301、6805、7011、91 章、9207、93031—93033、9304、93052、9305993061–93063、94011—94013、9402、94031、94032、9405、9501、95031、95038、95041、95043、95049、95069、9508、9613

相关链接

相关网站

1. 中国机电产品进出口商会 http://www.cccme.org.cn/
2. 中国机电产品流通协会 http://www.cmepca.org.cn/
3. 北京市商务局（机电产品自动进口许可证办理部门）http://sw.beijing.gov.cn/bsfw/

二、机电类产品自动进口许可证申请

商务部负责全国机电产品进口管理工作，并设有国家机电产品进出口办公室。各省、自治区、直辖市和计划单列市、沿海开放城市、经济特区机电产品进出口办公室和国务院有关部门机电产品进出口办公室（以下简称“地方、部门机电办”）受商务部委托，负责本地区、本部门机电产品进口管理工作。

国家对机电产品进口实行分类管理，即分为禁止进口、限制进口和自由进口 3 类。基于进口监测需要，对部分自由进口的机电产品实行进口自动许可。如下仅就自动进口许可证申请进行阐述。

自动进口许可证样本参见本书附录十一。

“单一窗口”机电产品进口单证申请系统，由商务部主管，主要包括企业信息备案、许可证申请、电子许可证下载、状态推送、查询统计等功能模块。

（一）网上申领系统登录

打开“单一窗口”网站，点击“标准版应用”页面，在“监管证件”中，选中“自动进口许可证”，选择“机电产品”模块进入自动进口许可证（机电产品）申请界面（如图 10–18 所示）。

图 10–18　“单一窗口”之自动进口许可证（机电产品）申请界面

（二）企业信息备案

为用户提供向商务部进行企业信息备案各类数据的录入、暂存、删除、打印、申报等功能。点击左侧菜单栏“企业信息备案”，可进行备案。

如果企业未在机电进口单证系统中注册（或首次申请机电证的企业），可在此录入信息，并提交备案信息。

如果企业已在商务部机电产品进口单证申领系统中备案，可点击页面上方“获取商务部备案信息”按钮，系统弹出录入框，如实录入企业在商务部机电产品进口单证管理系统已成功注册过的账号及密码，点击“绑定”按钮，系统将当前信息发送至商务部机电系统进行验证。验证通过后系统给予绑定成功等提示信息，即自动完成企业信息备案。

（三）单证申请

点击左侧菜单栏“许可证申请”，可进入许可证申请录入界面。

此界面包含录入、暂存、删除、打印、申报等功能。在录入过程中，可通过点击界面顶部的“暂存”按钮，将当前正在录入的信息进行保存，以防数据丢失。

1. 填写详细信息

界面中，灰色字段（如申请单编号、许可证号等）表示不允许录入或修改，系统将根据相应操作或步骤（如申报等）后自动返填。

部分字段（如进口用户、所在地区等），系统自动获取当前企业已备案成功的信息并进行返填。

部分字段（如进口商编码、进口商名称），系统根据录入进口商编码，返填进口商名称。

部分字段（如年度、贸易国、外汇来源、商品用途、贸易方式等）须在参数中进行调取，不允许随意录入。将光标置于录入框中，点击空格键或点击三角形图标，调出下拉菜单并在其中进行选择；也可直接输入已知的相应数字、字母或汉字，迅速调出参数，使用上下箭头选择后，点击回车键确认录入。

其他需手工录入的字段，需根据业务主管部门要求，如实填写相关内容。

勾选类字段（如一批一证、非一批一证），需根据实际业务情况填写。

2. 录入商品信息

须先将商品详细信息保存成功，才能继续进行商品信息的录入与保存等操作。

“数量总计、原币总值、折美元总值”字段，系统将根据上面列表中用户所录入的数据自动进行计算，不允许手工录入。

3. 录入合同信息

点击进入合同信息录入界面，界面中部分字段（统一社会信用代码、企业名称）系统自动返填，如实录入相关内容后，对录入的合同信息进行保存。

4. 上传附件

如进口合同扫描件等。

5. 提交申报并查看申请状态

录入信息，点击申报后，在左侧菜单中点击“查询统计”—“海关状态查询”，即可在右侧区域展示海关状态查询界面；

“审批中”表示地方机电办正在审核或已转报商务部；

“审核通过”表示地方机电办或商务部已审核完毕；

“退回”表示申请已被机电办或商务部退回。

注意，海关状态查询只可提供单证状态为“审批通过”数据的查询。

（三）获得电子许可证

审批通过后，企业可通过系统下载打印电子许可证。

相关链接

申请机电产品自动进口许可证相关的法律法规

1.《中华人民共和国对外贸易法》

2.《中华人民共和国货物进出口管理条例》（中华人民共和国国务院令第332号）

3.《机电产品进口自动许可实施办法》（商务部、海关总署令2008年第6号）

4.《机电产品进口管理办法》（商务部、海关总署、国家质量监督检验检疫总局令2008年第7号）

5.《货物自动进口许可管理办法》（商务部、海关总署令2004年第26号）

三、机电产品的进口强制认证和免强制认证办理

（一）申请强制性产品认证

1. 申请人资格

根据《强制性产品认证管理规定》，列入统一产品目录的产品的生产者、销售者和进口商可以作为申请人，向指定认证机构提出目录中产品的认证申请。

申请人也可委托国家认监委注册的强制性产品认证代理申请机构代为申请。

2. 申请材料

企业一般应提供以下文件：

（1）申请人的证明文件；

（2）总装图、电气原理图、线路图；

（3）关键元器件和 / 或主要原材料清单；

（4）其他申请人需要说明的文件；

（5）申请人为销售者、进口商时，应当向指定认证机构同时提交销售者和生产者或者进口商和生产者订立的相关合同副本；

（6）申请人委托他人申请目录中产品认证的，应当与受委托人订立认证、检测、检查和跟踪检查等事项的合同，受委托人应当同时向指定认证机构提交委托书、委托合同的副本和其他相关合同的副本；

具体产品所需提交的技术文件可参见该产品的《强制性产品认证实施规则》（更新日期：2021 年 7 月；链接：http://www.cnca.gov.cn/zl/qzxcprz/ssgz/202008/t20200804_60455.shtml）的要求。

3. 认证时长

按照《强制性产品认证管理规定》，指定认证机构负责受理申请人的认证申请，根据认证实施规则的规定，安排型式试验、工厂审查、抽样检测等活动，作出认证决定，向获得认证的产品颁发认证证书。指定认证机构在一般情况下，应当自受理申请人申请认证的 90 日内，作出认证决定并通知申请人。

4. 认证程序

申请人的申请一般包括如下程序：

（1）认证申请和受理；

（2）型式试验；

（3）工厂审查；

（4）抽样检测；

（5）认证结果评价和批准；

（6）获得认证后的监督。

5. 申请流程

各认证机构根据各自的特点，制定不同的申请程序。以中国质量认证中心（CQC）为例。

申请人应通过中国质量认证中心的网站（www.cqc.com.cn）或通过文件（邮寄）或在线的方式向中国质量认证中心提交意向申请和寄送相关的技术文件。意向申请的内容一般应包括申请人、制造商、生产者、申请产品等相关信息。

具体申请流程请如图 10-19 所示。

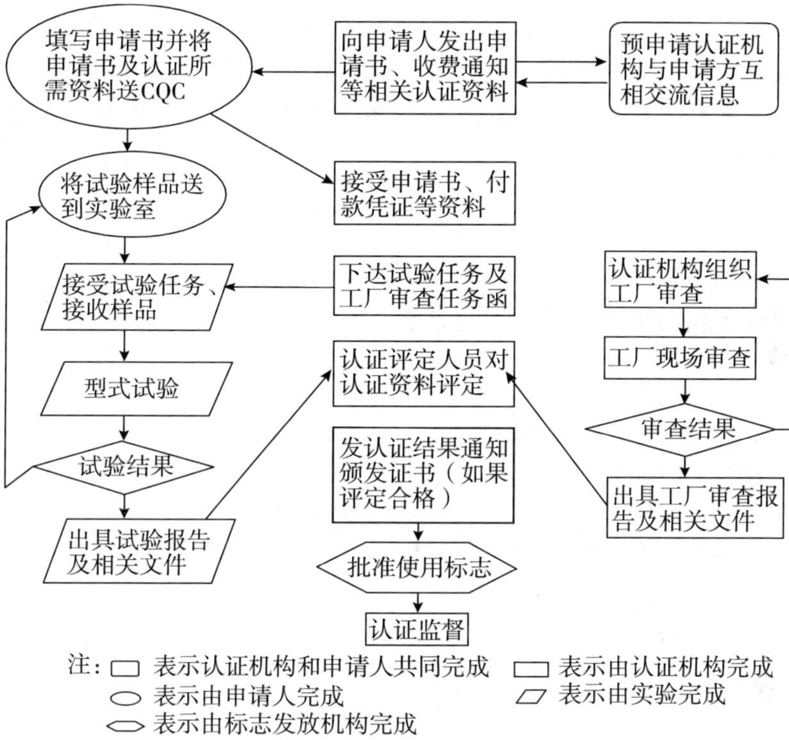

图 10-19　强制性产品认证流程

小贴士

强制性产品认证简介

强制性产品认证，英文全称为 China Compulsory Certification。国家认监委为使各相关方准确界定强制性产品认证目录范围，修订了《强制性产品认证目录描述与界定表》，共涉及 17 大类 103 种产品（见国家市场监督管理总局 2020 年第 18 号公告）。同时，为便利强制性产品认证目录内产品的进口贸易，提高监管效率，海关总署和市场监管总局共同编制了《强制性产品认证目录产品与2020年商品编码对应参考表的公告》（见市场监管总局海关总署公告2020年第21号公告），共涉及103类强制性产品。该参考表仅作为强制性产品认证目录产品判定的参考，有关强制性产品认证目录产品的具体描述与界定，以国家认监委发布的相关产品实施强制性产品认证的公告为准。

凡列入强制性产品认证目录内的产品，没有获得指定认证机构的认证证书，没有按规定加施认证标志，一律不得进口、不得出厂销售和在经营服务场所使用。

（二）免于办理强制性产品认证证明

1. 申请免于办理强制性产品认证证明流程

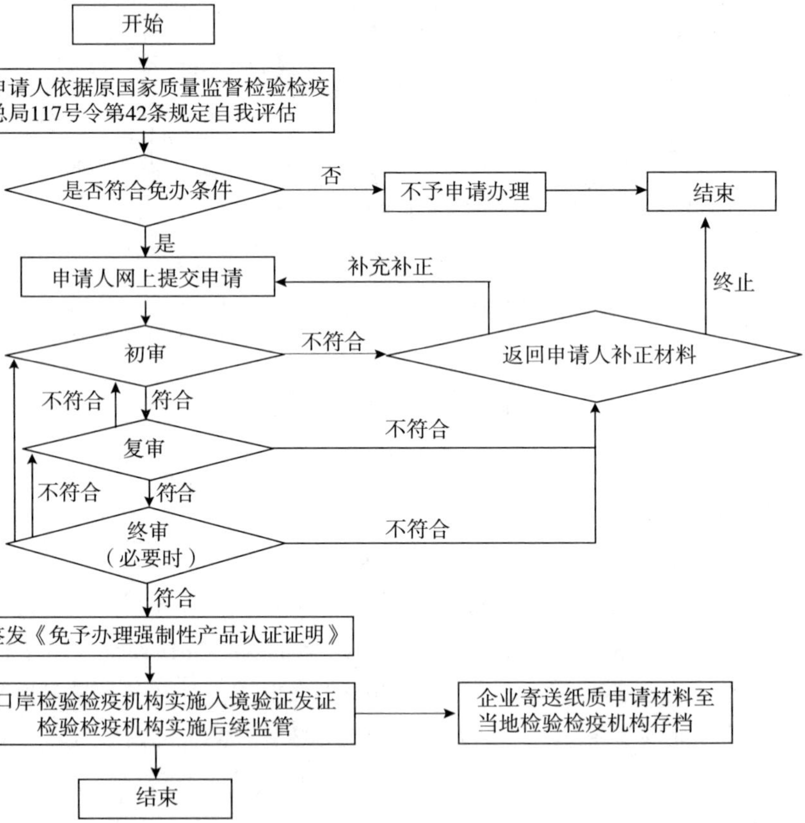

图 10-20　申请免于办理强制性产品认证流程

2. 免办审核资料及后续监管

申请人申请免于办理强制性产品认证证明，需要按照要求（见表 10-6）办理，提供对应的材料。

表 10-6　CCC 免办审核及后续监管要求

免办条件	申请人要求	申请 CCC 免办提交的材料（每份材料均须加盖公章）	后续监管要求
条件 1： 为科研、测试和认证检测所需的产品和样品	对此类产品进行研究、开发、测试的机构；CCC 认证委托人	1. 申请人营业执照； 2. 后续管理承诺书； 3. 本次研究、开发、测试计划书 / 项目书； 4. 附有产品明细的进口合同、发票或提单； 5.CCC 指定认证机构出具的 CCC 认证送样通知书（含认证委托人、样品全称、规格型号、数量等信息）	1. 销毁处理的，申请人须保留销毁处理证明材料（如视频、照片等）； 2. 退运的，申请人须留存《出口报关单》等证明材料
条件 2： 直接为最终用户维修目的所需的零部件 / 产品	维修单位（包括整机 / 整车集中采购商 / 仓储商 / 其指定的零部件采购商）或者最终用户	1. 申请人营业执照； 2. 后续管理承诺书； 3. 附有产品明细的进口合同、发票或提单； 4. 关于相应产品符合国内安全标准的承诺	无须出口核销
条件 3： 工厂生产线 / 成套生产线配套所需的设备 / 零部件（不含办公用品）	使用此类设备 / 零部件的工厂 / 公司	1. 申请人营业执照； 2. 后续管理承诺书； 3. 该工厂生产线 / 成套设备生产线的相关证明材料； 4. 附有产品明细的进口合同、发票或提单	无须出口核销
条件 4： 仅用于商业展示但不销售的产品	负责商业展示的公司	1. 申请人营业执照； 2. 后续管理承诺书； 3. 附有产品明细的进口合同、发票或提单； 4. 关于相应产品符合国内安全标准的承诺	1. 销毁处理的，申请人须保留销毁处理证明材料（如视频、照片等）； 2. 退运的，申请人须留存《出口报关单》等证明材料

续表

免办条件	申请人要求	申请 CCC 免办提交的材料（每份材料均须加盖公章）	后续监管要求
条件 5： 以整机全数出口为目的进口的零部件	使用此类零部件的工厂 / 公司	1. 申请人营业执照； 2. 后续管理承诺书； 3. 成品出口合同； 4. 附有产品明细的进口合同、发票或提单	申请人须留存《出口报关单》等证明材料

3. 办理须知

（1）强制性产品认证免办证明的受理、审核，实现全程电子化申请和管理，申请人登录管理系统网址：http://cccmb.cnca.cn，在线注册登记企业信息，登录后点击“免办申请”—“新增申请”，按要求填写相关信息，申请人无须到现场办理。

（2）强制性产品认证免办工作由各级市场监管局实施，或者视情况下放给下级市场监管部门实施。企业可向当地市场监管部门申请办理。

（3）申请时，各地市场监管部门要求申请人留存相应的加盖企业公章的申请资料（含各类证明性资料），留存期 2 年，以备市场监管部门核查。

（4）证明修改延期或作废。已签发的证明在有效期内且未使用的，申请人可点击“申请修改证明”进入修改，注意证明只允许修改一次，请谨慎操作。经审核成功后，产生新的证明。

（5）后续管理—登记产品使用记录（使用 / 退运 / 销毁）。

申请人提交的免办申请经过审核，发放免办证明（或修改证明）后，可以凭免办证明办理产品通关。企业可以填写产品后续使用情况，并提交给市场监督管理局供监管人员后续核查。

提交的产品使用情况包括：产品使用单位、产品退运记录、产品销毁记录。

申请人可点击“强制性产品认证免办申请”进入申请证明列表，点击“产品使用记录”进入产品使用记录维护界面。

4. 办理时限

在申请人通过免办系统提交申请后，自受理之日起 5 个工作日内，完成所有审核工作，并出具强制性产品认证免办证明。上述时限不包括申请人补正资料以及审批人员企业现场核查的时间；申请资料一旦退回补正，审核时间自收到申请人补正材料之日起重新开始计算。

5. 审批结果

审核通过后，点击“强制性产品认证免办申请”，进入查询列表，查询记录。点击申请列表的“证明号”，预览免于办理强制性产品认证证明（如图 10-21 所示）。

免于办理强制性产品认证证明

Certificate of Exemption from Certificate for the China Compulsory Certification

编号：M110015000001

申请单位：企业　　　　合同号：1

提运单号：　　　　发票号：

产品列表：

序号	产品名称	HS编码	规格/型号	数量/重量	商标	生产厂名
1	1	3208909090	1	9, 999, 999	1	1
2	1	3208909010	1	1, 000	1	1

根据中国国家认证认可监督管理委员会的有关规定，上述商品属于：

为科研、测试所需的产品

本证明有效期：2015年12月06日　至　2016年01月05日

经办人：李锋　　　　发证日期：2015年12月06日

（印章）

本证明仅供进口报关使用

发证单位：　　　　电话：

地址：　　　　邮编：

图 10-21　免于办理强制性产品认证证明

四、旧机电产品进口须知

（一）进口旧机电产品的范围

1. 已经使用（不含使用前测试、调试的设备），仍具备基本功能和一定使用价值的；

2. 未经使用，但是超过质量保证期（非保修期）的；

3. 未经使用，但是存放时间过长，部件产生明显有形损耗的；

4. 新旧部件混装的；

5. 经过翻新的。

（二）进口旧机电产品的要求

1. 禁止入境货物

列入商务部、海关总署公告 2018 年第 106 号中《禁止进口的旧机电产品目录》的旧机电产品为禁止入境货物。

2. 管理措施表 2 的旧机电产品

列入原国家质检总局公告 2014 年第 145 号中《进口旧机电产品检验监管措施清单》的《管理措施表 2》的旧机电产品，可以进口，但需实施境外装运前检验，取得第三方检验机构出具的《进口旧机电产品装运前检验证书》，方可进口。进口后还需要实施口岸查验和目的地检验，并以目的地检验结果为准。

海关总署不予指定检验机构从事进口旧机电产品装运前检验。装运前检验应当在货物启运前完成。委托企业可以通过“单一窗口”平台（进口旧机电产品装运前检验监督管理系统）查询进口旧机电产品是否需要实施装运前检验，并查询已在海关总署备案的装运前检验机构。

企业可通过“单一窗口”标准版办理，单击“进口旧机电产品装运前检验监督管理”，进入进口旧机电产品装运前检验监督管理系统。

进入前，需按需求选择。需要进行旧机电进口申报的企业请选择“委托企业入口”，检验机构请选择“装运前检验机构入口”。

3. 其他未列入产品

其他未列入《禁止进口的旧机电产品目录》的旧机电产品以及《进口旧机电产品检验监管措施清单》的《管理措施表 2》内的旧机电产品可以进口，无须实施装运前检验，仅实施口岸查验和目的地检验。

4. 特殊情况

以下 4 种特殊情况进口旧机电产品，仅实施监督管理，不实施检验。

（1）“出境维修复进口”；

（2）“暂时出口复进口”；

（3）“出口退货复进口”；

（4）“国内转移复进口”。

5. 应逐批实施现场检验的旧机电产品

进口列入《质检总局 商务部 海关总署关于旧机电产品进口管理有关问题的公告》（2015 年第 76 号）的《应逐批实施现场检验的旧机电产品目录》的旧机电产品，需在进口口岸完成逐批现场检验。

（二）进口申报流程

1. 确认申报信息

进口旧机电产品前应确认具体进口货物的“申报名称”和 HS 编码，同时对照查阅相关文件，确实进口货物是否为“禁止进口旧机电产品目录”内产品。

列入商务部、海关总署公告 2018 年第 106 号《禁止进口的旧机电产品目录》中的，属国家禁止进口产品，海关不受理申报。

2. 装运前检验

如进口货物已列入原国家质检总局公告 2014 年第 145 号《进口旧机电产品检验监管措施清单》中《管理措施表 2》的，则应在入境前，在启运地或中转地实施装运前检验，取得装运前证书后方可启运。

列入《进口旧机电产品检验监管措施清单》中《管理措施表 2》，需实施装运前检验的，企业向海关申报时应提交《进口旧机电产品装运前检验证书》及《进口旧机电产品装运前检验报告》。

3. 到港申报并检验

旧机电设备到港后，凭装运前检验证书（列入《管理措施表 2》的旧机电产品）向主管海关申报，海关按要求实施到货检验。

4. 其他特殊要求

（1）未列入《进口旧机电产品检验监管措施清单》的，企业提交《进口旧机电产品声明》向主管海关申报。

（2）进口列入《进口旧机电产品检验监管措施清单》中《管理措施表 2》的，且属于“出口维修复进口”“暂时出口复进口”“出口退货复进口”“国内结转复进口”情形之一的，企业应提交《免〈进口旧机电产品装运前检验证书〉进口特殊情况声明》，声明中的产品信息应与申报资料相符。

（四）进口旧机电产品检验要求

1. 装运前检验内容

（1）对安全、卫生、健康、环境保护、防止欺诈、能源消耗等项目做出初步评价；

（2）核查产品品名、数量、规格（型号）、新旧、残损情况是否与合同、发票等贸易文件所列相符；

（3）是否包括、夹带禁止进口货物。

对装运前检验发现的不符合项目，海关应当对其技术整改措施的有效性进行验证，对装运前检验未覆盖的项目实施检验，必要时可对已实施装运前检验的项目实施抽查检验。

对装运前检验未覆盖的项目实施检验，必要时属地海关可对已实施装运前检验的项目实施抽查检验。

需注意，进口旧成套设备前，发货人应确认设备不夹带废旧电线电缆、旧压力容器等国家禁止进口货物；进口旧机电产品前，发货人应确认产品已把土壤杂草等禁止进境物清理干净。

2. 口岸查验内容

（1）实际进口货物与企业申报是否相符；

（2）申报制冷剂为非氯氟烃物质的进口旧机电产品是否属实；

（3）是否夹带其他国家禁止进口货物；

（4）必要时对旧机电产品是否与申报凭证相符进行现场核查；

（5）对列入《应逐批实施现场检验的进口旧机电产品目录》的旧机电产品，应当逐批核查收货人报检凭证的真实性、有效性，并现场对旧机电产品进行一致性核查，检查是否混有禁止或限制入境物。

3. 目的地检验内容

目的地检验是指旧机电产品入境后，由属地海关依据我国法律法规和技术规范（国家标准）要求，对进口旧机电产品进行一致性核查以及合格评定。

（1）一致性核查

①核查产品是否存在外观及包装的缺陷或残损；

②核查产品的品牌、规格 / 型号、电气参数、数 / 重量、产地、制造年份、耗材使用量等货物的实际状况是否与申报资料相符；

③对进口旧机电产品的实际用途实施抽查。

（2）安全项目检验

①检查产品表面缺陷、安全标识和警告标记；

②检查产品在静止状态下的电气安全和机械安全；

③检验产品在运行状态下的电气安全和机械安全，以及设备运行的可靠性和稳定性。

（3）卫生、环境保护（含能源效率）项目检验

①检查产品卫生状况；

②检测产品在运行状态下的噪声、粉尘含量、辐射以及排放物是否符合标准；

③检验产品是否符合我国能源效率有关限定标准。

（五）进口商管理制度

进口旧机电产品的进口商应当建立产品进口、销售和使用记录制度，如实记录进口旧机电产品的品名、规格、数量、出口商和购货者名称及联系方式、交货日期等内容。记录应当真实，保存期限不得少于2年。海关可以对本辖区内进口商的进口、销售和使用记录进行检查。

相关链接

相关法律法规及文件

1.《中华人民共和国进出口商品检验法》及《中华人民共和国进出口商品检验法实施条例》

2.《进口旧机电产品检验监督管理办法》（质检总局第171号令）

3.《机电产品进口管理办法》（商务部、海关总署、质检总局令2008年第5号，2018年10月10日修订）

4.《关于调整进口旧机电产品检验监管的公告》（质检总局公告2014年第145号）；

5.《关于旧机电产品进口管理有关问题的公告》（质检总局、商务部、海关总署公告2015年第76号）；

6.《公布禁止进口的旧机电产品目录调整有关事项的公告》（商务部、海关总署公告2018年第106号）

第四节　进口医疗器械

一、医疗器械概述

根据 2021 年 6 月 1 日实施的《医疗器械监督管理条例》（国务院令第 739 号）第一百零三条规定，医疗器械，是指直接或者间接用于人体的仪器、设备、器具、体外诊断试剂及校准物、材料以及其他类似或者相关的物品，包括所需要的计算机软件；其效用主要通过物理等方式获得，不是通过药理学、免疫学或者代谢的方式获得，或者虽然有这些方式参与但是只起辅助作用；其目的是：

（一）疾病的诊断、预防、监护、治疗或者缓解；

（二）损伤的诊断、监护、治疗、缓解或者功能补偿；

（三）生理结构或者生理过程的检验、替代、调节或者支持；

（四）生命的支持或者维持；

（五）妊娠控制；

（六）通过对来自人体的样本进行检查，为医疗或者诊断目的提供信息。

二、医疗器械的分类及管理

国家对医疗器械按照风险程度实行分类管理。

第一类是风险程度低，实行常规管理可以保证其安全、有效的医疗器械（如手术刀、手术帽和手术衣等）。

第二类是具有中度风险，需要严格控制管理以保证其安全、有效的医疗器械（如体温计、血压计等）。

第三类是具有较高风险，需要采取特别措施严格控制管理以保证其安全、有效的医疗器械（如血管支架等）。

现行《医疗器械分类目录》由原国家食品药品监督管理总局 2017 年第 104 号公告发布，国家药品监督管理局 2020 年第 147 号公告调整更新。按照《医疗器械监督管理条例》《医疗器械分类目录动态调整工作程序》有关要求，国家药品监督管理局会对《医疗器械分类目录》部分内容进行调整。

根据《医疗器械监督管理条例》，第一类医疗器械实行产品备案管理，第二类、第三类医疗器械实行产品注册管理。

第一类医疗器械产品备案，由备案人向所在地的市级人民政府负责药品监督管理的部门提交备案资料。申请第二类医疗器械产品注册，注册申请人应当向所在地省、自治区、直辖市人民政府药品监督管理部门提交注册申请资料。申请第三类医疗器械产品注册，注册申请人应当向国务院药品监督管理部门提交注册申请资料。

医疗器械注册证有效期为 5 年。

三、医疗器械产品监管要求

（一）产品资质要求

进口的医疗器械应当是依照《医疗器械监督管理条例》第二章的规定已注册或者已备案的医疗器械。

进口的医疗器械应当有中文说明书、中文标签。说明书、标签应当符合本条例规定以及相关强制性标准的要求，并在说明书中载明医疗器械的原产地以及境外医疗器械注册人、备案人指定的我国境内企业法人的名称、地址、联系方式。没有中文说明书、中文标签或者说明书、标签不符合本条规定的，不得进口。

医疗机构因临床急需进口少量第二类、第三类医疗器械的，经国务院药品监督管理部门或者国务院授权的省、自治区、直辖市人民政府批准，可以进口。进口的医疗器械应当在指定医疗机构内用于特定医疗目的。

禁止进口过期、失效、淘汰等已使用过的医疗器械。

（二）产品安全要求

属于机电产品的进口医疗器械，其电气及机械安全项目、安全警告标识必须符合 GB 9706《医用电气设备的分类》系列标准、GB 2894—2008《安全标志及其使用导则》等标准的强制性要求。

（三）产品说明书、标签要求

进口的医疗器械的说明书中应载明医疗器械的原产地以及境外医疗器械注册人，备案人指定的我国境内企业法人的名称、地址、联系方式。

医疗器械说明书、标签应当标明下列事项：

（1）通用名称、型号、规格；

（2）医疗器械注册人、备案人、受托生产企业的名称、地址以及联系方式；

（3）生产日期、使用期限或者失效日期；

（4）产品性能、主要结构、适用范围；

（5）禁忌、注意事项以及其他需要警示或者提示的内容；

（6）安装和使用说明或者图示；

（7）维护和保养方法，特殊运输、贮存的条件、方法；

（8）产品技术要求规定应当标明的其他内容。

第二类、第三类医疗器械还应当标明医疗器械注册证编号。

由消费者个人自行使用的医疗器械还应当具有安全使用的特别说明。

四、进口收货单位资质要求

（1）医疗器械经营许可证（货物属于《医疗器械分类目录》第二类和第三类医疗器械）。

医疗器械经营许可证有效期为5年。

（2）营业执照（经营范围里有销售医疗器械许可）。

五、进口申报特殊单证

（1）有效期内的医疗器械注册证或医疗器械备案证。

向我国境内出口第一类医疗器械的境外备案人，由其指定的我国境内企业法人向国务院药品监督管理部门提交备案资料。

向我国境内出口第二类、第三类医疗器械的境外注册申请人，由其指定的我国境内企业法人向国务院药品监督管理部门提交注册申请资料。

（2）属于《实施强制性产品认证的产品目录》内的医疗器械，需提供强制性产品认证证书。

（3）部分医疗设备需要办理自动进口许可证（监管证件代码含有O时）。

（4）符合规定的中文说明书、中文标签、设备照片、铭牌、技术参数、最终用途等。

（5）进口合同、箱单、发票。

（6）HS编码选择。

医疗器械的税号主要集中在 9018、9021、9022、9402 等品目，在进出口报关时可根据不同产品查找对应的税号。

六、进口检验要求

海关会依法对进口的医疗器械实施检验；检验不合格的，不得进口。

（一）入境验证

进出口医疗器械应当取得国家药品监督管理部门的备案或注册证，进出口申报时应主动填写备案或注册证编号。

海关对进口医疗器械备案 / 注册证（包括医疗器械注册证、第一类医疗器械备案凭证）电子数据与进口医疗器械产品报关单电子数据实施联网核查，自动比对。

（二）商品检验

商品检验标准为：

（1）核对现场查验的商品信息、申报信息、准入信息三者是否一致。

（2）核实进口医疗器械铭牌的有关信息是否与备案或注册的制造商、商品名称、型号规格一致。

依法实施商品检验的进口医疗器械还应符合我国相关技术规范的强制性要求。

七、进口检验地点

进口医疗器械原则上在申报的目的地检验。海关也会按照布控指令依法对进口的医疗器械实施口岸或目的地检验；检验不合格的，不得进口。

对需要结合安装调试实施检验的进口医疗器械，应当在申报时明确使用地，在使用地实施检验。如进口心脏起搏器在北京、上海、海南等指定口岸实施检验，在指定的经国家认可的医疗器械检测机构进行检测。

八、其他相关问题

（一）如何确定产品是否为获准注册的医疗器械？

获准注册的医疗器械，是指与该医疗器械注册证及附件限定内容一致且在医疗器械注册证有效期内生产的医疗器械。如需辨别医疗器械注册证真伪，可以登录国家药品监督管理局网站 https://www.nmpa.gov.cn/ 进行查询。

（二）进口医疗器械用于科研测试，是否需要提供医疗器械注册证？

用于科研测试但不用于人体诊断、治疗的产品可不办理相关注册、备案手续，但企业须如实申报，海关对于申报为用于科研测试但不用于人体诊断、治疗的进口医疗器械严格核查其真实用途，发现其违规用于人体诊断、治疗的，根据相关法律法规的规定，责令企业退运或销毁。

（三）进口医疗器械零部件是否需要办理医疗器械备案或注册？

提供给医疗器械生产企业作为生产资料生产的进口医疗器械的零部件，不需单独办理医疗器械备案或者注册。

（四）进口医疗器械如何辨别真伪，才能用得更放心？

正规渠道进口的医疗器械都有海关签发的《入境货物检验检疫证明》。进口医疗器械用户和消费者应提高产品识别能力，核实相应的入境货物检验检疫证明，并查验证明中的型号与实际使用产品的型号是否一致，必要时也可与证书持有人或境外生产商核实产品信息。

相关链接

相关法律法规文件及机构

1.《医疗器械监督管理条例》（国务院令第 739 号）
2.《医疗器械分类目录》（国家药品监督管理局公告 2020 年第 147 号）
3.《医疗器械分类目录动态调整工作程序》及动态分类目录
4. 国家药品监督管理局医疗器械技术审评中心
5. 国家药品监督管理局 https://www.nmpa.gov.cn/

附　　录

附录一　进口成本预算、核算表

进口成本预算表（进口前的预算分析）

公司名称：　　　　　　　　　　　　　　　　　　　　　　　　　　年　月　日

<table>
<tr><td colspan="2">进口合同号</td><td colspan="2"></td><td colspan="2">商品名称</td><td colspan="2"></td></tr>
<tr><td colspan="2">销售合同号</td><td colspan="2"></td><td colspan="2">数量</td><td colspan="2"></td></tr>
<tr><td colspan="2">销售价格（人民币）</td><td colspan="2"></td><td colspan="2">进口单价（外币）</td><td colspan="2"></td></tr>
<tr><td colspan="2">项目</td><td>预算</td><td>决算</td><td colspan="2">项目</td><td>预算</td><td>决算</td></tr>
<tr><td colspan="2">收入合计</td><td></td><td></td><td colspan="2">进口成本合计</td><td></td><td></td></tr>
<tr><td rowspan="11">1</td><td>销售金额</td><td></td><td></td><td rowspan="11">2</td><td>收购货款（美元）</td><td></td><td></td></tr>
<tr><td>销售数量</td><td></td><td></td><td>开证费（1.25%）</td><td></td><td></td></tr>
<tr><td>预收货款</td><td></td><td></td><td>承兑费 / 保兑费（1%）</td><td></td><td></td></tr>
<tr><td>占货款 %</td><td></td><td></td><td>保险费（海运 / 国外）</td><td></td><td></td></tr>
<tr><td>手续费</td><td></td><td></td><td>佣金</td><td></td><td></td></tr>
<tr><td></td><td></td><td></td><td>关税</td><td></td><td></td></tr>
<tr><td></td><td></td><td></td><td>增值税</td><td></td><td></td></tr>
<tr><td></td><td></td><td></td><td>外运 / 外代货代费</td><td></td><td></td></tr>
<tr><td></td><td></td><td></td><td>商 / 动 / 卫 / 食检费</td><td></td><td></td></tr>
<tr><td></td><td></td><td></td><td>差旅费 / 利息</td><td></td><td></td></tr>
<tr><td></td><td></td><td></td><td>其他（招待费等）</td><td></td><td></td></tr>
<tr><td colspan="8">预计操作周期（以 L/C 开出起算至全额收回止）</td></tr>
<tr><td colspan="2">合计</td><td colspan="3"></td><td>合计</td><td colspan="2"></td></tr>
<tr><td colspan="2">净盈亏（1–2）</td><td colspan="6"></td></tr>
</table>

填表说明：

（1）本表在进口成本核算时使用；

（2）　年　月　日：指填写本表的时间。

（3）进口合同号：指进口合同的号码。

（4）商品名称：指进口合同所定的商品名称。

（5）销售合同号：指销售合同的号码。

（6）数量：指合同所定的货物数量。

（7）销售价格：指销售货物的价格。

（8）进口单价（外币）：指进口货物的单价。

（9）收入预决算：指收入、销售金额、销售数量、手续费等的预决算。

（10）进口成本的预决算：指进口成本、收购货款、开证费、承兑费、保险费、佣金、关税、外运费、商 / 动 / 卫 / 食检费、差旅费、利息、其他费用等的预决算。

（11）预计操作周期：指预计操作天数。

（12）净盈亏：指本次进口货物的净盈亏数。

进口成本核算表（完成进口后的成本核算）

进口商品名称和数量：
供货单位：
最终客户：
出口国家或地区：
价格条件：
装卸港口：从　　　经　　　至
成交价（外币）/ 接受价：
结算汇率：

编号	项目	内容
1	FOB 成交价	
2	国外运费：	
	包装	
	毛重 / 净重	
	尺码	
	计费标准和费率	
3	CFR 成交价	
4	国外保费：	
	投保险别和相应保率	
	总保险费率	
	加（ ）成投保金额	10%

续表

编号	项目	内容
5	CIF 成交价格	
6	进口税：	
	完税价格	
	关税税率	
7	完税成本（=5+6）	
8	手续费（含佣金）	
	佣金率	
	代理进口手续费率	
9	银行费用	
	开证保证金比例与数额	
	远期付款下的开证利息	
	付款方式	
	银行利率	
	贷款利息	
	付款资金来源	
	借款时间	
	放贷利率	
	汇票贴现利息	
	发票款	
	贴现期	
	贴现利率	
	改正 L/C 不符点费用	
10	总成本	
11	调汇成本	
12	回报率	
13	备注	

附录二 供应商调查表

声明 Statement

1. 本调查旨在了解企业信息，按照 ××× 公司或其他采购商的供应商选择标准进行潜在供应商推荐。

The form is designed to collect the company information which will be used by ××× for recommending potential suppliers for ××× and other purchasers.

2. ××× 公司对填表企业提供的信息承担保密责任，这些信息不会被用于供应商推荐活动以外的其它商业目的。

All the information will be kept confidential by ××× and will not be utilized for any commercial purpose other than for supplier recommendation of ×××.

3. 填表企业明确了解并同意接受 ××× 公司人员的现场考察，同意 ××× 向其他采购商发布企业信息。

The company who completes the form udnerstands and agrees to accept the on-site visits from ××× and to allow ××× to use the information for other supplier recommendation activities.

1 企业基本信息 Company Basic Information

<table>
<tr><td>企业名称
Company Name</td><td colspan="2">Scandic International Limited</td><td>企业简称
Shortened Name</td><td></td></tr>
<tr><td>邓白氏编码
DUNS Number</td><td></td><td>行业类别
Sector</td><td colspan="2"></td></tr>
<tr><td>业务性质
（选一）
Business Type
（please √ one）</td><td colspan="2">□ 生产企业 Manufacturing
□ 销售公司 Sales company
□ 设计研发机构 R&D
□ 投资机构 Investment
□ 采购中心 Purchasing
□ 服务机构 Service</td><td colspan="2">□ 进出口商 Import & Export
□ 商会、协会 Chamber, association
□ 政府或其他公共机构 Government or other public institution
□ 其他 Others</td></tr>
<tr><td>资本类型
（选一）
Capital Type
（please √ one）</td><td colspan="2">□ 投资控股公司 Investment holding company
□ 有限责任公司 Limited liability company
□ 上市公司 Listed company
□ 全资子（分）公司 Whollyowned subsidiary</td><td colspan="2">□ 股份公司 Share holding company
□ 中外合资公司 Joint-venture
□ 其他 Others</td></tr>
</table>

<table>
<tr><td>主要工艺能力
Main Processing</td><td colspan="5"></td></tr>
<tr><td rowspan="2">进出口业务
Import & Export Business</td><td rowspan="2">□无 None</td><td rowspan="2">□有，市场为 Yes, and the market is</td><td colspan="3">□ OEM 市场 OEM market</td></tr>
<tr><td colspan="3">□ 售后市场 Aftermarket</td></tr>
<tr><td>企业地址
Address</td><td colspan="2"></td><td colspan="2">邮政编码
Postcode</td><td></td></tr>
<tr><td>企业网址
Website</td><td colspan="2"></td><td colspan="2">企业成立时间
Established Since</td><td></td></tr>
<tr><td>年产值（万人民币）
Annual Output in 2006
（10 000 yuan）</td><td></td><td>销售额（万人民币）
Annual Sales in 2006
（10 000 yuan）</td><td></td><td>员工人数
Headcount</td><td></td></tr>
<tr><td rowspan="2">企业使用的商标
Trademarks</td><td>商标 1
Trademark 1</td><td>商标 2
Trademark 2</td><td>商标 3
Trademark 3</td><td>商标 4
Trademark 4</td><td>商标 5
Trademark 5</td></tr>
<tr><td></td><td></td><td></td><td></td><td></td></tr>
</table>

2 联系人信息 Contacts

姓名 Name	性别 Gender	职务 / 职别 Title	部门 Department	办公电话 Telephone	手机 Mobile	电子邮箱 E–mail	传真 Fax

3 主要产品 / 服务 Main Products/Services

说明：需填占 60% 比重的产品，或 5 个产品，如果单一产品达到了 25% 的比例或更多，请说明。

Note: Please list the product which accounts for 60% of the total production of the company or 5 different products. If one product accounts for 25% or more, please specify it.

主要产品 / 服务名称	年生产数量	销售额（万人民币）	该产品 / 服务占企业总销售额的 %	剩余产能（每月可生产的数量 / 单位）	产品量产的时间	优势概述	说明
Name of Main Product/ Service	Annual Output	Annual Turnover（10 000 yuan）	Percentage of the Total Production/ Service	Surplus Productivity（Monthly Quantity/ Unit）	Time–to–volume	Advantages	Note

4 主要客户 / 市场 Main Customers/Markets

说明：占 60% 比重的客户，或 5 个客户，如果单一客户达到了 25% 的市场份额或更多，请说明。

Note: Please list the customer who takes 60% of the total sales of the company or 5 different customers. If one customer accounts for 25% or more, please specify it.

主要客户名	行业	地区	销售给该地区 / 客户的主要产品 / 服务	该地区 / 客户占企业总销售额的 %	业务开始的时间	说明
Main Customer	Sector	Region	Main Products/ Services taken	Percentage of the Total Turnover	Time of Business Starting	Note

5 关键生产设备 Key Equipments

设备名称 / 型号	产地	生产商	技术指标或优势简述	设备生产时间	数量	同级设备购买计划
Equipment Name/ Model	Origin	Manufacturer	Technical Specifications/ Advantages	Manufacturing Date	Quantity	Purchasing Plan of more Equipments of the Same Type

6 关键试验、检测设备 Key Testing & Inspection Equipments

设备名称 / 型号	产地	生产商	技术指标或优势简述	设备生产时间	数量	同级设备购买计划
Equipment Name/ Model	Origin	Manufacturer	Technical Specifications/ Advantages	Manufacturing Date	Quantity	Purchasing Plan of More Equipments of the Same Type

7 经营性建筑、设施 Buildings and Facilities

占地面积（平方米）Covering Area（m^2）		总建筑面积（平方米）Total Construction Area（m^2）	
厂房面积（平方米）Plant Buildings（m^2）		厂房使用率 Utilization Ratio of Plant	
电力设施（面积与配电容量 KW）Power Facilities（Area and Capacity KW）		物流设施（类型、面积）Physical Distribution Facilities（Type, Area）	
研发、试验、检测设施面积 Area of R & D, Testing & Inspection Facilities		行政、服务设施面积 Area of Administrative & Service Facilities	
预留发展用地面积（平方米）Reserved Area for Development（m^2）		预留建筑性质、面积 Usage and Area for Reserved Building	

8 企业通过的认证 Certificates

证书名称（类型）Certificate Name（Type）	认证机构 Certified by	适用于 Applies to	签发日期 Acquired on	有效期至 Expires

9 专利/专有技术/许可 Patents/Licenses

专利/专用技术/许可名称 Patent Name	授予机构 Certified by	适用于 Applies to	有效期 Expires	特点与价值 Features & Value

10 财务信息 Financial Data

公司总投资额（万人民币）Total Investment（10 000 yuan）			总资产额（万人民币）Total Asset（10 000 yuan）	
年份 Year	出口额（万人民币）Annual Export Turnover（10 000 yuan）	占总销售额的比重 Persentage to the Annual Sales	公司研究与开发经费（万人民币）Annual Financial Input for R & D（10 000 yuan）	占总销售额的比重 Persentage to the Annual Sales
其他能说明企业实力的财务数据，如资本增加、重要客户发展、市场占有率提高 Other financial data which can show the company capability, such as increase of capital, important customer development, increase of market share, etc.				

11 人员信息 Employment

管理人员数 No. of Management		管理人员中具有外语能力的人员数 No. of staff with English Ability among the Management			
工程技术人员数 No. of Engineers		技术人员中具有外语能力的人员数 No. of staff with English Ability among the Engineers			
业务人员数 No. of Salesmen		业务人员中具有外语能力的人员数 No. of staff with English Ability among the Salesmen			
事务性人员 Office clerks		工人 Workers		总人数 Total	

12 企业作为配套商可接受的生产 Subcontracting Products as Supplier

产品 / 工艺名称 Product/ Process Name	计量单位 Unit	每月可生产数量 Quantity per month	特殊工艺优势 Special Process/ Know–how	理由 *（填写相应选项编号）Reasons *（Please fill with an option number）
				P
理由 Reasons *：1. 正在转型，需要新业务 Business transforming 2. 生产能力有一定余量 Having surplus productivity 3. 技术优势明显 Having special know–how 4. 产能扩大计划正在实施，需要新业务 Capacity expansion 5. 国际市场发展战略需要 Developing international market				

13 企业内部评审 Comments

采购部 Sourcing	
签名 Name	日期 Date
工程技术部 Engineering	
签名 Name	日期 Date
生产部（采购主管）Production（Purchasing）	
签名 Name	日期 Date
财务部 Financial	
签名 Name	日期 Date
总经理 CEO	
签名 Name	日期 Date

说明：

1. 上述企业信息调查表可根据企业具体情况自行设计。

主要包括内容：企业基本信息、人力资源情况和企业架构、企业的资产投资人、企业的产品详情、产品的技术水平、产品出口情况及年销售额、生产工艺水平和企业的研发能力、企业核心竞争力（内部核心竞争力和外部资源）、产品质量、交货指标、社会责任、财务指标等。

2. 根据企业营业业务调查企业的具体情况。

3. 在调查供应商的同时，供应商也在考察你的采购实力，这是相互的；可能会面临部分大的供应商不配合填写上述调查品，采购商只能根据自己的调查情况来自行填写评价。

附录三　采购意向书

October 12, 2016

Dear Mr.Daniel,

Affair International Inc.

L.O.I. (Letter of Intent) # 20161012

Sub: Purchasing xx Products

We, ×××*INTERNATIONAL LIMITED* as buyer, hereby state and represent that we are ready, willing and able to purchase the following commodity as per the specification with best quality and good price as specified in the terms and conditions as stated below. This representation is made with full corporate authority and responsibility.

1. Products Descriptions

① Products Size & Descriptions:

② Place of Origin: Argentina, Brazil, Chile

2. Quantity

① Quantity per month: About 10 000.00 Metric Tom

② Terms of Contract SPOT or one year contract with Rolls & Extensions

3. Unite Price & Trade Terms

U.S. Dollars ×××.00 CIF Tianjin Port (China) Per Metric Ton

4. Other Terms and Conditions

① Port of Discharging: Tianjin Port (China)

② Transportation: By Sea

③ Terms of Payment: 80% DLC& 20% TT

④ Inspection: CIQ at destination port in China.

5. Documentation requirements

① Certificate of Origin issued by manufactures' local government.

② Commercial Invoice in favor of the buyer.

③ Packing List

④ Bill of Lading

⑤ Health Certificate for export to China issued manufactures' local government has to be specified in Chinese and English language.

⑥ Insurance policy covering 110% of invoice value against all risks and war risks.

Notes: The seller will email the copy of shipping documents to the buyer after cargo load on board and the seller is obligate to DHL/FEDEX/UPS the original documents to buyer so that the buyer will apply the import approval.

6. Procedures

① Buyer issues Letter ofIntent (LoI) with banking coordinates to the Seller.

② Seller issues Full Corporate Offer (FCO) and provides the photos of products & packing labels (Sample) & Certificate of Origin and Health to China (Sample) to Buyer.

③ Buyer Mandate agrees to sign and seal FCO as acceptance of terms of conditions.

④ Seller submits Draft Sales and Purchase Contract for Buyer's approval or amendments.

⑤ After mutual agreement, Buyer Mandate and Seller Mandate sign and seal the Sales and Purchase Contract by E-mail.

⑥ Buyer Opens DLC in favor of Seller according to the Contract and delivery period.

⑦ Seller Loads the cargo into the ship, sending the B/L and all full sets of other documents to his bank. Seller's bank sends the documents to Buyer's Bank.

⑧ When the ship arrived the destination port, and had CIQ report and the buyer will arrange to pay the balance money within 24 hours.

7. Additional Points

This letter of intent clearly states the major terms of the agreement that the Purchaser is prepared to move forward with. This letter of intent is in no way a legally binding agreement between the Purchaser and the Vendor, and is completely conditional depending upon the transaction.

Sincerely Yours,

For and on behalf of

× × × INTERNATIONAL LIMITED

Steven Wang

CEO/ Purchasing Manager

Signature:

附录四　进口采购合同

进口采购合同
PURCHASE CONTRACT

合同编号 Agreement No: YT–GT–20160510
签约日期 Date: September 30, 2017
签约地点 Signed at: Beijing China

（约首）
买方 The Buyers: Beijing HongYuan International Trading Co., Ltd
地址 Address: No.8,Tongzhou District, China　　Postal Code: 101010
电话 Tel: +86 151 2006 1055/Mr. Wang　　传真 Fax:
电子邮箱 E–mail: 853892192@qq.com　　指定联系人 Attn:

卖方 The Sellers :
地址 Address:
电话 Tel:　　传真 Fax:
电子邮件 E–mail:　　指定联系人 Attn:

（基础条款）
买卖双方同意按下述条款和条件出售所述商品：
This Contract is made by and between the Buyers and the Sellers whereby the Buyers agree to buy and the Sellers agree to sell the under mentioned commodity according to the terms and conditions stipulated below:

1. 货物名称、规格及质量 Name, Specification and Quality of Commodity	2. 数量 Quantity	3. 单价 Unit Price	4. 总价 Total Amount
Frozen Boneless Beef Meat Details as per attachment	25 000.00 ± 3% 允许___% 的溢短装 （___% more or less allowed）	US Dollars	
贸易术语 (Terms of Delivery) FOB Paranagua Port/CFR/ CIF Linayungang Port			
Total Amount: Say US. Dollars ? only.			

5. 原产地与制造商 Country of Origin & Manufactures: Brazil & JBS

MANUFACTURERS information:

Name of Plant: JBS S. A. (CNPJ02.916.265/0083–06)［Approval No.: SIF4507］

Address: Rodovia GO 164, km 167 Zona RuralMozarlândia–CEP 76700–000 GO, Brazil

Plant Approved No.: SIF 42, 4507, 358, 458

6. 包装 Packing: To be packed in new strong carton(s), suitable for long distance of ocean and inland transportation, and change of climate, well protected against rough handling, moisture, rain, corrosion, shocks and freeze. The Sellers shall be liable for any damage of the commodity and expenses incurred on account of improper packing and for any rust attributable to inadequate or improper protective measures taken by the Sellers in regard to the packing.

(a) Inside and outside packaging must be using nontoxic and harmless materials. Keep in good condition without damage in destination port;

(b) The inside and outside package shall be marked the place (country) of origin, product name, production enterprise registration number, batch number.

(c) The outside packaging should be marked specifications, producing area (specific to the state/province/city), destination, production date, shelf–life, storage temperature with Chinese Language. The destination shall be marked as the People's Republic of China and with the Mark of official inspection and quarantine identified from the export country or region.

7. 唛头 SHIPPING MARK: The Sellers shall mark on the two adjacent sides of each package with fadeless paint the package number, Contract No., Port of Destination, gross weight, net weight etc.

8. 装运期限 TIME OF SHIPMENT：45 DAYS AFTER SIGNING THE CONTRACT

Remark: Since the Chinese Consignee must apply for ***the License for Quarantine of Entry Animals and Plants & the License of Automatic Import Quota*** beforehand, the Seller shall consign the Goods for shipment under Buyer's written instruction. The Buyer shall make the Shipment Instruction 7 days before the expected time of shipment. Whereas the Sellers have consigned the goods without agreement from the Buyers, all the expenses and costs including delayed declaration fee, storage charge, etc. occurred thereof shall be borne by the Sellers.

The seller promises the brand, country of origin and other information shown on the actual cargo shipped to the buyer is fully consistent with this contract. If the buyer or the local customs find the cargo is inconsistent with this contract, the seller shall cooperate with the buyer through all kinds of ways actively and all the expenses and costs occurred thereof shall be borne by the Sellers.

9. 转运港 PORT OF SHIPMENT: Main port in Brazil. Partial shipment not allowed.

10. 目的港 PORT OF DESTINATION: Lianyungang Port (China).

11. 保险 INSURANCE：To be covered by the seller before shipment for 110 % of the invoice value,

blank endorsed, indicate that the risks are covered at least between Main port in Brazil and Lianyungang Port showing claims payable in China, in the currency of the draft, covering All risks, War risk.

Insurance shall be covered by the______for____% of the invoice value against_____ Risks and Additional Risks.

12. 付款方式 Terms of Payment：T/T (Advance **USD 56 240.00** Payment within 3 working days after signing the contract & the balance paid within 7 working days when the buyers received the cargos.)

L/C：买方应在装运期前 / 合同生效后____日，开出以卖方为受益人的不可撤销的跟单 L/C，L/C 在装船完毕后____日内到期。

Letter of Credit: The Buyers shall, ____days prior to the time of shipment/ after this Contract comes to effect, open an irrevocable Letter of Credit in favor of the Sellers. The Letter of Credit shall expire____days after the completion of loading of the shipment as stipulated.

付款交单：货物发运后，卖方出具以买方为付款人的付款跟单汇票，按即期付款交单（D/P）方式，通过卖方银行及____银行向买方转交单证，换取货物。

D/P (Documents against Payment): After shipment, the Seller shall draw a sight bill of exchange on the Buyer and deliver the documents through Sellers bank and Bank to the Buyers against payment, i.e. D/P. The Buyers shall effect the payment immediately upon the first presentation of the Bill of Exchange.

承兑交单：货物发运后，卖方出具以买方为付款人的付款跟单汇票，付款期限为____后____日，按即期成吨交单（D/A____日）方式，通过卖方银行及____银行，经买方承兑后，向买方转交单证，买方在汇票期限到期时支付货款。

D/A (Documents against Acceptance): After shipment, the Sellers shall draw a sight bill of exchange, payable____days after the Buyer delivers the documents through Seller's bank and Bank to the Buyer against acceptance(D/A____days). The Buyer shall make the payment on date of the bill of exchange.

货到付款：买方在收到货物后____日内将全部货款支付给卖方（不适用 FOB, CRF, CIF 术语）

Cash on delivery (COD): The buyer shall pay to the Seller total amount within days after receipt of the goods.(This clause is not applied to the terms of FON, CFR, CIF)

13. 单据 DOCUMENTS Required:

The Sellers shall present the following documents to the bank for negotiation /Collection.

In case of Ocean–freight with CFR terms:

(1) Full set of clean on board **Bill of Lading** marked "Freight Prepaid" and consigned to the Buyers.

(2) Signed **Commercial Invoice** in 2 originals and 2 copies indicating contract number and

shipping mark, made out in details as per the relative contract.

(3) **Packing List/ Weight Memo** in 2 originals and 2 copies issued by the beef factory.

(4) **Certificate of Quality and Quantity** in 1 original and 1 copy issued by the beef factory.

(5) Shipping advising to the Buyers before 7 working days of loading & shipping.

(6) Certificate of Origin in 1 original and 2 copies issued by manufactures'government.

(7) Health Certificate for Beef for Export to The People's Republic of China in 1 original and 1 copy issued by manufactures'local government.

(8) Certificate of non–wood packing materials or declaration of IPPC mark stamped on the packing materials in one original.

卖方应将下列单据提交银行议付 / 托收。

以 CFR 条款为例：

（1）全套清洁提单，注明“运费已付”，并委托给买方。

（2）签署商业发票正本 2 份，副本 2 份，注明合同号和唛头，详见有关合同。

（3）牛肉厂出具的装箱单 / 重量单正本 2 份，副本 2 份。

（4）牛肉工厂出具的质量和数量证明原件 1 份，副本 1 份。

（5）在装船前 7 个工作日之前向买方提供装船通知。

（6）制造商政府出具的原产地证书一式二份。

（7）出口中华人民共和国牛肉健康证明原件 1 份，由当地政府颁发 1 份。

（8）非木质包装材料的证明或在包装材料上盖印的 IPPC 标记。

14. 装运条款 Terms of SHIPMENT:

In case of CFR Terms:

The Sellers shall ship the goods within the time of shipment from the port of shipment to the port of destination. The transport is with refrigerated container and the whole temperature must be controlled minus 18 degrees Celsius (–18℃). Transshipment is not allowed. Whereas transshipment has happened, all the expenses and costs occurred thereof shall be borne by the Sellers. On–deck shipment is not allowed. The contracted goods shall not be carried by a vessel flying the flag of the country which the Buyers cannot accept. The age of vessel should not exceed 15 years.

装运条件：

如 CFR 条款：

卖方应将货物从装运港装运到目的港。冷藏集装箱的运输，整个温度必须控制零下 18 摄氏度（–18℃）。不允许转船。转运已发生，所有费用及费用由卖方承担。不允许在甲板上装运。合同货物不得由悬挂买方不能接受的国家旗帜的船只装运。船舶的年龄不应超过 15 年。

15. 装运通知 SHIPPING ADVICE:

The Sellers shall, immediately upon the completion of the loading of the goods, advise by E–mail the Buyers of the Contract No., commodity, Ocean Bill Lading No., invoiced value, gross weight, name of vessel and date of departure etc.

装船通知：

卖方应在货物装运完毕后立即以电子邮件方式通知买方合同号。货物，海运提单号、发票金额、毛重、船舶名称及离境日期等。

16. 质量保证 / 品质条款 GUARANTEE OF QUALITY:

The Sellers guarantee that the meat products hereof is made of the best materials with first class workmanship, clean and safety, and complies in all respects with the quality and specifications stipulated in this Contract.

质量品质规格必须符合本合同及质量保证书的规定，品质包装期为货到目的港<u>一</u>个月内。在保证期限内，因制造厂商在设计制造过程中的缺陷造成的货物损害应由卖方负责赔偿。

The seller shall guarantee that the commodity must be in conformity quality, specification and quantity specified in this Contract and Letter of Quality Guarantee. The guarantee period shall be <u>one</u> months after the arrival of the goods at the port of destination, and during the period the Seller shall be responsible for the damage due to the defects in designing and manufacturing of manufacturer.

卖方应保证该商品必须符合本合同规定的质量、规格和数量，并保证质量。保证期为货物到达目的港后的一个月，在此期间卖方应对制造商的设计制造缺陷造成的损失负责。

17. 检验 Inspection

发货前，制造厂应对货物的质量、规格、性能和数量 / 重量作精密全面的检验，出具检验证明书，并说明检验的技术数据和结论。货到目的港后，买方将申请中国商品检验局（以下简称“商检局”）对货物的规格和数量 / 重量进行检验，如发现货物残损或规格、数量与合同规定不符，除保险公司或船公司的责任外，买方得在货物到达目的港后____日内凭商检局出具的检验证书向卖方索赔或拒收该货。在保证期内，如货物由于设计或制造上的缺陷而发生损坏或品质和性能与合同规定不符时，买方将委托中国商检局进行检验。

The manufacturers shall, before delivery, make a precise and comprehensive inspection of the goods with regard to its quality, specifications, performance and quantity/ weight, and issue inspection certificates certifying the technical data and conclusion of the inspection. After arrival of the goods at the port of destination, the Buyer shall apply to China Commodity Inspection Bureau (hereinafter referred to as CCIB) for a further inspection as to the specifications and quality/weight of the goods. If damages of the goods are found, or the specification and/or quantity are not in conformity with the stipulated in this Contract, except when the responsibilities lies with Insurance Company or Shipping Company, the Buyer shall, within ____ days after arrival of the goods at the port of destination, claim against the Seller, or reject the goods according to the inspection certificate issued by CCIB. In case of damage of the goods incurred due to the design or manufacture defects and/or in case the quality and performance are not in conformity with the Contract, the Buyer shall, during the guarantee period, request CCIB to make a survey.

18. 索赔 CLAIMS:

Within 90 days after the arrival of the goods at destination, should the quality, specification, or quantity be found not in conformity with the stipulations of the contract except those claims for which the insurance company or the owners of the vessel are liable, the Buyers shall, on the strength of the Inspection Certificate issued by the China Commodity Inspection Bureau, have the right to claim for replacement with new goods, or for compensation, and all the expenses (such as inspection charges, freight for returning the goods and for sending the replacement, insurance premium, storage and loading and unloading charges etc.) shall be borne by the Sellers.

买方凭其委托的检验机构出具的检验证明向卖方提出索赔(包括换货),由此引起的全部费用应由卖方负担。若卖方收到上述索赔后____日未给予答复,则认为卖方已经接受买方的索赔。

The Buyers shall make a claim against the Seller(including replacement of the goods) by the further inspection certificate and all the expenses incurred therefrom shall be borne by the Seller. The claims mentioned above shall be regarded as being accepted if the Seller fail to reply within ____ days after the Seller received the Buyer's claim.

19. 不可抗力 FORCE MAJEURE:

The Sellers shall not be held responsible for the delay in shipment or non–delivery of the goods due to Force Majeure, such as war, serious fire, flood, typhoon, and earthquakes, or other events agreed upon by both parties, which might occur during the process of manufacturing or in the course of loading or transit. The Sellers shall advise the Buyers immediately of the occurrence mentioned above and within fourteen days thereafter, the Sellers shall send by airmail to the Buyers for their acceptance a certificate of the accident issued by the Competent Government Authorities where the accident occurs as evidence thereof.

Under such circumstances the Sellers, however, are still under the obligation to take all necessary measures to hasten the delivery of the goods. In case the accident lasts for more than 10 weeks, the Buyers shall have the right to cancel the Contract.

不可抗力:

卖方对诸如战争、严重火灾、水灾、台风、地震或其他双方约定的事项,在生产制造过程中或在装货、运输过程中发生的不可抗力事件，概不承担责任。卖方应立即通知买方发生上述情况，并在此后的 14 天内，卖方应以空邮方式将事故发生时发生事故的政府主管部门出具的事故证明书寄给买方。

但在这种情况下，卖方仍有义务采取一切必要措施加快货物运输。如果事故持续超过 10 周，买方有权取消合同。

20. 最迟交货及罚金 LATE DELIVERY AND PENALTY:

Should the Sellers fail to make delivery on time as stipulated in the Contract, with exception of Force Majeure causes specified in Clause 16 of this Contract, the Buyers shall agree to postpone the delivery on condition that the Sellers agree to pay a penalty which shall be deducted by the paying bank from the payment under negotiation. The penalty, however, shall not exceed 5% of the total value of the goods involved in the delayed delivery. The rate of penalty is charged at 0.5% for every seven days, odd days less than seven days should be counted as seven days. In case the Sellers fail to make delivery ten weeks later than the time of shipment stipulated in the Contract, the Buyers shall have the right to cancel the contract and the Sellers, in spite of the cancellation, shall still pay the aforesaid penalty to the Buyers without delay.

The Buyer shall have the right to lodge a claim against the Seller for the losses sustained if any.

如果卖方未能按合同规定准时交货，除本合同第 16 条规定的不可抗力原因外，买方同意延期交货的条件是卖方同意支付罚金，罚金由付款银行从议付货款中扣除。然而，罚金不得超过延迟交付货物总值的百分之五。罚金的比例为每七日为 0.5%，奇数日少于七天，应计算为七天。如果卖方未能在合同规定的装船时间后 10 周内交货，买方有权取消合同，而卖方尽管取消了合同，仍应立即向买方支付上述罚金。

如有任何损失，买方有权向卖方提出索赔。

21. 整合 CONFORMITY:

The Invoice, Packing List and other documents issued by the Seller under this contract must be strictly in conformity with the contract. Also, the commodities delivered by the Sellers under this contract, must be strictly in conformity with the contract Invoice and Packing List in terms of specification, packaging label indices, quantities and price. Should the Sellers fail to abide by this stipulation, the Sellers shall take their own responsibility for all the consequences arising thereof.

卖方根据本合同发出的发票、装箱单和其他文件必须严格符合合同规定。同时，卖方根据本合同所交付的商品，必须严格按照规格、包装标签、数量、价格等形式与合同发票和装箱单相符。如果卖方未能遵守本规定，卖方应自行承担由此产生的一切后果。

22. 税费 TAXES AND DUTIES:

22.1. All taxes arising outside of China in connection with the execution of this Contract shall be borne by the Sellers.

22.2. All taxes in connection with, and in the execution of this Contract to be levied by the Government of the P.R.C. on the Buyers in accordance with the tax laws in effect shall be borne by the Buyers.

22.3. All taxes in connection with execution of this Contract levied by the Government of the P.R.C. on the Sellers in accordance with《 Enterprise income tax law of People's republic of China 》and《 Personal Income Tax Law of People's Republic of China 》in effect shall be borne by the Sellers.

22.1. 凡在中国境外因执行本合同而产生的一切税费均由卖方负担。

22.2. 所有与之有关的税收，以及在执行本合同时，由中华人民共和国政府按照税法的规定向买方征收的，由买方承担。

22.3 中华人民共和国政府根据现行的《中华人民共和国企业所得税》和《中华人民共和国个人所得税法》向卖方征收的与履行本合同有关的一切税费应由卖方承担。

23. 仲裁 ARBITRATION:

All disputes in connection with this Contract or the execution thereof shall be settled friendly through negotiations. In case no settlement can be reached, the case may then be submitted for arbitration to China International Economic and Trade Arbitration Commission in accordance with the Provisional Rules of Procedures promulgated by the said Arbitration Committee. The Arbitration shall take place in Beijing and the decision of the Arbitration Committee shall be final and binding upon both parties; neither party shall seek recourse to a law court or other authorities to appeal for revision of the decision. Arbitration fee shall be borne by the losing party.

所有与本合同有关的纠纷或与本合同有关的一切争议应通过友好协商解决。如果无法达成和解，则可以按照前述仲裁委员会发布的暂行议事规则向中国国际经济贸易仲裁委员会提交仲裁。仲裁应在北京进行，仲裁委员会的决定是终局的，对双方均有约束力；任何一方都不应向法院或其他有关当局寻求求助，以请求修订该决定。仲裁费用由败诉方承担。

24. 适用法律 APPLICABLE LAW:

The contract shall be interpreted in accordance with the laws of the P.R.C.

本合同应按中华人民共和国法律解释

25. 特别规定 SPECIAL PROVISIONS:

It is the responsibility of the Sellers/ Manufactures to arrange export license(s), if required for the Goods covered by the Contract from his own country at his own expense.

The attachment(s) shall be considered integral part(s) of this contract.

Should any of the contents of the Contract be amended and /or supplemented by mutual agreement, addendum in written notice to the Contract shall be signed by both parties and shall form an integral part of the Contract.

IN WITNESS THEREOF, this Contract is signed by E-Signatures between the Buyer and the Seller in two originals: The buyer holds one original and the seller holds one original.

Remarks: The contents sent through appointed email boxes are legally effective.

卖方 / 制造商有责任按自己国家的费用，以自己国家的方式安排出口许可证。

附件应视为本合同不可分割的一部分。

如果合同内容的任何内容被修改，或由双方协商补充，合同的书面通知的附录应由双方签署，并构成合同不可分割的一部分。

以兹为证，买卖双方共同电签本合同，正本一式两份，双方各执一份。

备注：通过指定邮箱发送的内容具有法律效力。

买方代表（签字）	卖方代表（签字）
Representative of the Buyers	Representative of the Sellers
(Authorized signature):	(Authorized signature):

附录五　跟单信用证开证申请书

平安银行开证申请书（正反面）

APPLICATION FOR IRREVOCABLE DOCUMENTARY CREDIT
不可撤销跟单信用证申请书

（PLEASE FILL IN ENGLISH 请用英文填写）　　　　Date 日期：

To PING AN BANK　　　　Contact Person 联系人：

致　平安银行　　　　Tel No. 电话：

Please issue an irrevocable documentary credit by SWIFT as follows subject to UCP LATEST VERSION:

请贵行以 SWIFT 方式按照下述内容开立不可撤销 L/C，本证受 UCP 最新版约束。

<table>
<tr><td colspan="2">Credit Number L/C 号码</td><td colspan="2">Expiry Date and Place 有效期限与地点：</td></tr>
<tr><td colspan="2">Applicant（name and address）申请人（名称和地址）：</td><td colspan="2">Beneficiary（name and address）受益人（名称和地址）：

Tel 电话：　　　　Fax 传真：</td></tr>
<tr><td colspan="2">Advising bank（for your reference only）通知行（仅供贵行参考）：</td><td colspan="2">Amount in figures 小写金额：
Amount in words 大写金额：</td></tr>
<tr><td>Partial shipments
分批装运
☐ allowed ☐ not allowed
☐准许　☐不准许</td><td>Transshipment
转运
☐ allowed ☐ not allowed
☐准许　☐不准许</td><td>Available by
L/C 类型：
☐ Negotiation 议付
☐ Acceptance 承兑
☐ Payment 即期付款
☐ DEF Payment
延期付款</td><td>Draft term L/C 期限：
☐ At sight 即期
☐（　　）days After
☐ sight　☐ Date 远期
For（　　）% invoice value
发票金额百分比</td></tr>
<tr><td>Place of taking charge/ Dispatch from.../Place of receipt 收货地 / 发运自</td><td>Port of loading/Airport of departure 装运港 / 出发机场</td><td>Available with
指定银行
☐ Any bank
任何银行
☐ Issuing bank
开证行
☐其他银行</td><td>Draft 汇票
☐ Yes 需要
☐ No 不需要</td></tr>
<tr><td>Port of discharge/Airport of destination 卸货港 / 到达机场</td><td>Place of final destination/ for transportation to.../Place of delivery 最终目的地 / 交货地</td><td colspan="2">Latest shipment date 最迟装运期</td></tr>
</table>

Documents required(please marked with "×")需附单据(请在选项前划"×"): ☐ Signed commercial invoice in (　　) copies ☐ indicating L/C No. and contract No.(　　) 商业发票 ☐ Full ☐ (　　) set of Clean "On Board" Ocean Bills of Lading made out to ☐ order and endorsed in blank ☐ order of the issuing bank ☐ the applicant ☐ (　　) marked ☐ "freight prepaid" / ☐ "freight to collect" and notify ☐ applicant ☐ (　　) 海运提单 ☐ Air waybill consigned to ☐ applicant ☐ issuing bank ☐ (　　) notifying ☐ applicant ☐ (　　) showing freight ☐ prepaid/ ☐ to collect 空运单 . ☐ Insurance policy (ies) or Certificate (s) in assignable form and blank endorsed for 110% of invoice value showing claims payable ☐ in China ☐ at (　　) in the same currency of this L/C and covering ☐ all risks ☐ war risks ☐ S.R.C.C. ☐ ICC (A) ☐ ICC (B) ☐ ICC (C) ☐ ICC war clauses ☐ ICC strike clauses ☐ ICC (air) (　　) 保险单 ☐ Packing list/Weight memo in (　　) copies showing quantity gross and net weight for each package. 装箱单 . ☐ Certificate of quality in (　　) copies issued by (　　) 品质证 ☐ Certificate of Origin in (　　) copies issued by (　　) 产地证 ☐ Cargo Receipt in one original issued and signed by applicant ☐ whose signature(s) must be in conformity with our records ☐ certifying that Goods have been received in good order and conditions showings this L/C No., quantity and value of goods received and actual delivery date. 货物收据 ☐ Beneficiary's shipping advice faxed to applicant, accompanied by the fax activity report, within (　　) days after shipment advising name of ☐ vessel ☐ (　　), date, commodity, quantity, weight and value of the shipment. 装运通知 ☐ ☐ Details are as per attachment. 详见附页。
Other Terms and Conditions: (These shall prevail over all printed terms in case of any apparent conflict) 其他条款:(下列条款遇有与上述内容有明显出入时,以下列条款为准) ☐ All documents must be presented within______ days after shipment but within the validity of this L/C. ☐ All banking charges outside the issuing bank including payment charges, handling charges and cable charges are for the account of the beneficiary。 ☐ (　　) % more or less in both quantity and amount is acceptable. ☐
Evidencing shipment of 证明装运(同时请务必填写货物中文名称:　　　　) Incoterms 价格术语　☐ FOB ☐ CIF ☐ CFR ☐ CIP ☐ FCA ☐ Local delivery in (　　) ☐ Other:
贵行费用请记我司账:

申请书编号:平银(　　)开证申字(　　)第(　　)号

因业务需要，请贵行按申请书正面英文格式，依照国际商会出版物《跟单信用证统一惯例》最新版开立一份不可撤销跟单信用证。为此，我公司不可撤销地承担有关责任如下：

一、申请开立的信用证为 □非额度内 □额度内（额度合同名称：______，额度合同编号：______）授信。

二、申请开立的信用证为 □即期 □远期______，金额为______。

三、如本申请书项下授信属于额度项下的，额度合同项下的担保方式同样适用。

在贵行开立信用证之前，我公司还将向贵行提供如下担保（在选择项内打“√”）：

□由______作为保证人，承担连带保证责任，并与贵行签妥相关担保合同。

□由______作为抵押人/出质人，以其所有或依法有权处分的______（财产）提供抵押/质押，并与贵行签妥相关担保合同，办妥相应的担保手续。

□由我公司向贵行交付相当于信用证金额______%保证金，保证金扣款账号为______，保证金账号为______，保证金按______利率计息。本条款不因总合同及本申请书其他条款的无效而无效。办理业务过程中我公司追加保证金的，视为对本条款的自动修改，无须另行确认。

□______

四、本申请书项下信用证垫款的罚息按照______计收。

五、我公司保证在相符交单的情况下对外付款/承兑/承诺付款，并在收到贵行来单通知书上规定的时间内，书面通知贵行是否同意付款/承兑/承诺付款，逾期不通知视为同意付款/承兑/承诺付款；贵行确定为相符交单且我公司在收到贵行来单通知书上规定的时间内未提出异议，即视为相符交单。如我公司认为不符交单，我公司保证在收到贵行来单通知书上规定的时间内，书面通知贵行拒付并注明拒付理由，或同意付款/承兑/承诺付款。我公司认为交单不符并拒付，但贵行按照国际惯例确定为相符交单的，即视为相符交单，贵行有权办理对外付款/承兑/承诺付款，并从我公司账户下扣款。无论如何，在视为相符交单的情形或我公司业已通知贵行同意付款/承兑/承诺付款之时起，我公司即无条件负有到期偿付贵行之责，无权宣称因不符交单拒付。

六、远证即付条款

远证即付。请贵行根据我公司的申请对外开立远期信用证，并指定代理行作为议付行/保兑行/延期付款行，该银行可以凭收到的贵行的承兑（付款确认）电文为受益人办理即期付款，并由我公司承担相应利息和费用等的业务。

远证即付项下受益人银行/受益人越过指定的代理行直接将单据寄至贵行，或贵行指定的代理行未能按照约定办理即期付款，如受益人要求即期付款，我公司将向贵行提出立即付款请求，并以自有资金或通过在贵行办理融资对外支付，融资利率根据贵行的标准确定。

远证即付项下贵行指定代理行可根据该信用证条款对受益人即期付款。我公司同意承担上述操作增加的成本（包括但不限于利息和费用），贵行有权直接从我公司账户上扣收，不足部分向我公司追索。

远证即付项下因贵行指定代理行即期付款延迟或因上述条款引致贵行作为开证行安排付款期限超出惯例规定，导致受益人追索迟付利息，我公司愿承担并按贵行指示支付相关迟付利息。

七、我公司预留贵行之财务印鉴与公司之公章具有同等效力，贵行可凭其中之一开立信用证及受理与该信用证有关的一切业务。

八、本申请书受已与贵行签署的《信用证开证总合同》（合同编号：平银（　　）开证字（　　）第（　　）号）的调整和约束。

九、本申请书一式______份，贵行执______份，我公司及______、______各执一份，每份均具有同等法律效力。

申请人盖章：□以单换证　　□以证换证 □远证即付 法定代表人或委托代理人签名： 年　月　日	银行审核意见： 单位盖章： 负责人或授权代理人签字： 年　月　日

中国银行开证申请书

开证申请人承诺书

中国银行：

我公司已办妥一切进口手续，现请贵行按我公司开证申请书内容开出不可撤销跟单信用证，为此我公司愿不可撤销地承担有关责任如下：

一、我公司同意贵行依照国际商会第 600 号出版物《跟单信用证统一惯例》办理该信用证项下一切事宜，并同意承担由此产生的一切责任。

二、我公司保证按时向贵行支付该证项下的货款、手续费、利息及一切费用等（包括国外受益人拒绝承担的有关银行费用）所需的外汇和人民币资金。

三、我公司保证在贵行单到通知书中规定的期限之内通知贵行办理对外付款 / 承兑，否则贵行可认为我公司已接受单据，同意付款 / 承兑。

四、我公司保证在单证表面相符的条件下办理有关付款 / 承兑手续。如因单证有不符之处而拒绝付款 / 承兑，我公司保证在贵行单到通知书中规定的日期之前将全套单据如数退还贵行并附书面拒付理由及对单据的处理意见，由贵行按国际惯例确定能否对外拒付。如贵行确定我公司所提拒付理由不成立，或虽然拒付理由成立，但我公司未能退回全套单据，或拒付单据退到贵行已超过单到通知书中规定的期限，贵行有权主动办理对外付款 / 承兑，并从我公司账户中扣款。

五、该信用证及其项下业务往来函电及单据如因邮、电或其他方式传递过程中发生遗失、延误、错漏，贵行当不负责。

六、该信用证如需修改、由我公司向贵行提出书面申请，由贵行根据具体情况确定能否办理修改。我公司确认所有修改当由信用证受益人接受时才能生效。

七、我公司在收到贵行开出的信用证、修改书副本后，保证及时与原申请书核对，如有不符之处，保证在接到副本之日起，两个工作日内通知贵行。如未通知，当视为正确无误。

八、如因申请书字迹不清或词意含混而引起的一切后果由我公司负责。

开证申请人

（签字盖章）

IRREVOCABLE DOCUMENTARY CREDIT APPLICATION

TO: BANK OF CHINA

开证方式：（全电开证）ISSUE BY TELETRANSMISSION

<table>
<tr><td colspan="2">CONTRACT NO.（合同号）</td><td>2012113057NOA</td></tr>
<tr><td colspan="2">IRREVOCABLE DOCUMENTARY CREDIT NO.（L/C 编号）</td><td></td></tr>
<tr><td colspan="2">DATE OF EXPIRY（交单截止日：年 / 月 / 日）</td><td>JAN.25.2013</td></tr>
<tr><td colspan="2">PLACE OF EXPIRY（L/C 效地）</td><td>VIETNAM</td></tr>
<tr><td colspan="3">APPLICANT
LIANYUNGANG SUNHWA FOOTWEAR CO., LTD
WEISAN ROAD, THE ECONOMIC DEVELOPMENT ZONE OF GUANYUN, LIANYUNGANG JIANGSU, CHINA</td></tr>
<tr><td>BENEFICIARY
HONG THANH PTY LTD
ADD: BRIDGE NO.4, DONG SEN NAMLET, D, DAU TIENG DISTRICT, BINH DUONG PROVINCE, VIETNAM</td><td colspan="2">ADVISIING BANK 通知行名称：
ASIA COMMERCIAL BANK, BINH PHUOC BRANCH, 19–20 PHU RIENG DO ST, TAN BINH WARD, DONG XOAI TOWN, BINH PHUOC PROVINCE, VIETNAM
通知行 SWIFT: ASCBVNVX</td></tr>
<tr><td colspan="3">L/C AMOUNT（L/C 币别及金额）
USD179 928.00 SAY US DOLLARS:ONE HUNDRED SEVENTY–NINE THOUSAND NINE HUNDRED AND TWENTY–EIGHT DOLLARS ONLY</td></tr>
</table>

（L/C 种类）CREDIT AVAILABLE

	WITH ☐ ANY BANK ☐ ADVISING BANK ☐ BY NEGOTIATION（议付 L/C ）
	WITH ISSUING BANK BY SIGHT PAYMENT（即期付款 L/C）
	WITH ISSUING BANK BY ACCEPTANCE（承兑 L/C） AT（期限）:
	WITH ISSUING BANK BY DEFERRED PAYMENT（延期付款 L/C） AT（期限）:

AGAINST THE DOCUMENTS DETAILED HEREIN AND

☐ BENEFICIARY'S DRAFT FOR *100%* OF INVOICE VALUE AT（汇票付款期限）:

SIGHT ON BANK OF CHINA, *JIANGSU* BRANCH,CHINA

PARTIAL SHIPMENTS（分批发运）				TRANSHIPMENT（转运）			
	ALLOWED		NOT ALLOWED		ALLOWED		NOT ALLOWED
PLACE OF TAKING IN CHARGE/DISPATCH FROM... /PLACE OF RECEIPT（起运地 / 发货地 / 收货点）							
LOADING ON BOARD/DISPATCH/TAKING IN CHARGE AT/FROM（装运港）							
VIETNAM PORT							
FOR TRANSPORTATION TO（到货港）							
LIANYUNGANG, CHINA							
PLACE OF FINAL DESTINATION/PLACE OF DELIVERY（最终目的地 / 运往……/ 交货地点）							
NOT LATER THAN（最晚装运期 年 / 月 / 日）							
JAN,.04 2013							

COVERING（货物描述）:

货物描述 *NATURAL RUBBER SVR3L* *TOTAL: 60.48MTS UNIT PRICE: $2975/MT*		
GOODS ORIGIN（产地）	如需，请填入	
QUALITY CONDITION（品质）	如需，请填入	
PRICE TERM（价格条款）		
	FOB	
	CFR	
	CIF LIANYUNGANG CHINA	
	Other term	
PACKING（包装）:	如需，请填入	

DOUMENTS REQUIRED：（请选择需要的单据，如无法满足要求请在 OTHER DOCUMENTS 处自行录入）

☐ MANUALLY SIGNED COMMERCIAL INVOICE IN [3]ORIGINAL(S) AND [ ] COPY(IES) INDICATING THIS L/C NO. AND CONTRACT NO.

☐ PACKING LIST IN [3] ORIGINAL AND [ ] COPIES INDICATING QUANTITY, GROSS AND NET WEIGHTS OF EACH PACKAGE AND PACKING CONDITIONS AS CALLED FOR BY THE L/C

☐ FULL SET (INCLUDED [3]ORIGINAL(S) AND [ ]NON-NEGOTIABLE COPY(IES)) OF CLEAN ON BOARD OCEAN BILLS OF LADING MADE OUT TO ORDER AND BLANK ENDORSED, MARKED "FREIGHT PREPAID" AND "NOTIFYING *通知方*"

☐ AIR WAYBILLS SHOWING " FREIGHT PREPAID" AND CONSIGNED TO *收货人*

☐ RAILWAY BILLS SHOWING " FREIGHT PREPAID" AND CONSIGNED TO *收货人*

☐ CERTIFICATE OF ORIGIN ISSUED BY VIETNAM CHAMBER OF COMMERCIAL AND INDUSTRY IN 1 ORIGINAL AND 1 COPY

☐ FULL SET (INCLUDED [1]ORIGINAL(S) AND [1]COPY(IES))OF INSURANCE POLICY/ CERTIFICATE FOR 110% OF THE INVOICE VALUE, SHOWING CLAIMS PAYABLE IN CHINA, IN CURRENCY OF THE L/C, BLANK ENDORSED, COVERING([__] OCEAN MARINE TRANSPORTATION/[__]AIR TRANSPORTATION/[__]OVER LAND TRANSPORTATION) ☐ ICC(A)/ ☐ ALL RISKS(CIC)AND WAR RISKS

☐ 1 ORIGINAL OF TEST CERTIFICATE ISSUED BY THE MANUFACTURE/SELLER

☐ 1 ORIGINAL PHYTOSANITARY CERTIFICATE ISSUED BY GOVERNMENT AUTHORITIES AND ONE COPY

☐ 1 ORIGINAL FUMIGATION CERTIFICATE BY VIETNAM FUMIGATION COMPANY(MINISTRY OF AGRICULTURE AND RURAL DEVELOPMENT) AND 1 COPY ([__] OCEAN MARINE TRANSPORTATION/[__]AIR TRANSPORTATION/ [__]OVER LAND TRANSPORTATION) ☐ ICC(A)/ ☐ ALL RISKS(CIC)AND WAR RISKS

☐ CERTIFICATE OF QUANTITY/WEIGHT IN [__] ORIGINAL AND [__] COPIES ISSUED BY *出具人* INDICATING THE ACTUAL SURVEYED QUANTITY/WEIGHT OF SHIPPED GOODS AS WELL AS THE PACKING CONDITION

☐ CERTIFICATE OF QUALITY IN [__] ORIGINAL AND [__] COPIES INDICATING *填入所*

需质量要求

ISSUED BY 出具人

☐ BENEFICIARY'S CERTIFIED COPY OF FAX/TELEX DISPATCHED TO THE APPLICANT WITHIN [2] DAYS AFTER SHIPMENT ADVISING [ ] NAME OF VESSEL/[ ] DATE OF SHIPPMENT,[ ]QUANTITY, [ ] WEIGHT AND VALUE OF SHIPMENT

☐ CERTIFICATE OF ORIGIN IN [ ] ORIGINAL AND [ ]COPIES ISSUED BY 出具人

OTHER DOCUMENTS, IF ANY:

☐ CERTIFICATE OF ORIGIN (INCLUDED [1]ORIGINAL(S) AND [2]NON–NEGOTIABLE COPY(IES)), PHYTOSANTIARY CERTIFICATE(INCLUDED [1] ORIGINAL(S) AND [2] NON–NEGOTIABLE COPY(IES))

☐ FUMIGATION OF CERTIFIATE(INCLUDED [1]ORIGINAL(S) AND [2]NON–NEGOTIABLE COPY(IES))

☐ CERTIFATE OF QUANTITY AND WEIGHT(INCLUDED [1]ORIGINAL(S) AND [2]NON–NEGOTIABLE COPY(IES))

☐ TEST CERTIFICATE(INCLUDED [1]ORIGINAL(S) AND [2]NON–NEGOTIABLE COPY(IES))

☐ ALL DOCUMENTS MUST BE SENT TO ISSUING BANK BY COURIER/SPEEED POST IN ONE LOT.

☐ DECLARATION OF NO WOOD PACKING MATERIALS

☐ MSDS

☐ PHYTOSANITARY CERT

☐ ACCEPT CHANGES

ADDITIONAL INSTRUCTION（特殊条款）（请选择需要的条款，如无法满足要求请在 OTHER TERMS 处自行录入）：

☐ THE CREDIT IS SUBJECT TO UCP600.

☐ BENEFICIARY'S CERTIFICATE CONFIRMING THEIR ACCEPTANCE OR REJECTION OF THE AMENDMENTS ISSUED UNDER THIS L/C QUOTING THE RELEVANT AMENDMENT NUMBER IS REQUIRED FOR PRESENTATION UNDER THIS L/C. SUCH CERTIFICATE IS NOT REQUIRED IF NO AMENDMENT HAS BEEN ISSUED UNDER

THIS L/C.

☐ ALL BANKING CHARGES OUTSIDE THE OPENING BANK ARE FOR BENEFICIARY'S ACCOUNT.

☐ DOCUMENTS MUST BE PRESENTED WITHIN 21 DAYS AFTER THE DATE OF SHIPMENT BUT WITHIN THE VALIDITY OF THIS CREDIT.

☐ THIRD PARTY DOCS EXCEPT DRAFT AND INVOICE ARE ACCEPTABLE

☐ SHORT FORM/BLANK BACK B/L IS NOT ACCEPTABLE.

☐ BOTH QUANTITY AND AMOUNT 5% MORE OR LESS ARE ALLOWED.

☐ ALL DOCUMENTS TO BE FORWARDED IN ONE COVER, UNLESS OTHERWISE STATED ABOVE.

☐ B/L WITHOUT L/C NO IS ACCEPTABLE

☐ OTHER TERMS, IF ANY:

填入其他特殊条款

联　系　人：
联系电话：
手续费扣费账户：

附录六 信用证审单记录表

Documents / L/C Items	1. Commercial Invoice	2. Inspection Certificate	3. Packing List	4. Insurance Policy	5. Bill of Lading (B/L)	6. Draft
L/C No.						
L/C: Date of Issue						
L/C: Expiry Date						
Invoice No.						
Applicant's name & Address						
Currency Code & Amount						
Description of goods						
Incoterms						
Total Price (Maximum Amount)						
Last day of shipment						
Date of issue of the document						
Last day of presentation						
Port of Loading						
Port of Destination						
Partial Shipment						
Transshipment						
Negotiation Bank						
Fright Prepaid or Collect						
On Board						
Clean						
Made out to order...						

续表

Documents / L/C Items	1. Commercial Invoice	2. Inspection Certificate	3. Packing List	4. Insurance Policy	5. Bill of Lading (B/L)	6. Draft
Confirmation instruction						
Number of documents						
Signed by Authorized persion						
Stamped by the company						
Drawee of draft						
Original						

审单员：Steven Wang　　审单日期：2017.12.22

附录七 货物运输险投保单

PROPOSAL FORM FOR TRANSPORTATION INSURANCE

重要提示：感谢您选择中银保险有限公司！在您填写本投保单前请先仔细阅读本投保单所附条款，阅读时请您特别注意保险条款中保险责任、责任免除、投保人/被保险人义务、赔偿处理以及其他免除保险人责任的条款内容，在您充分理解条款后，请如实填写本投保单各项内容（请在需要选择项目前的“□”内画√表示）。您所填写的内容我公司将为您保密。本投保单所填写内容如有变动，请及时到我公司办理变更手续。

Attention: Thank you for choosing Bank of China Insurance Co., ltd. Please read the enclosed clauses carefully, especially the clauses of risks covered, exclusions, duties of the insured, claim settlement and other clauses excluding the insurer’s liability. After fully understanding the clauses, please fill in each item in good faith (please put a tick in “□” before the items requiring selection.) The contents you filled will be kept confidential by us. Should there be any change in the contents you filled, please come to us for endorsement immediately.

<table>
<tr><td>被保险人：
The Insured:</td><td></td><td></td><td></td></tr>
<tr><td>标记
Marks&Nos.</td><td>包装与数量
Quantity</td><td>保险货物项目
Description of Goods</td><td>发票金额
Invoice Value</td></tr>
<tr><td></td><td></td><td></td><td></td></tr>
<tr><td colspan="2">加成比例：
Addition Rate:</td><td colspan="2">总保险金额：
Total Amount Insured:</td></tr>
<tr><td colspan="2">装载运输工具：
Per Coveyance S.S:</td><td colspan="2">开航日期：
Slg. on or abt:</td></tr>
<tr><td colspan="2">发票或提单号：
Invoice No. or B/L No.:</td><td colspan="2">赔款偿付地点：
Claim Payable at:</td></tr>
<tr><td colspan="2">信用证号码：
L/C No:</td><td colspan="2">正本份数：
Nos of Original:</td></tr>
<tr><td colspan="4">自 From　　　　经 Via　　　　至 To</td></tr>
<tr><td colspan="4">投保险别：
Conditions:
海洋运输货物一切险条款□　海洋运输货物水渍险条款□　海洋运输货物平安险条款□
航空运输货物保险条款 □　航空运输货物一切险条款□
其他险别：</td></tr>
</table>

<table>
<tr><td>保险费率：
Premium Rate:</td><td colspan="4">保费：
Premium:</td></tr>
<tr><td colspan="5">风险情况
Risk Condition</td></tr>
<tr><td>货物种类
Goods</td><td colspan="4">□袋装 □散装 □冷藏 □液体 □活动物 □机器 / 汽车
□危险品等级
Bag/Jumbo Bulk Reefer Liguid Live Animal Machine/Auto
Dangerous Class</td></tr>
<tr><td>集装箱种类
Container</td><td colspan="4">□普通 □开顶 □框架 □平板 □冷藏 □集装箱整装
□集装箱拼箱 □非集装箱
Ordinary Open Frame Flat Referigerator FCL
LCL NCL</td></tr>
<tr><td>船舶资料
Particulars of Ship</td><td>船籍：
Registry:</td><td>船龄：
Age:</td><td>登记总吨位：
GRT:</td><td>制造地点：
Place of Build:</td></tr>
<tr><td colspan="5">投保人声明：本人所填写的投保单已附投保险别所对应的保险条款。本投保单及所填各项内容均属事实，同意以本投保单作为保险人签发保险单的依据及保险合同的组成部分。投保人确认在填写投保单时，保险人已就货物运输条款及附加条款（包括免除保险人责任的部分）的内容向投保人作了明确说明。
We (the Applicant) do hereby declare that the insurance clauses of the insurance coverage we apply for are attached to the proposal form., and the above statement made by us are to best of our knowledge, complete and true, and We agree that the proposal be incorporated into the policy. We confirm that all the stipulations (including Insurer's exclusion clauses) in this Insurance Contract have been explained expressly.
投保人签字（盖章）： 日期：
Applicant's Signature: Date:</td></tr>
</table>

经办人（Handler）： 核保人（Underwriter）：

附录八　代理进口协议

编号：2016Lxxxx01

委托方（甲方）：××× 有限公司	被委托方（乙方）：××× 有限公司
地址：××××××	地址：××××××
邮编：	邮编：××××××
电话：××××××	电话：××××××
传真：××××××	传真：××××××
银行资料：	银行资料：
开户行：	开户行：××××××
户名：	户名：××××××
账户：	账号：××××××

××× 有限公司（以下简称乙方）作为一家专业性肉类进口公司，接受甲方委托进口甲方所需肉类产品。甲乙双方在遵守国家法律法规的前提下，为顺利、圆满地完成此项委托进口项目，明确双方各自的责任、权利和义务，经友好协商就有关事项达成如下协议：

进口项目为：澳大利亚牛肉

进口项目总金额：依各批次订单量确定。

一、责任和义务

（一）甲方：

1. 甲方负责向乙方提供委托进口货物签字确认的清单（中英文对照）；

2. 在需要时，对进口货物向乙方及有关部门（包括海关、国家的有关部门等）提供必要的产品解释；

3. 甲方应在每批订购合同确定后 5 个工作日内将相关进口肉类款项支付给乙方，以便乙方对外付款；

4. 甲方承担进口关税、增值税及其其他进口相关税费；

5. 甲方按照进口肉类总重量支付乙方代理费（？ 元 / 千克）。

（二）乙方：

1. 乙方按照甲方签字确认的进口货物清单，及时办理相应的进口手续；

2. 进口合同的对外付款方式由乙方与外方协调沟通，并告知与甲方，乙方应需保证按外贸合同规定时间对外付款；

3. 乙方负责办理货物的清关事宜，并保证在货到 ××× 港口后约 10 个工作日内完成清关并将货物安全运送至甲方指定的地点。

4. 乙方在收到甲方全额款项并对外全部支付完毕后 5 个工作日内向甲方开立货物的全部代理业发票，实报实销，多退少补。

二、其他约定事项

1. 甲方每批次提交的进口货物清单经双方签字后各持一份，并作为本协议不可分割的一部分。

2. 本协议签订后，双方应按协议规定完成和执行协议的各项工作。在本协议执行过程中，如发生纠纷，双方将协商解决，当协商不能达成协议时，任何一方均可向 ×× 市工商行政管理局经济合同仲裁委员会（或被诉方人民法院）提出仲裁申请（或上诉），其仲裁裁决（或判决）是终局裁决，对双方均有约束力。

3. 不可抗力：当发生诸如：战争、火灾、洪水、飓风、地震等甲乙双方认可的不可抗力时，遭遇不可抗力的一方应及时通知另一方，并提供相应的证据。双方在接到通知后应积极商议处理办法。如不能履行合同，遭遇不可抗力的一方对合同不承担违约责任。

4. 任何一方如要终止本协议，应事先征得对方的同意，未经双方协商一致，终止本协议的一方应承担给对方带来的所有经济损失。

5. 本协议未尽事宜，参照《中华人民共和国民法典》条款解决。

6. 本协议经双方签字并盖章后即生效。合同直至甲方收到货物的结算发票为止自动结束。

7. 本协议一式两份，双方各执一份，两份具有同等的法律效力。

甲方：××× 有限公司	乙方：××× 有限公司
代表人：	代表人：
日期：	日期：
地点：	地点：

附录九　代理报关委托书[①]

代理报关委托书

编号：00209879968

我单位现　　(A 逐票、B 长期)委托贵公司代理　　等通关事宜。(A、填单申报 B、辅助查验 C、垫缴税款 D、办理海关证明联 E、审批手册 F、核销手册 G、申办减免税手续 H、其他）详见《委托报关协议》。

我单位保证遵守《海关法》和国家有关法规，保证所提供的情况真[redacted]无侵犯他人知识产权的行为。否则，愿承担相关法律责任。

本委托书有效期自签字之日起至　　年　　月　　日止。

委托方（[redacted]

法定代表人或其授权签署《代理报关委托书[redacted]

年　　月　　日

委托报关协议

为明确委托报关具体事项和各自责任，双方经平等协商签订协议如下：

委托方	
主要货物名称	
HS 编码	□□□□□□□□□□
货物总价	
进出口日期	年　　月　　日
提单号	
贸易方式	
原产地/货源地	
其他要求：	
背面所列通用条款是本协议不可分割的一部分，对本协议的签署构成了对背面通用条款的同意。	
委托方业务[redacted] 经办人签章 联系电话：　　年　月　日	

被委托方		
*报关单编码	No.	
收到单证日期	年　月　日	
收到单证情况	合同□	发票□
	装箱清单□	提（运）单□
	加工贸易手册□	许可证件□
	其他	
报关收费	人民币：　　元	
承诺说明：		
背面所列通用条款是本协议不可分割的一部分，对本协议的签署构成了对背面通用条款的同意。		
被委托方业务签章： 经办报关员签章： 联系电话：　　年　月　日		

CCBA　（白联：海关留存、黄联：被委托方留存、红联：委托方留存）　中国报关协会监制

① 目前都通过“单一窗口”在线办理代理报关委托。

附录十　进口食品（肉类）销售记录表

填表单位名称：×××××有限公司

批次	入货登记															出货登记								备注
	报关日期	报关号	箱数	重量（kg）	品名	原产国家或地区	出口商	注册厂号	生产日期	集装箱号/提单号（空运）	国外检疫证书/卫生证书号	放行日期	存放仓库	入库日期	出库日期	不合格货物处理日期	销售日期	品名	箱数	重量（kg）	货物流向地区	买家名称	联系人	联系电话	

注：本记录表实际为EXCEL表。

附录十一　自动进口许可证样本

中华人民共和国进口许可证

IMPORT LICENCE OF THE PEOPLE'S REPUBLIC OF CHINA　No.0000000

1. 进口商： Importer	3. 进口许可证号： Import licence No.
2. 收货人： Consignee	4. 进口许可证有效截止日期： Import licence expiry date
5. 贸易方式： Terms of trade	8. 出口国（地区）： Country/Region of exportation
6. 外汇来源： Terms of foreign exchange	9. 原产地国（地区）： Country/Region of origin
7. 报关口岸： Place of clearance	10. 商品用途： Use of goods
11. 商品名称： Description of goods	商品编码： Code of goods

12. 规格、型号 Specification	13. 单位 Unit	14. 数量 Quantity	15. 单价（　　） Unit price	16. 总值（　　） Amount	17. 总值折美元 Amount in USD
18. 总　计 Total					

19. 备　注 Supplementary details	20. 发证机关签章 Issuing authority's stamp & signature 21. 发证日期 Licence date

样品

第一联（正本）提货人办理海关手续　海关验收签注栏在背面

中华人民共和国商务部监制（2004）

参 考 文 献

［1］ 姜宏．进口业务操作方法·技巧·效益［M］．北京：清华大学出版社，2015.

［2］ 张诗信．外贸企业内销策略指引［M］．北京：世界图书出版公司，2011.

［3］ 何传添等．进口贸易实务［M］．北京：经济科学出版社，2013.

［4］ 王巾，佘雪峰．进出口商品通关［M］．北京：北京大学出版社，2013.

［5］ 农晓丹．报关与报检实务［M］．北京：北京大学出版社，2013.

［6］ 徐俊，赵永秀．跟我学外贸采购［M］．广州：广东省出版集团/广东经济出版社，2011.

［7］ 韩宝庆．轻松8步学外贸［M］．北京：中国纺织出版社，2009.

［8］ 王镭，王立强．"一带一路"合作共赢［M］．北京：社会科学文献出版社，2017.

［9］ 陈文培等．外贸业务经理人手册［M］．北京：中国海关出版社，2010.

［10］ 国家税务总局 http://www.chinatax.gov.cn/

［11］ 中国人民银行 http://www.pbc.gov.cn/

［12］ 国家外汇管理局 http://www.safe.gov.cn/

［13］ 中国政府网 http://www.gov.cn/

［14］ 中华人民共和国海关总署 http://www.customs.gov.cn/

［15］ 中华人民共和国商务部 http://www.mofcom.gov.cn/

［16］ 中国国际经济贸易仲裁委员会 http://www.cietac.org/

［17］ 中国国家认证认可监督管理委员会 http://www.cnca.gov.cn/